JN025627

刊行にあたって

福祉と労働と家族

　21世紀も20年を経過して，日本社会は多くの社会問題に直面しつつも，未だそこからの脱出の糸口を見出しえていないように思われる。

　社会問題とは，具体的には，〈福祉〉領域では，貧困問題の浮上と生活保護世帯（人員）の増加，年金制度の脆弱性の下での「老後破産」，増加する児童虐待。〈労働〉領域では，非正規労働者の増加とワーキングプア問題，他方での正規労働者の長時間労働，過労死問題，賃金・家計所得の長期停滞；外国人労働者問題。〈家族〉領域では，保育所待機児童問題などに代表される子育ての困難，介護不安，家族・社会・企業に根づくジェンダー格差と不平等，仕事と生活の両立困難，DV，母子世帯の貧困問題，などである。そこには従来からの社会問題が未解決なまま今に持ち越されたものと，少子・高齢社会，グローバル社会の進展の中で新しく浮上してきた問題の両方が含まれる。

　世界的には1970年代頃からの社会の転換に伴い，労働市場の変化，不安定雇用，女性の雇用労働への進出，高齢者の増加，ケア責任と就労の衝突，社会福祉の削減と民営化などの「新しい社会的リスク」が生まれ，それに対応する新しい社会政策が必要になったといわれてきた。日本は，他のアジア諸国とも共通する「圧縮された近代」（チャン・キョンスプ）を経験してきたため，古いリスクと新しいリスクの両方に対処しなければならないことが問題を複雑にしている。

　上記のような枚挙にいとまがない「社会問題」の噴出は，日本では1980年代までの「問題処理システム」が，機能不全となったことを示している。戦後日本では，大企業を中心に，企業が終身雇用，年功賃金，企業内労働組合という「三種の神器」を装備し，手厚い企業内福利を提供してきた。また，専業主婦

を擁する標準家族が企業戦士を支え，子どもの育児・教育や老親の介護までを守備範囲としていた。国は国で労働力の国内調達に努め，公共事業により雇用の維持を図ってきた。こうした構図で「社会問題」の発生を抑え込んできたが，そうしたシステムのいずれもが制度疲労を来している。財政赤字の累積は社会保障や福祉の後退を招来し，非正規雇用の増加は自立したはずの「労働」の根底を揺るがし，女性の就業が進みつつも男女平等やワーク・ライフ・バランスの実現にはまだ程遠い。

　こうした中で一方では「格差拡大社会における社会政策の不在」（富永健一）がいわれつつ，他方では「強い社会政策」（岩田正美）の実行を望む声が上がっている。確かに，こうした現状を打開し，「安全・安心な生活」実現に向けた未来への展望を切り拓くためには，国 – 企業 – 家族の三者とその相互関係のあり方までを視野に入れることができる〈社会政策〉の登場に期待する声が高まるのも不思議ではない。もっとも今日の〈社会政策〉のアクターは上の三者にとどまらず，「NPO などの非営利組織」との協働や「地域」を巻き込んで展開されるようになっており，そこに現代的特徴を見出すことができる。

　本シリーズ「いま社会政策に何ができるか」は，日本社会の今後の進路と的確な政策の提示に努めることによって，そうした〈社会政策〉への期待に応えることを主たる目的としている。また，併せて一般の読者や学生，院生に本シリーズ各巻で扱っている「テーマの重要性」やそれを「解明していくことの大切さとおもしろさ」などを伝え，〈社会政策〉の将来に向けて研究の裾野を広げていくことも目指す。

　なお，従来，〈社会政策〉は大まかには「労働」と「社会保障・福祉」という 2 つの分野から成ると理解されていたが，今回のシリーズでは「家族政策」を 1 つの独立した巻で取り扱ったところに特徴がある。「家族政策」とは何かについては未だ定説がなく，「福祉政策」との重なりがみられつつも，その違いは明確ではなく，今後の検討に委ねざるを得ないところが多い。しかし，家族を舞台に，また，家族と個人，家族と社会の関わりをめぐって多くの社会問題が表出してきているのも事実である。本シリーズでは「家族政策」をタブー

視することなく，家族を舞台にした社会問題に迫り，従来の国だけが政策主体
であるという理解に縛られない，新しいアプローチと問題解決に向けた議論を
展開している。

重なり合う課題の理解へ

　本シリーズの特徴として，3巻とも基本的に，第Ⅰ部「○○政策の今をつか
む5つのフレーム」の5つの章と，第Ⅱ部「○○政策のこれからを読み解く10
のイシュー」の10の章から構成されている（第3巻は12章）。

　さらに読者が，本書の内容をより理解しやすくするため，各章の冒頭には
「グラフィック・イントロダクション」を設け，第1節「何が問題か」，第2節
「こう考えればいい」，第3節「ここがポイント」，第4節「これから深めてい
くべきテーマ」の4節立てとし，章末に「手にとって読んでほしい5冊の本」
を設ける，という構成で叙述している。

　読者の皆様にはぜひ，本シリーズが各巻で取り上げる現代の日本社会が抱え
る課題を，身近な問題ととらえていただき，執筆者が展開する各課題へのアプ
ローチ，分析，そして提言について，改めて考えてみる機会としていただけれ
ば幸いです。

　2020年9月

「いま社会政策に何ができるか」編者

埋橋孝文・櫻井純理・落合恵美子

目　　次

第Ⅱ部　家族政策のこれからを読み解く12のイシュー

家族をひらく家族政策

1 日本に家族政策はなかったか

⌐1⌐ 家族政策はタブーだった？

　「家族に国家が介入する」と聞くと，どんな気がするだろうか。家族はプラ
イバシーの場であり国家が介入をするなどとんでもない，と反射的に感じる人
も少なくないだろう。

　日本には「家族政策」はなかった，タブーだった，といわれることがある。
実際，「家族政策」という表現は，日本では長いこと使われてこなかった。「戦
前にあった家族制度を全面的に否定することから出発した」戦後日本では，
「家族を前面に出して政策を展開することについては消極的」な雰囲気があっ
たのが，そのひとつの理由であるといわれる（増田，2007，260頁）。2020年1
月時点の国会議事録データベースで「家族政策」という語を検索してみると，
初出の1981年まで全く使われておらず，1990年代になっていくらか使用される
ようになり，2000年代に「少子高齢社会に関する調査会」が設置されてから比
較的頻繁に使われるようになったことがわかる（**資料序‐1**）。同じデータベー
スで「家族」という語を首相が用いた頻度を見ると，1980年代の中曽根内閣時
代（1982～89年）にひとつの高まり，1990年代後半以降に次の高まりがみられ
ることから，日本ではこの2つの時期に「家族」が政治課題化したと論じたこ
とがある（落合・城下，2015）。これと比べると，より直接的な「家族政策」と

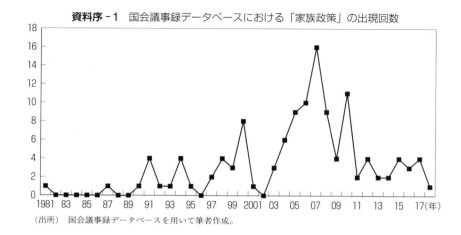

資料序 - 1 国会議事録データベースにおける「家族政策」の出現回数

（出所）　国会議事録データベースを用いて筆者作成。

いう表現の出現はさらに少し後れた。

② 「家族のための家族政策」と「国家のための家族政策」

　しかし，本当に日本には家族政策がなかったのだろうか。「家族　政策と法」シリーズの第1巻「総論」の巻頭論文において，法学者の福島正夫は「家族政策という言葉は，日本ではまだ一般通用のものではない。……しかし，その実体をなすものがわが国に存在していることはうたがいをいれないであろう。」と書いている（福島，1975，23頁）。利谷信義の章がこれに続き，「ここにいう家族政策と家族法とは，個別的な政策や法をさすのではなく，政策と法に関する分析の中から，家族に関する部分を析出し，それを総括した概念である。」として，戦前から1970年代初期までの広範な法と政策が，「政治的・経済的支配に適合的な家族とその秩序を維持・発展させるため」にいかに用いられてきたかを概観している（利谷，1975，53頁）。この定義に従えば，「家族政策」という言葉が使われていなくても，事実として家族に影響を与えないような法体系はまず存在しないだろう。第2次世界大戦前の「戸籍制度を媒介として，公私法を通ずる全法体系のすみずみにまで影響」（利谷，1975，58頁）した「家」制度も家族政策なら，それを解体しようとした戦後の家族制度改革も，また家

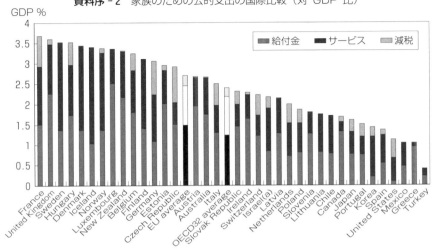

資料序 – 2　家族のための公的支出の国際比較（対 GDP 比）

（出所）　OECD Family Database.（http://www.oecd.org/els/family/database.htm 2019年 3 月25日更新）

族政策である。

　では，日本には家族政策がなかったといわれるときの「家族政策」とは何のことだろうか。同じく法学者の原田純孝は「家族それ自体の保護と目的とする」施策を「狭義の家族政策」，「個人の生活の確保と労働力の再生産のための基礎的単位としての家族を国家がどのようなものとして把握し，それにいかなる位置・役割を担わせていこうとしているのか」という意味での政策を「広義の家族政策」と区別している（原田，1992，40頁）。「労働力再生産」とは大河内一男の社会政策理論を思い起こさせるが，世界的にも「家族政策は，それが発展の緒についた第 1 次世界大戦の頃から，常に人口政策と関係づけられてきた」（Dumon，1997）。ヨーロッパ諸国では「狭義の家族政策」が福祉国家の一環として発達してきたのに対し，日本では「広義の家族政策」は戦前から存在していたものの，「狭義の家族政策」はなかなか確立されなかったと原田は指摘する（原田，1992，40頁）。たしかに家族のための公的支出の対 GDP 比を比較すると，日本は OECD 諸国の平均よりもはるかに低く，ヨーロッパ諸国との差は歴然としている（**資料序 – 2**）。

「狭義の家族政策」と「広義の家族政策」とは，それぞれ「家族のための家族政策」と「国家のための家族政策」といい換えて大過ないのではなかろうか。国家が家族を保護し支援する「家族のための家族政策」の弱さが日本の特徴だといってよいだろう。

③ 家族の法的位置づけを欠く日本

　では，なぜ日本では国家が家族を支援する政策は発達しなかったのだろうか。1つの理由は憲法にあるという。戦後憲法のいわゆるマッカーサー草案（GHQ案）（1946年）には，現行の憲法第24条の「両性の合意のみに基いて成立」する婚姻と「両性の本質的平等」に当たる条文の前に「家族は人類社会の基底にしてその伝統は善かれ悪しかれ国民に浸透す。」という一文があったが，制定までの過程で削除されたという経緯がある。表現が法文らしくない上，事実の叙述であって特別の法的意味はうかがわれないからという理由で日本側が削除を求めたという（増田，2007，261頁）。しかし2年後の1948年の国連総会で採択された世界人権宣言には「家庭は，社会の自然かつ基礎的な集団単位であって，社会及び国の保護を受ける権利を有する。」という条項が設けられた。「家族は社会の基礎」という規定は「社会及び国の保護」を受ける権利とセットになって，第2次世界大戦後の各国の家族規定のスタンダードとなり，福祉国家的家族政策の根拠となっていった。すなわち日本では家族の法的位置づけがなされなかったから，国家が家族を保護し支援する法的根拠も弱いと考えられる。

　家族の法的位置づけの弱さという日本の特徴は，この戦後憲法をめぐるエピソードに始まるわけではない。明治民法の立法過程で，すでにその傾向は明らかになっていた。明治民法の家族法部分のモデルとなったフランス法を含め，西欧法の民法の主眼は，家庭内における弱肉強食を防ぐという弱者保護のための国家介入を担保することにある。しかし日本では，「妻が夫を訴へ子が父を訴へることが出来る」のはよくない，家族員の権利義務を法律に規定すべきではないという保守派の反対に遭い，元老院での審議により，「夫や親権者の行為が権限濫用にわたらないように裁判所の認可にかけた条文や協議離婚を裁判

4

所の認可にかけた条文や離婚後扶養を定める条文などが削除されて，権利義務の内容を実効的に規制する規定が大幅に失われた」（水野，2013，270頁）。この性質は現行民法にも受け継がれたばかりかむしろ強まって，「権利内容を明確に規定しない『白地規定』が多く，権利の内容は当事者の『協議』に委ねられ」「実質的には強者の自己決定と弱者のあきらめを認証する」結果を招いていると水野紀子は厳しく批判する（水野，2013，269頁）。

　「家族に国家が介入する」ことをタブーと感じる心情は，現在の日本において，保守派のみならず，いやそれ以上にリベラル派の人々に広く深く共有されている。「法は家庭に入らず」という格言も人口に膾炙している。しかしこの格言は，妻子や奴隷が家父長権のもとに置かれた古代ローマ時代のもので，近代ヨーロッパ諸国がそのまま踏襲しているわけではない。日本の人々が左右を問わず家族への国家介入をタブーと感じるのは，「家」制度の心情を知らず知らず受け継いでいるからかもしれない。家族内での権利義務の実現，家族の保護と支援のために必要な国家介入があることをまず認めよう。家族政策は一切タブー，という条件反射はここで捨ててほしい。

④　イデオロギーとしての家族主義と不在の家族支援策

　ここまで読んできて，それでも家族に介入する国家への不信感を拭えないという方もあろう。一般論とは別に，近年の日本にはそう思わせる理由がある。

　マッカーサー草案の該当部分の参考にされたというワイマール憲法の条文は，「婚姻は，家族生活および民族の維持・増殖の基礎として，憲法の特別の保護を受ける」という一文から始まっていた。「家族のための家族政策」は「国家のための家族政策」（とりわけ人口政策）の一環であると明記されている。戦後の各国の規定はこれほど露骨ではないが，「家族の保護」条項は「二重性」をもっている（伊藤，2017，162頁）。ふだんは潜在している「国家のため」がときおり浮上する。日本の場合はこれがほとんど浮上しきっており，資料序-1に示したように1990年代から2000年代に「家族政策」への言及が増加したのは少子高齢社会対策としてだった。「家族のための家族政策」として歓迎しきれ

なかったのはそのためだろう。

　その後，資料序－1にあるように，2010年代に入って「家族政策」への言及は再び減少した。しかし，まさにその時期なのである。家族を焦点とした政治的な動きへの危機感が高まったのは。2012年に自由民主党が作成した「日本国憲法改正草案」では，第24条に「家族は，社会の自然かつ基礎的な単位として，尊重される。家族は互いに助け合わなければならない」と追加することを提案している。世界人権宣言に一見似ているが，「保護」の文字は消え，「尊重」する主体は国家なのか国民なのかも曖昧だ。社会的支援の代わりに家族の共助が明記されている。この動きを批判して『国家がなぜ家族に干渉するのか』（本田・伊藤編，2017）が出版されたが，今日の日本ではイデオロギーとしての「家族主義」が強調されるばかりで，本格的な家族支援策は不在だという，本書における伊藤公雄の指摘は鋭い。家庭教育支援法，親子断絶防止法もイデオロギー先行で家族政策としての内実は薄い（伊藤，2017）。

　しかし国際的に視野を広げれば，このような傾向は日本だけのものではない。家族の共助の義務は，アジアのいくつかの国ではすでにイデオロギーどころか法制化されている。1996年にシンガポールは「親扶養法」，中国は「老年人権益保障法」を制定した。2007年にはインドが「親と高齢者の扶養と福祉に関する法律」を制定した。いずれも親孝行を法的義務としたものであり，インドでは子どもの配偶者，継子や養子，子どもがいない場合は相続権のある親族にまで義務を負う範囲を拡大する改定案が審議されている（押川文子先生のご教示による）。中国における保育政策の変遷を分析した徐浙宁は，「家庭支持」（家族が責任をもつ）から「支持家庭」（家族を支援する）への転換は起きていないと結論づけている（徐，2009）。日本の研究に驚くほどよく似た結論である。

　前項で，家族内での権利義務の実現，家族の保護と支援のために必要な国家介入があると記したが，それはヨーロッパを中心とする世界で発達した常識であった。日本はついにそれを根づかせることができず，アジアで成長しつつある，上記のようなもうひとつの「常識」に呑み込まれることになるのだろうか。日本は「脱欧入亜」するのかという分かれ道に立っている（Ochiai, 2014）。

2 「20世紀体制」以後の家族政策

① 「20世紀体制」の転換

　他方，ヨーロッパを中心とする「世界の常識」もまた変容している。戦後の福祉国家的家族政策の根拠となった世界人権宣言のような家族規定は，今では保守的と受けとめられるようになった。1970年代以降の社会と家族の変化により，文脈が大きく変化したからである。1970年前後のヨーロッパを皮切りに，第2次人口転換と呼ばれる人口学的変化が，産業化のピークを越えた地域に広がっていった。出生率の低下と並んで離婚が増え，晩婚化と同時に結婚せずに同棲するカップルが増え，婚外出生が増加した。それとほぼ同じ時期にいわゆるニクソンショックとオイルショックが起こり，経済的な世界秩序も転換した。ヨーロッパや北米地域では雇用が不安定になり，特に若者の失業率が上昇したことが，離婚の増加や結婚離れ，出生率低下に拍車をかけた。同時期に既婚女性の就業率上昇というジェンダー役割の大きな変化も起きた。女性の高学歴化と意識の変化ばかりでなく，妻が主婦では家計が回らなくなったという経済的事情もはたらいていた。

　この時期は世界史的な転換点だった。「20世紀体制（システム）」と呼べるような国家，経済，家族の組み合わさった体制があって，それが終わったのがこの時代だったといえよう。「20世紀体制」とは，①ケインズ主義政策と福祉国家，②フォード的生産様式と大量消費社会，③男性稼ぎ主－女性主婦型の近代家族，からなる社会システムであった（落合，2019，260-261頁）。ケインズ主義政策とフォード的生産様式に支えられた男性の完全雇用と，男性の退職後の生活を保障する年金制度などに支えられ，ほとんどの男女が結婚して男性稼ぎ主－女性主婦型の近代家族をつくり2，3人の子どもをもつという，均質な家族生活を社会成員すべてが営んでいるという前提で社会のしくみをつくることが可能になった。ヨーロッパや北米で20世紀初めにできたこの体制が，日本で

成立したのは第2次世界大戦後のことだった。すなわち「日本型雇用システム」と「標準家族」からなる戦後体制である（落合, 2019）。

このように歴史的な視野に置いてみると，世界人権宣言の「家庭は，社会の自然かつ基礎的な集団単位であって」という一節は，20世紀の一部の国々に成立した体制を人類社会全般に過度に一般化したものであることがみえてくる。「家族は社会の基礎」といっても，人類社会の家族のあり方は多様であり，家族に属さない人々も少なくない。1970年代以降の社会の変化により，「20世紀体制」を前提とした「世界の常識」もまた変わらざるをえなくなった。

「新しい社会的リスク」という言葉がある。女性の雇用労働への進出，高齢者の増加，ケア責任と就労という問題，労働市場の変化，不安定雇用，社会福祉の削減と民営化など，新しいタイプのリスクが社会の変化とともに生じ，それに対処できるような新しい社会政策が必要になったといわれる（例えばTaylor-Gooby, 2004）。一見雑多な現象を並べているようだが，いずれも「20世紀体制」が終わったことの現れであった。それに対応して家族政策も，所得が不足する世帯やライフコース上の時期に経済的支援さえすれば，あとは家族に任せればよいという旧来のタイプの政策から，保育所等の設立によりケアサービスの直接の供給を行うような新しいタイプの政策へと転換した。「男性のための福祉国家」から「女子どものための福祉国家」に転換したという論者もいる。

② 家族政策の変容

それでは1970年代以降の社会と家族の変化に，家族政策はどのように対処してきたのか，少し詳しく見てみよう。家族の変化に対応した支援策を検討するために，EEC（今日の EU の前身）が1980年代末から実施してきた家族政策に関する国際調査研究プロジェクトの最初の報告書（1989年）では，統括を務めたデュモンは家族政策を手段によって3つに分類している。①所得維持施策（雇用関連施策，税制，社会保障，社会扶助等），②家族生活支援サービス施策（家庭生活教育，カウンセリング等），③家族代替施策（保育，家事支援等）である。

「20世紀体制」の家族政策を基本的に踏襲するものといえる。デュモンはこれらの家族政策と相反する政策として，人口政策，解放政策（今日のジェンダー政策），社会（福祉）政策をあげている（小島，2019，8頁）。しかし，同じデュモンによる1994年の報告書では，少子高齢化という人口変動と家族の多様化を背景に，家族政策と人口政策，家族政策と社会政策の関係の変化が指摘され，家族政策と解放政策はもはや相反せずに補完的とみなされるようになったとされる（小島，2019，8頁）。家族政策とジェンダー政策の統合は何よりも現実からの要請だった。夫しか稼ぎ手がいない「一人稼ぎ家族」はもはや代表的家族ではなく経済的不安を示すものになってしまった。妻が働くことが家族の安定につながるようになった。家族と仕事の両立は誰にとっても重要な関心となった（Dumon, 1997）。1990年代にはフェミニスト福祉国家論とフェミニスト経済学がめざましい発達を遂げ，ジェンダー視点を取り入れた社会科学が政策形成にも影響を与えていった。よく知られているように，かつては負の相関関係にあった出生率と女性労働率が，正の相関関係に転換したのもこの頃である（**資料序 - 3**）。家族政策により就労と家族生活の両立がしやすくなった社会では，出生率が回復するか，少なくとも維持されるという効果が現れた。

　政策決定のプロセスにも変化があった。地方レベルへの権限移譲や裁判所，ビジネス，家族自身など多様なアクターの登場という「脱中心化」と，「ヨーロッパ化」などの国際化が同時に起きた，とデュモンは指摘する。EU が加盟国に新しい家族政策の採用を促す指令を発したり，個人やグループが欧州司法裁判所に訴えたりすることにより，ヨーロッパ域内の家族政策の足並みが揃っていった（Dumon, 1997）。

　例えば，ドイツと日本という1960〜70年代にはよく似たジェンダー観や家族観をもっていた2つの社会が，今はなぜ大きく隔たってしまったのかと考えると，ドイツは EU の中にあったということの意味の大きさがわかる。ドイツ政府が専門家を任命して作成してきた最初の『家族報告書』（1968年）では，家族は「一緒に生活する夫婦と子どものグループ」と想定され，他のどの社会集団にも勝る一体性が強調されている。家族理解の第一の転換点とされる1986

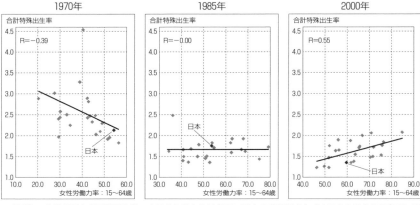

資料序 - 3 合計特殊出生率（TFR）と女性労働力率（15-64歳）

（出所） 内閣府男女共同参画会議 少子化と男女共同参画に関する専門調査会「少子化と男女共同参画に関する社会環境の国際比較報告書」（平成17年）。

年の第4報告書では，家族の多様性を政策立案の基点に据え，家族は可変的なものととらえるようになった。2000年の第6報告書は，人口の10％弱を占めるようになった移民外国人の家族に目を向ける。2005年の第7報告書は，家族を「異なる世代がお互いの責任を引き受ける共同体」ととらえ，家族理解のラディカルな第二の転換点を示した。家族の原点には個人の人生があることが強調され，「一体性を強調した過去の閉鎖的な家族から，個人・家族・社会のつながりを重視する開放的な家族へと」新たな家族像が提示されている（姫岡，2007，22-26頁）。

③ ひとが生きることを支える政策

では今日の世界では，家族政策はどのようなものとして定義され，実施されているのだろうか。世界の家族政策を視野におさめた *Handbook of Family Policies Across the Globe*（2014）の編者ロビラは，「家族政策とは，家族を支援し，家族成員のウェルビーイングを高めるように設計された政府の活動と定義される」（Robila, 2014）としている。家族を支援するという点では「家族のための家族政策」ともみえるが，「家族成員のウェルビーイング」という表現

によって家族を構成する個人に目を向けていることに注目してほしい。「個人のための家族政策」という第三のタイプということができるだろう。

「個人のため」でわかりにくければ、「ひとりひとりが生きるため」といい換えておこう。そもそもわたしたちは「人口」や「労働力」を再生産しているのでなく、端的に生きており、良く生きたいと願っている。「ウェルビーイング（well-being）」という、うまく日本語にならない言葉で表現しようとしているのはそのことだろう。ひとりひとりの人間が良く生きるための拠り所として必要だから家族を支援するのである。

しかしそれなら、さらに一歩進めて、「ひとが生きるため」に必要な限りにおいて家族を保護し支援すればよい。また、家族に拠らずに生きているひとにも同様の保護と支援を届けるべきである。誤解を恐れずにいえば、家族政策を家族から解放し、「ひとが生きることを支える政策」と再定義したらよいのではなかろうか。家族が多様化し、家族をもたない生き方も例外ではなくなっている「20世紀体制」以後の時代には。

当たり前のことだが、ひとは家族だけに頼って生きているわけではない。会社があり、友人があり、NGO があり、そして地方自治体や国家があり、様々なネットワークを広げながらひとは生きている。「ひとが生きること」を支えるためには、家族に限らず関連するアクターをつないでいくような「家族をひらく家族政策」が必要である。「福祉ダイアモンド（四角形）（welfare diamond）」といわれるような、家族、国家、市場、コミュニティ・NGO という4つのセクターからなる福祉供給のモデルは、多様なアクターに支えられて「ひとが生きる」という現実をとらえようとするものである（第1章参照）。

④ 多様性に対応できる政策

社会の変化と家族の多様化は、家族政策の構成要素をおおいに拡大させた（小島、2019、5頁）。ロビラのハンドブックでは「結婚（家族法、DV 等）、子どもの養育、ワークファミリーバランス（母親と父親の育児休業等）、リスクを抱えた家族の支援（貧困家族、障害者のいる家族、高齢の家族成員等）に向けた

家族政策」を検討している。

　EU の助成を受けて2013〜17年に実施された大型国際研究プロジェクト「家族と社会　変化する家族と持続可能な社会：政策的文脈とライフコースにわたる及び世代間の多様性」（FamiliesAndSocieties, 代表リヴィア・オーラ）は，「ヨーロッパにおける家族形態，家族関係，ライフコースの多様性を調査により明らかにし，従来の政策が家族の変化に対応できているかを評価」（http://www.familiesandsocieties.eu/）した結果，最終的な政策提言として以下の8点（大意）を発表した（Carlson et al., 2017）。

① 　政策決定者は現代ヨーロッパにおける家族形態と家族関係の多様性を認識し，子どもをもつ既婚カップルばかりではない様々な家族をよく理解しなければならない。

② 　家族の脆弱性の再生産を防ぐことを目指す総合的な戦略が必要である。脆弱な立場に置かれた子どもたちのニーズに対応したサービス，両立支援政策，教育政策等。脆弱性の高い家族とは例えば，ひとり親家族，再婚家族，子だくさん（3人以上）の家族，同性家族，移民家族，別居家族などを指す。

③ 　若者の成人期への移行を可能にするための積極的役割を国家が果たす必要がある。経済的独立が根本的に重要だが，教育，住宅，就労支援，家族手当，社会的扶助などの社会的パッケージにより自立が達成されることが望ましい。

④ 　ケアサービスの民営化や再家族化の影響を，ケアの受け手，与え手など関係するあらゆる人々について調査する。ケア休暇（子どものケアに限らず），労働時間の短縮，柔軟な労働時間などの方法により，ケアと就労の両立を支援する。

⑤ 　男女の新しい役割とそれが家族と社会にとってもつ意味の深い理解が，持続可能な社会のための政策設計には欠かせない。育児休暇のようなファミリーフレンドリー政策は両方の親に配慮することが必要である。両方の時間投資が子どもの発達には重要だから。

⑥ 　公的保育は子どもの発達によい影響が与え，その効果は不利な環境にいる子どもにとってより大きい。無理のない値段の保育，学外ケア，リクリエーションが利用できなければならない。移民の子どもたちの不利な状況を改善するにも，公的保育への早期の普遍的なアクセスが最も効果がある。

⑦ 　教育と情報提供は鍵となる政策課題である。教育は子どもたちが成人するときのライフチャンスの不平等を低減させる。親への情報提供とカウンセリングは彼らが親としての役割を果たすことを助ける。雇用主および社会全体に対する啓発は，親たちの抱える課題への理解を深める。

⑧ 　仕事と家族の両立は，労働市場政策と家族政策の両方の目的とされねばならない。男女間の賃金労働とアンペイドワークの再配置，ライフコースを通じての経済的地位の

資料序 – 4　家族のための公的社会支出（対 GDP 比）と子どもの貧困率

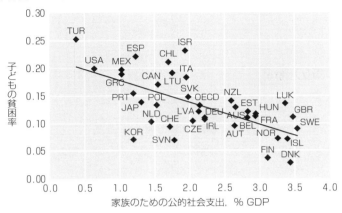

（出所）　OECD, *Social Expenditure Update 2019.*
（資料）　OECD Social Expenditure Database (SOCX) and OECD Income Distribution
　　　　Database.

ジェンダー間不平等の縮小，より充実した世代間交流の実現のために。これらの政策は，親の離婚や離別に伴う子どもの不利益や課題を減らすことにもつながる。
○他に，子どものいない人々の増加と関連して生殖補助技術（ART）も課題とされる。

　以上のように，EU の「家族と社会」プロジェクトの政策提言では，貧困と不平等の拡大が大きな社会問題となっている「20世紀体制」以後の社会状況をふまえ，この問題への対策，とりわけ不利な状況に置かれた家族の脆弱性が，世代をこえて連鎖しないようにするための対策が強調されている。この考え方は，イギリスのブレア政権のシュアスタート（確かな出発）政策など21世紀の家族政策の定番であり，ヨーロッパ以外の地域，例えばインド，韓国などでも取り組まれているものである。家族のための公的社会的支出の大きい社会では子どもの貧困率が低いという関係も確かめられている（**資料序 – 4**）。

　子どもの貧困対策，ワーク・ライフ・バランスを含めた女性の就労支援策，若者の就労支援策などは，社会政策は人的資本への投資であるとする「社会的投資政策」の柱をなす。公的福祉への逆風が続く中，「国家のための家族政策」としての面が装いを変えて強調されているのも否めないが，持続可能な高齢社会を可能にするための合理的方策ともいえる。ここでは詳論の余裕はないので，

エスピン＝アンデルセン（Esping-Andersen, 2009 = 2011），モレルら（Morel, Palier and Palme, 2012）の著書などを参照していただきたい。

3 本書の構成

　「家族政策」をテーマとする本書の扉を開くに当たり，序章では「国家のための家族政策」「家族のための家族政策」「個人のための家族政策」を区別することにより，家族政策とは何かについて考える道筋をつけようと試みた。世界的に一般的なのは，家族を保護し支援する「家族のための家族政策」としての定義である。しかし「家族のための家族政策」も，根拠を問えば「国家のため」であったり「個人のため」であったりする。「個人のための家族政策」とは，つまるところ「ひとが生きることを支える政策」といい換えられよう。本書では，多くのひとにとっての生の拠り所である家族を出発点としつつも，それに囚われずに，生きることを支える多様な関係をつくり出していく「家族をひらく家族政策」を提案してゆきたい。「20世紀体制」以後の多様化する家族とライフコースに対応できて，不平等の拡大と脆弱性の世代を超えた連鎖を抑制する政策であることが重要である。所得補償のみでなく，ケアサービスの提供という直接の支援が重要な柱になる。また政策の主体は政府だけではない。家族政策に関わるアクターも多様化している。実践に携わる施設，専門家やNGO，そして企業はどう関わるのか，わたしたち自身は人生をどうとらえ直したらよいのかなども，家族政策に関わる問題として考えていきたい。本書は危なげない定説を教科書的に説くというスタイルをとらず，それぞれの視点から未来に切り込んでくれるような執筆者に集まっていただいた。読者には各章の主張を汲み取り，しかし鵜呑みにすることなく，一緒に考えていただきたい。
　本書の内容をごく簡単に紹介していこう。
　第Ⅰ部では，子どもをめぐる問題，超高齢化，ワーク・ライフ・バランス，貧困，拡大する多様性という，現在の家族政策が必ず踏まえなければならない

時代の要請に関わるフレームを扱う。

　第Ⅱ部では，喫緊の課題，あるいはまさに重要課題になろうとしている，より個別のテーマを取り上げる。

　第6章から第9章までは子育てに関わる問題，なかでも今日の日本で強い関心を集めている虐待から児童養護のあり方まで論じている。第10章から第12章は高齢者と障害者のケアを扱う。これらの章では多様な脆弱性に対処する広い意味でのケア政策と実践を様々な角度から検討する（ケア政策については Daly（2001）を参照）。すでに述べた通り，政府の活動のみでなく，施設での実践，NGOや専門家の活動，当人たちのとらえ方までを対象とする。

　それに続く第13章，第14章では，ワーク・ライフ・バランスについて男性の視点を強調しながら再論する。ワーク・ライフ・バランスを女性の問題ととらえては本質を見誤る。ケアに関する第11章でも男性介護をテーマにしており，家族政策は女性のみでなく男性にも等しく重要であることを示すのが，本書のひとつのねらいである。

　最後の3章では，移民の包摂，同性婚，生殖医療という，日本では社会政策の対象として扱われることがまだ少ないが，世界的にはここまで広がってこそ21世紀の家族政策と考えられているテーマに挑戦している。

　本書全体に通奏低音のように響いているのは，「家族」を問い直す声である。家族はなぜケアしてしまうのかという問いは，認知症ケアの現場からも障害のある子どもをケアする親たちからも聞こえてくる。虐待のため親子が分離させられた場合でも，なるべく早く子どもを親の元に戻すべきだとされ，やむを得ない場合でも施設より里親，施設でも小規模，すなわち家庭に近い環境の方が望ましいという圧力がかかる。他方，親の責任の果たし方をはき違える男親，家庭役割を果たそうとしてケアに縛られ，仕事ができず，貧困に陥る女性たちもいる。家族の背負い込んだものがこの社会ではあまりに重い。また，「標準的な家族」に同調させる圧力も強い。同性婚も生殖医療も自由な選択を広げる一方，結婚して子どもをもつ人生へと導く手段ともなっている。多様な生き方が認知され，相応の支援を受ける制度がこの20～30年の間に築かれてきたヨー

ロッパのような社会に比べて，日本では個人と家族の自由度が低く，支援が不足しているのが明らかである。

　このような共通の指摘の一方で，隘路からの出口も多くの章が提案している。専門家のチームと虐待した親が一緒に参加する「応援ミーティング」（第6章）や「男親塾」（第7章），多くの大人が多くの子どもをケアしながら個別のニーズに対応する施設養護の可能性（第8章），里親支援のモッキンバード・ファミリーのつくるフィクションとしての「親族」（第9章）など。実の親子にも「距離化」（第9章）は必要だろう。家族をひらくことにより，他のアクターの支えを得て，バランスのよい生活を実現し，生きることを楽しめるように，家族政策の果たすべき役割は大きい。

　なお，「家族と社会」プロジェクトの政策提言と見比べてみると，本書はそのほとんどを扱っているが，若者の成人期への移行を支援するような政策が扱われていないことに気がつくだろう。それは第2巻の労働政策の一環として扱っている。その代わりやはり労働政策でもあるワーク・ライフ・バランス政策は本巻に収めている。福祉政策，労働政策，家族政策は相互に関連していて切り分けるのは難しい。とりわけ国家と経済と家族の関係のしかたが変容している「20世紀体制」以後の世界では。ぜひ他の巻も参照しながら，社会政策に何ができるかを考えてみていただきたい。

引用・参考文献

伊藤公雄，2017，「イデオロギーとしての『家族』と本格的な『家族政策』の不在」本田由紀・伊藤公雄編『国家がなぜ家族に干渉するのか——法案・政策の背景にあるもの』青弓社。

落合恵美子・城下賢一，2015，「歴代首相の国会発言に見る「家族」と「女性」——「失われた20年」のイデオロギー背景」落合恵美子・橘木俊詔編著『変革の鍵としてのジェンダー——歴史・政策・運動』ミネルヴァ書房。

落合恵美子，2019，『21世紀家族へ——家族の戦後体制の見かた・超え方（第4版）』有斐閣。

小島宏，2019，「人口・家族政策の概念，分析枠組み，比較史」小島宏・廣嶋清志編『人口政策の比較史——せめぎあう家族と行政』日本経済評論社。

利谷信義，1975，「戦後の家族政策と家族法——形成過程と特質」福島正夫編『家族　政

策と法1　総論』東京大学出版会。

原田純孝，1992，「日本型福祉と家族政策」原田純孝・副田義也『家族に侵入する社会』（シリーズ変貌する家族6）岩波書店。

姫岡とし子，2007，「日独における家族の歴史的変化と家族政策」本澤巳代子・ベルント・フォン・マイデル『家族のための総合政策――日独国際比較の視点から』信山社。

福島正夫，1975，「現代日本の家族政策と法」福島正夫編『家族　政策と法1　総論』東京大学出版会。

本田由紀・伊藤公雄編，2017，『国家がなぜ家族に干渉するのか――法案・政策の背景にあるもの』青弓社。

増田雅暢，2007，「日本の家族支援政策の現状と課題」本澤巳代子・ベルント・フォン・マイデル『家族のための総合政策――日独国際比較の視点から』信山社。

水野紀子，2013，「比較法の視点から見た家族法」落合恵美子編『親密圏と公共圏の再編成』京都大学学術出版会。

Carlson, Laura, Livia Sz. Oláh and Barbara Hobson, 2017, Policy recommendations Changing families and sustainable societies : Policy contexts and diversity over the life course and across generations (Working Paper 78). FamilyAndSociety, Collaborative research project financed by the European Union's Seventh Framework Programme 2013-2017 (Grant no. 320116, FP7-SSH-2012-1).

Daly, Mary (eds.), 2001, *Care Work : The Quest for Security*, ILO.

Dumon, Wilfried, 1997, "The Uncertainties of Policy with regard to the Family," J. Commaille et al. (eds.), *The European Family*, Kluwer Academic Publishers, 61-78.

Esping-Andersen, Gøsta, 2009, *The incomplete revolution : adapting to women's new roles*, Polity Press.（エスピン゠アンデルセン，G.／大沢真理監訳，2011，『平等と効率の福祉革命――新しい女性の役割』岩波書店）

Morel, Nathalie, Bruno Palier and Joakim Palme (eds.), 2012, *Towards a social investment welfare state ? : ideas, policies and challenges*, Policy.

Ochiai Emiko, 2014, "Leaving the West, rejoining the East ? : Gender and family in Japan's semi-compressed modernity," *International Sociology*, 29 : 209-228.

Robila, Mihaela (ed.), 2014, *Handbook of Family Policies Across the Globe*, Springer.

Taylor-Gooby, Peter (ed.), 2004, *New Risks, New Welfare : The Transformation of the European Welfare State*, Oxford University Press.

徐浙宁，2009，「我国关于儿童早期发展的家庭政策（1980-2008）：从家庭支持到支持家庭?」《青年研究》2009年第4期。（2021，「中国の幼児発達に関する家族政策1980-2008――『家族責任』から『家族支援』へ?」平井晶子他編『リーディングスアジアの家族と親密圏②結婚・子育て・介護』有斐閣）

（落合恵美子）

第Ⅰ部

家族政策の今をつかむ5つのフレーム

第 1 章

子育て支援

社会が共同して負担すべきものは何か

資料 1-1 三重県鳥羽市の答志島の寝屋親と寝屋子
　　　　　寝屋親の小林吉幸さんご家族と寝屋子たち（前列右 2 人と後列右 3 人）

　　（出所）　2015年頃撮影。鳥羽市 HP より。小林様の許可を得て掲載。

　「寝屋子制度とは，中学校を卒業した男子数名（5～6名）を『寝屋親』と
呼ばれる地域の世話役が預かり，寝屋親の家の一室を借りて寝泊まりさせ，戸
籍上のつながりのない者同士が，実の親子・兄弟のように絆を深める制度です。
……寝屋子たちは自宅で食事を済ませ，午後 8 時頃になると次々と寝屋親の家
に集まります。……思春期の若者たちを預かる寝屋親は，島で暮らす先輩とし

て，寝屋子たちの相談相手となり，アドバイスを送り，時には叱り，実の親子
のような関係を築いていきます」（鳥羽市 HP「答志島寝屋子制度」より）。

　子育てを狭い家族の中だけに閉じ込めないしくみが，かつての社会には様々
な形で存在した。寝屋子制度などの若者宿・娘宿，名づけ親・かねつけ親など
の擬制的オヤコ関係，沖縄の守姉（ムリアニ）などが知られている。

1 何が問題か
少子化問題・保育所不足・児童虐待

　いまの日本で子育て支援が取り組むべき課題は何だろうか。①少子化問題，
②女性の就労支援のための保育所不足，③児童虐待，などがすぐにでもあげら
れるだろう。どれも重要だが，全く性質が異なる難題のようにみえる。これら
すべてに対処できる子育て支援策などあるのだろうか。

1 少子化問題

　少子化対策には，効果的な政策など無いという意見もある。しかしそう決め
つけるのは早計にすぎよう。1人の女性が生涯に産む子どもの数に当たる合計
出生率（total fertility rate：TFR）は，2000年代に多くの国でやや持ち直した。
　上昇のトレンドは一様ではない。**資料1-2**にあるように，かなり上昇して
合計出生率1.8当たりに集まった第1グループ，わずかに上昇したもののほと
んど横ばいで1.4当たりに集まった第2グループ，低下を続けて1.2当たりと
なった第3グループがある。第1グループに入るのはフランス・スウェーデ
ン・イギリス，第2グループはドイツ・日本・イタリア，第3グループはシン
ガポール・韓国などである。アメリカ合衆国は数値としては第1グループのよ
うだが，1990年代から高水準なので，さらに別の第4グループとした方がいい
だろう。グループ間の違いは，政策も含む社会的条件に関係している。
　OECD 諸国における合計出生率と女性の就労との関係は，1980年代を転換
点にして，一方が高いほど他方は低くなる逆相関の関係から，一方が高いほど

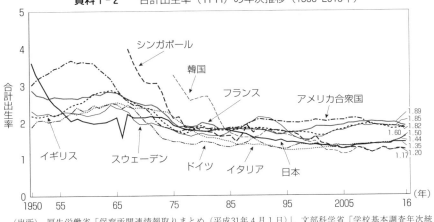

資料 1 - 2　　合計出生率（TFR）の年次推移（1956-2016年）

（出所）　厚生労働省「保育所関連情報取りまとめ（平成31年 4 月 1 日）」，文部科学省「学校基本調査年次統計」。

他方も高い正の相関関係になった（資料序 - 3 参照）。保育所の利用，育児休業とその所得保障の充実，フレックスタイム勤務，質の良いパートタイム就業の普及など，仕事と家庭を両立しやすくする制度が整ったことの効果だとされる（山口，2006）。上記の第 1 グループと第 4 グループはいずれも合計出生率とともに女性労働力率も高い。この状態を実現するのが少子化対策の鍵であるようだ。

② 女性の就労支援のための保育所不足

「保育園落ちた日本死ね！！！」のブログ（2016年 2 月）が有名になったように，この国では慢性的な保育所不足が続いているという認識が広がっている。実態はどうなのだろうか。

保育所，幼稚園，認定こども園，地域型保育事業所の数の推移を**資料 1 - 3**に示した。2014年まで保育所は漸増，幼稚園は漸減の傾向にあったが，2012年に公布された「子ども・子育て支援法」（野田内閣）に基づき，2015年から保育所と幼稚園の機能を併せもつ認定こども園，小規模保育事業・家庭的保育事業・事業所内保育事業・居宅訪問型保育事業などを含む特定地域型保育事業と

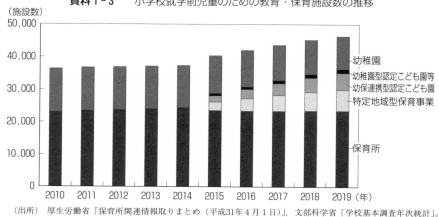

資料1-3　　小学校就学前児童のための教育・保育施設数の推移

（出所）　厚生労働省「保育所関連情報取りまとめ（平成31年4月1日）」，文部科学省「学校基本調査年次統計」。

いう，多様な形態の施設が生まれた。小規模保育とは，0〜3歳未満児を対象とした，定員が6人以上19人以下の少人数で行う保育（全国小規模保育協議会HPより），家庭的保育とは保育者の居宅その他の場所で行われる小規模の異年齢保育であり，産休明けから3歳未満の子どもを対象とする（家庭的保育全国連絡協議会HPより）。新しいタイプの施設が登場して以降の5年間で，幼稚園も含めた施設数の総計は1.24倍，保育所機能をもつ施設のみに限る（従来型の幼稚園を除く）と1.49倍に増加，これに伴い保育所定員も1.24倍に増加した。それに伴い待機児童数は0.78倍に減少した。「子ども・子育て支援法」は一定の効果を上げたといえるのではなかろうか。

　しかしSNSなどに溢れる「保活」（保育所に子どもを入れるための保護者の活動）の苦労とこれらの数字の間には，やはりギャップを感じる。その理由は特定の層への問題の集中にあるだろう。

　第一は地域である。厚生労働省の「全国待機児童マップ」にあるように，待機児童は（沖縄以外は）大都市圏に集中している。

　第二は子どもの年齢である。2019年の待機児童数は1万6772人まで減少したが，1・2歳児がその76％を占める（厚生労働省「保育所関連情報取りまとめ（平成31年4月1日）」）。これは女性の働き方の変化と関係している。出産後の就労

資料1-4　　保育所利用割合の年次変化

(注)　3歳以上はこれに幼稚園利用が加わる。
(出所)　厚生労働省「保育所関連情報取りまとめ(平成31年4月1日)」。

継続率は日本ではながらく横ばいだったが，2010年代についに変化し始め，第1子出産後も53%は就労を継続するようになった(内閣府男女共同参画局『男女共同参画白書(平成30年版)』I-3-7図)。育休が終わる1歳頃の「保活」が激戦となるわけだ。

　この事情はもちろん政策担当者もよくわかっており，新設された小規模保育事業・家庭的保育事業が3歳未満児を対象としているように，1・2歳児の定員拡大が2010年代の重点政策とされてきた。そのおかげで新制度実施以降の1・2歳児の保育所利用割合の上昇はめざましい(**資料1-4**)。

　2019年10月に始まった「幼児教育・保育の無償化」は，さらに新しい状況をつくり出した。「子ども・子育て支援法」の改正により，3～5歳児は全世帯，0～2歳児は住民税の非課税世帯を対象として，幼稚園・保育所利用料が無料となった。消費税増税と同時にスタートした大改革である。

　「幼保無償化」は需要の構造も変えた。保育所より料金が安い幼稚園を選んでいた非正規雇用などの親たちも，「幼保無償化」により長時間保育への潜在的需要を顕在化させ，3～5歳児の保育所への申込数が増えた。2020年4月の認可保育所入所の申込選考結果は，待機児童数の多い自治体の4割以上で前年より悪化した(共同通信2020年3月20日配信)。新たに「3歳の壁」ができたと

もいわれる。少子化はしても，保育所需要は拡大している。新型コロナウィルス感染症の流行のため，保育所需要も女性の就労拡大も一時的に抑制されているが，潜在的には拡大傾向にあることを見誤ってはいけない。

③ 児童虐待

　痛ましい児童虐待事件の報道に接し，児童虐待が深刻化しているという印象をもつ人も多いだろう。児童相談所における虐待相談対応件数は1990年の1101件から2018年の15万9850件へ，なんと150倍に増加した。種類別の内訳は，2018年には心理的虐待55％，身体的虐待25％，ネグレクト18％，性的虐待１％である。面前 DV は心理的児童虐待であるというような，「虐待」の定義の拡大も総数の増加に影響している（藤間・余田，2020）。明確な虐待の周辺には「マルトリートメント」（不適切な育児）と呼ばれる境界的なエリアがさらに広がっている。

　最も深刻な死亡事例については，2003年分より厚生労働省の委員会による検証報告が公表されている。心中は減少したが，それ以外の虐待死は年間50人前後でほぼ変わらない（社会保障審議会児童部会児童虐待等要保護事例の検証に関する専門委員会「子ども虐待による死亡事例等の検証結果等について（第15次）」）。

　2003年分より2017年分までの15年分の死亡事例検証報告が扱った「心中以外の虐待死」779人の死亡年齢を集計したものが**資料１-５**である。48％は０歳で亡くなっている。そのうちの50％は０カ月での死亡である。かつての「間引き」のように出生直後に，あるいは新生児・乳児のうちに，授かったばかりの命を絶つケースが全死亡事例の半数なのである。幼児の虐待死に注目することの多い事件報道からは知りえない実態である。

　第15次報告（2017年）では死亡年齢別に加害者が示されている。実母が関わっている割合は子どもの年齢上昇とともに減少する。その代わり実父が増え，養父や実母の交際相手も関与するようになる。加害動機も子どもの年齢とともに変化する。

　以上を総合し，子どもの年齢と加害者と動機に注目して整理すると，

資料 1 - 5　　心中以外の虐待死による子どもの死亡年齢

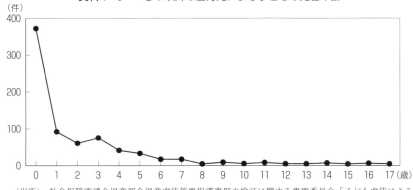

（出所）　社会保障審議会児童部会児童虐待等要保護事例の検証に関する専門委員会「子ども虐待による
　　　　死亡事例等の検証結果等について（第15次）」のデータにより筆者作成。

　①出産を受け入れられない実母による子どもの存在否定

　②新生児・乳児の養育ストレスによるネグレクトや身体的暴力

　③やや成長した子どもに対する実父等も関与した「しつけ」

という，死亡事例の３つのタイプが浮かびあがってくる。

　①出産後まもなく，②新生児・乳児期，③子どもの自我が芽生える時期という３つの時期には，性質の違う課題にほとんどの親が直面するものだ。１件の死亡事例の背後には，多くの虐待事例やマルトリートメント，「養育困難」に悩む無数の養育者たちが存在する。それぞれの時期の困難に，これまでの研究で「児童虐待の要因」（藤間・余田，2020）とされてきた条件が加わると，さらにリスクが上昇すると考えられる。

　それならリスクを支援ニーズと読み替え，処罰の前に予防と支援を試みたらどうだろう。例えば「望まない妊娠」を防ぐために性教育や避妊手段を提供し，早期の人工妊娠中絶のハードルを下げることで，また助産師などによる産前産後ケアや，出産前から入所できる母子保護施設の利用を促すことで，件数が最大の①の時期のリスクを下げることができるだろう。

　虐待やマルトリートメントは特別な養育者のみの問題ではない。普通の子育てのちょっとした困難が積み重なって深刻な事態に至ることもある。それを防

資料1-6　ユニバーサルな支援と重点的支援

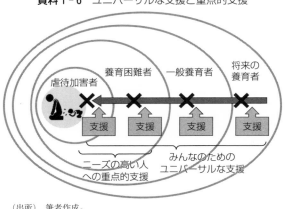

（出所）　筆者作成。

ぐため，すべての養育者が受けられるユニバーサルな支援をベースに，ニーズ
の高い人には重点的支援を追加して，養育困難の深刻化を食い止めるという実
践のイメージを描いてみた（**資料1-6**）。

2 こう考えればいい
諸外国に学ぶケアの脱家族化

① 「20世紀体制」とケアの家族化／脱家族化

　最初はばらばらにみえた子育て支援の3つの課題は，意外に関連し合ってい
ることに気づいていただけただろうか。保育所利用割合が圧倒的に低い0歳児
が最も児童虐待の犠牲になっている。低年齢児の多くが社会的保育を受けずに
家族に任されていることが，養育者の支援ニーズを放置し，虐待リスクを高め
ることにつながっているようだ。そうした養育者の困難が，子どもをもつこと
を躊躇させ，少子化を加速させる。

　子育てを家族に任すのは当たり前だ，それがリスクを高めるなんておかしい，
と思う人もいるだろう。しかし，本章の冒頭で紹介した寝屋子制度を思い出し
てほしい。実親以外に子どもの育成に関わる人を頼む制度は，洋の東西を問わ

ず存在してきた。日常的に近所の人たちが関わったり，子守やメイドを雇用して子どもの世話をさせたりするのも一般的だった。父親など男性が子育てに関わる社会も多く，子連れ出勤までしていた江戸時代の父親たちの記録もある（真下，1990）。メイドの雇用をやめ，プライバシー重視の小さな家族の中で母親ばかりが子育てを担うことになったのは，序章で紹介した「20世紀体制」の時代，すなわちヨーロッパでは20世紀初め以降，日本では第２次世界大戦後のことに過ぎない。子どもの世話や病人や高齢者の介護をまとめて「ケア」と呼ぶことにすると，「ケアの家族化」と「ケアの女性化」がこのときに起きた。

　では「20世紀体制」が揺らぎだした1970年代以降，各国はどのようにして新しいケアのしくみをつくろうとしてきただろうか。1970年代以降のヨーロッパ諸国で次々に実施された家族政策やジェンダー平等政策は，それまで世帯主の所得補償が主な役割だった福祉国家の性質を大きく変えた。保育などの社会サービスを提供して，家族のケア役割を直接に分担することが，福祉国家の重要な役割となった。他方，家事労働者や子守の雇用など，ケアの市場化も促進された。国家による社会化（北西ヨーロッパ等）と市場化（英米等）と，方向は異なるものの，多くの欧米諸国でケアの「脱家族化」が進行した。

② ケアダイアモンド

　家族，市場，国家，コミュニティ（もしくはアソシエーション，すなわちNGO／NPOなどの非営利団体）という４つのセクターがケア供給のために果たしている役割を，「ケアダイアモンド（care diamond，ダイアモンドとは四角形のこと）」という図で示してみよう（ラザビ，2010）。円の大きさはそのセクターの果たしている役割の大きさを表す。アジア社会を対象とするには，「家族」は「家族・親族」とした方がいい。ケアダイアモンドを前提にすると，ケアの家族化／脱家族化は，国家，市場，コミュニティ，親族との間の４方向がありうる。社会によって，また経済階層その他の個人の属性によって，様々に異なる家族化と脱家族化の結果，４セクターのバランスが変わり，様々な形のケアダイアモンドが形づくられる。

資料1-7 近代社会の成立・変容とケアの家族化・脱家族化

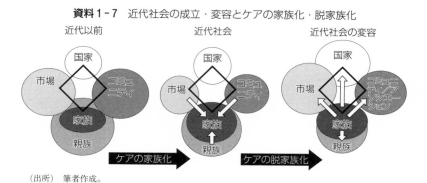

（出所） 筆者作成。

　近代以前から近代社会へ，さらに1970年代以降の近代社会の変容の時代に，ケアに関わるセクターのバランスはどのように変化したかをイメージ的に示したのが**資料1-7**である。近代社会の成立に際して「ケアの家族化」が起こり，1970年代以降は「ケアの脱家族化」が起きて，バランスが変化した。各段階で多様性が存在するので，その違いを表現しようとすれば，例えば変容の時代には，国家による脱家族化が強力に進められた北西ヨーロッパでは「国家」，市場化が優位する英米等では「市場」の円を，より大きく描くことになる。

③ アジアのケアの比較研究

　欧米諸国で発達した多様な家族政策については多くの研究があるが，同時代のアジア諸国では何が起きているのかを知らねばならないと考え，筆者らは2000年代の初めからアジアのケアについての国際比較プロジェクトを実施してきた（落合・山根・宮坂，2007；落合，2013）。

　資料1-8は，2000年代前半の調査に基づき，日本，韓国，中国，台湾，タイ，シンガポールの都市部における子育てに関わる社会的ネットワークをまとめたものである。各社会のケアの与え手の種類ごとに，それが子育てに果たす役割の大きさを4段階で評価した。Aが最も有効であり，Dは無いも同然ということを示す。様々な種類のケアの与え手が有効に機能している中国とシンガポール，ほとんど母親に集中している日本と韓国など，社会によって大きな違

資料 1-8　子どものケアをめぐる社会的ネットワーク

	母親	父親	親族	コミュニティ	家事労働者	施設（3歳児未満対象）
中国	A－	A	A	B	C（大都市ではB）	A
タイ	A	A	B	B	B	D
シンガポール	A－	B	A	C	A	A
台湾	A	B	A	C	B	C
韓国	A＋	C	B	B	C	C
日本	A＋	C	C（共働きではB）	B	D	C（共働きではB）

（出所）　落合・山根・宮坂（2007）の表結-1を修正。

いがあることが明らかになった。また，ともに子育て支援の社会的ネットワークが発達した社会でも，中国は施設，シンガポールは家事労働者の役割が大きく，ネットワークの構造は対照的だった。

　日本では母親の背負う重い育児負担が社会問題であり，児童虐待の背景にもなっているが，国際比較をすれば日本の育児ネットワークの貧しさがその原因であることがわかる。日本はまさに「ワンオペ育児」であることが，国際比較からも明らかになった。日本国内だけみていては思いつかないが，ベビーシッターのような家事労働者がいないことが，日本の育児の1つの目立った特徴である。

　各国の女性のライフコースを通じた就労パターンを描いてみると，日本と韓国は結婚・出産退職をして子どもの成長後に再就職するいわゆるM字型カーブを描くが，他の4つの社会の女性たちは子どもが幼少の時期も働き続けていた。子育てに関わる社会的ネットワークが貧しい日本と韓国では結婚・出産退職を余儀なくされるが，他の社会では様々なタイプの社会的ネットワークがあり，ケアの脱家族化ができるので，幼児を抱えた女性たちも仕事を継続できていた。アジアのケアの比較研究は，女性の就労支援という課題にも，解決の方向を示すことができた。

④ 近代にこだわる日本／近代の先へゆく他のアジア諸国

　では，なぜこのような違いが生まれたのだろうか。ケアダイアモンドモデル
を用いてこの結果を読み直せば，社会主義国である中国では保育所設置など
「国家による脱家族化」が強く，シンガポールでは外国人家事労働者の雇用な
ど「市場を通じた脱家族化」が強かった。台湾とタイでは，シンガポールほど
ではないが，家事労働者の雇用などの「市場を通じた脱家族化」の傾向が見出
せた。これに対して日本は，どちらの方向の「脱家族化」も不十分だった。

　日本が極端な孤立育児に陥ってしまった原因は，日本が経済的繁栄の絶頂に
あった1980年代につくられたと筆者は考えている（落合，2018：2019）。アジア
で最も早く経済成長に成功した日本は，1980年代には欧米諸国も凌駕したと得
意の絶頂にあった。1970年代のオイルショック以降，長期の不況に苦しむ欧米
諸国が様々な改革に乗り出すのを尻目に見ながら，1980年代の日本は「日本的
福祉社会」（自助と共助に重きをおき福祉国家による公助は抑制する）を目指すと
宣言し，「主婦の座」を保護する諸制度を創設した。日本の良き文化的伝統で
ある家族や地域社会の相互扶助の強さを福祉国家の代替物にしようとする「家
族主義的（反）改革」が断行されたのである。しかし実際には，比較的短期間
に圧縮された近代を駆け抜けてきた日本では，社会の変化が欧米諸国よりも遅
かっただけのことであり，欧米諸国が1970年代に経験したような人口学的変化
と経済不況に日本も1990年代に直面することとなった。しかしそのときには，
1980年代に再強化され固定された「戦後体制」的，世界的にみれば「20世紀体
制」的な家族主義的社会構造が改革を阻み，「失われた20年」が始まった。

　それに対して，より圧縮された近代化のただなかにある他のアジア諸国では，
「20世紀体制」的な「ケアの家族化」を完成する間もなく，近代以前にもあっ
た家事労働者雇用の伝統が，外国人家事労働者の雇用に連続的に転換していっ
た。「市場を通じた脱家族化」が日本よりスムーズに進行したのはそのためと
考えられる。他方，社会主義の道をたどった中国やベトナムでは「国家による
脱家族化」を実施した。みごとに達成した「20世紀体制」の社会構造を守り続
けるうち，日本は他のアジア諸国に追い抜かれてしまった。

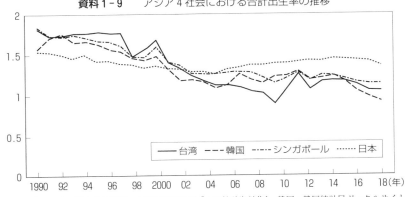

資料1-9　アジア4社会における合計出生率の推移

（出所）　日本：国立社会保障・人口問題研究所『人口統計資料集』，韓国：韓国統計局ポータルサイト，
台湾：行政院主計總處ポータルサイト，シンガポール：Dept. of Statistics, Singapore。

3 ここがポイント
社会が共同して負担すべき「ケア費用」とは何なのか

① 「ケアサービスの市場化」は解決か

　では，日本も他のアジア諸国を見習えば，子育てをめぐる問題をみな解決できるのだろうか。それには家事労働者の雇用などケアの「市場を通じた脱家族化」を進めればいいのだろうか。国家戦略特区制度による家事支援外国人受入事業はこの発想で進んでいるが，ちょっと待ってほしい。

　育児ネットワークの充実によるケアの脱家族化は，女性の就労率上昇に効果があったが，実は出生率上昇にはつながっていない。韓国，台湾，シンガポールの合計出生率は2000年代前半から日本を下回っており，その後も差が広がるばかりである（**資料1-9**）。中国とタイも特に都市部ではやはり低水準であり，中国はその危機感から第3子の出生を認める政策に転換した。

　ここから筆者は「ケアサービス（供給）の脱家族化」と「ケア費用の脱家族化」とを区別すべきではないかと考える。「国家による脱家族化（社会化）」でも「市場を通じた脱家族化（市場化）」でもケアサービスの供給は脱家族化さ

れるが，後者ではその費用は脱家族化されない。つまり後者では経済的負担は家族に残る。女性の就業率には「ケアサービスの脱家族化」が影響するが，出生率には「ケア費用の脱家族化」が影響するのではないだろうか。

② 国家が「公的保育」を提供する責任：フランスの事例から

　この仮説の当否の検討はしばらく措き，日本ではあまりなじみがない「ケアサービスの市場化」の実態はどのようなものなのか，諸外国の例を見てみよう。

　「ケアサービスの市場化」はシンガポールやインドなどアジアでも，フランスやイタリアなどヨーロッパでも広がっているが，シンガポールとフランスでは制度的位置づけが全く異なる。シンガポールでは住み込みの外国人メイドが多いが，その雇用にかかる費用をすべて雇用者が負担するのみならず，雇用者は国家に雇用税も支払う（安里，2013）。フランスでは自宅で 2 ～ 3 人の幼児を預かるアシスタントマテルネル（認定保育ママ）が一般的で，親はアシスタントマテルネルと個人契約を結び，料金は両者の交渉により決定されるが，その費用の一部は公的な家族手当金庫から支援される。またアシスタントマテルネルによる保育の質保証のために，公的な手厚いサポートと監督のしくみが設けられている。フランスは1990年代から施設保育の拡充を抑制してアシスタントマテルネルによる「家庭的保育」に重点を移したのだが，国家が「公的保育」を提供する責任を放棄したわけではない。アシスタントマテルネルによる保育は「公的保育」と位置づけられている（落合，2016）。

　「ケアサービスの市場化」は福祉国家の先進地域であった北西ヨーロッパの国々が政策的に推進している一種の「ビジネスモデル」である。ケアサービスの供給は市場化し，ケア費用の一部を国家が支援する。ケアダイアモンドは，**資料 1 - 10** のように国家と市場と NGO が重なり合う形に変貌した。

③「ケア費用」とは何か：韓国の事例から

　2000年代と2010年代におけるアジア社会の変化は大きい。なかでも韓国における保育政策の急速な進展には目を見張る。韓国では保育施設数が2000年の約

資料 1 - 10 　フランスにおける子どものケアの脱家族化

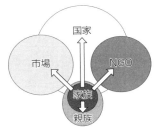

（出所）　筆者作成。

2 万件から2015年には約 4 万3000件へと倍増以上に増加した。かつての私的託児所の多くが，2003年から公式に認められた民間保育所（家庭保育所と呼ばれる）に発展した効果が大きい。2015年時点で 1 歳児の40％， 2 歳児の60％が施設保育を受けている。

　また，2013年には無償保育制度が始まった。すべての 0 〜 5 歳児を対象としており，所得制限は無い。 0 〜 2 歳児については共働きまたは第 3 子以上の場合は全日の保育料，それ以外は半日の保育料を支給する。保育施設を利用せずに在宅育児をした場合も，子どもが小学校に上がるまで養育者には在宅育児手当が支給される。日本の幼保無償化よりはるかに大規模な経済的支援である。ケアダイアモンドを描くなら，国家が市場および家族・親族と大幅に重なった図になるだろう。

　家族政策の理念も変化しており，従来の「ターゲットを絞った問題解決的で家族に依存したアプローチ」から「総合的予防的な社会的責任によるアプローチ」へのパラダイム転換が起きたといわれている。家族の多様化（多文化家族，ひとり親家族，別居家族，無子家族，祖父母が世帯主の家族等）と多様な親（離婚する親，養親，ひとり親）の増加が背景にある（Lee，2017）。

　このように韓国の保育政策は理念の面でもケア費用補助の面でもヨーロッパ諸国に比肩する水準に急速に到達した。しかし，出生率回復の効果は思うように表れておらず，合計出生率は2019年は0.92，2020年は0.84と過去最低を更新し続けている。

　韓国の近年の経験は，出生率には「ケア費用の脱家族化」が影響するという仮説を反証するものとみえる。しかし韓国の現状を注視すると，「ケア費用」とはどの範囲のコストを指すのか，再検討せねばならないと気づく。そもそもアジア社会では教育費，住宅費，医療費などの私的負担が大きい。また，女性が仕事を辞めることによる機会費用も大きい。韓国の少子化についての新聞記事では，住宅費の高騰，厳しい受験競争，女性のキャリアへの影響などを主要な原因としてあげている（『毎日新聞』2021年5月13日付）。アジア社会の少子化を改善するためには，狭義の保育政策や家族政策でカバーされる範囲をはるかに超え，教育・住宅・医療・雇用・ジェンダー平等など広範囲の制度と政策を見直して，社会全体が共同して「ひとが生きる」ことを支えるしくみをつくることが必要だろう。

4　これから深めていくべきテーマ
社会的投資から Caring Society へ

　人が不足する社会では人の価値が高まり，その量と質の確保が国家の存亡にも関わるということが，明確に意識されるようになる。高齢化したポスト産業社会の経済的パフォーマンスを高めるため，多くの国が「社会的投資（social investment）」政策を取り入れた（三浦，2018；Morel et al. 2012）。

　「社会的投資」とは，ひとことでいうと「人間への投資」である。かつての民主党政権のスローガンの「コンクリートから人へ」はこの考え方をベースにしていたが，その深い意味は浸透しなかった。2000年のリスボンアジェンダによりEUの理念として採用され，韓国を含めた世界各国に広がっている。少ない人を取りこぼさず，ひとりひとりの人を大切にして，もてる力を発揮してもらうことが社会の利益なのである。

　社会的投資政策は労働力政策としての社会政策の現代版ともいえるが，その新しさはケアとジェンダーの強調にある。働ける人が相対的に少ない高齢社会は，ジェンダー分業にこだわらず，就労などの有償労働と生活の維持のための

無償労働の両方に，働く人とその時間を適切に配分するしくみをつくらなければ維持できない。「社会的投資」という理念を掲げることにより，世界一の高齢社会である日本の社会政策に一貫性を与えることができるだろう。子育て支援はその中心である。普遍的な公的保育を提供する一方で，貧困家庭や移民の子どもたちを包摂して「早期教育とケア（ECEC）」の対象とすることは，代表的な「社会的投資」政策である。

　さらに「コロナ禍」を経た今日，経済的含意の強い「社会的投資」という理念を超えて，「生きること」およびそれを支える「ケア」の価値をより直接に主張し，それらを中心に据えた社会へのラディカルな転換を目指すべきだとする主張も世界的に強まっている（ケア・コレクティブ，2021）。そのような社会を Caring Society と呼ぶ。子育てを含めたケア労働の価値が正当に評価され，そのために適切な時間と資金が割り当てられる Caring Society を目指すことが，究極の子育て支援ではなかろうか。

［手にとって読んでほしい5冊の本］

大藤ゆき，1967，『児やらい——産育の民俗』岩崎美術社。

　　人を人並にして人生に送り出す（ヤラフ）には，家では与えることのできぬものがいくつもあり，世間の人たちが様々に関わっていたことを再認識させてくれる民俗学の書。

三浦まり編，2018，『社会への投資——〈個人〉を支える，〈つながり〉を築く』岩波書店。

　　政策づくりにも関わってきたこの分野の主要論者が揃い，欧州発の社会的投資の理念と実践を紹介しつつ，社会関係資本を強調する新たな次元を付加。

エスピン＝アンデルセン，G.／大沢真理監訳，2011，『平等と効率の福祉革命——新しい女性の役割』岩波書店。

　　社会的投資戦略の有効性を「女性の革命」（ジェンダー役割の変化）と関係づけながら明解に解説。

ケア・コレクティブ／岡野八代・富岡薫・武田宏子訳，2021，『ケア宣言——相互依存の政治へ』大月書店。

　　コロナ禍によりますます明らかとなったケアの重要性と，それを疎かにしてき

た社会の問題を指摘し，ケアを中心に据えた社会構想を提案。

落合恵美子・山根真理・宮坂靖子編，2007，『アジアの家族とジェンダー』勁草書房。

韓国・中国・台湾・タイ・シンガポールの子どもと高齢者のケアとジェンダー役割に注目したアジア家族比較調査の成果。

引用・参考文献

安里和晃，2013，「家族ケアの担い手として組み込まれる外国人家事労働者——香港・台湾・シンガポールを事例として」落合恵美子編『親密圏と公共圏の再編成——アジア近代からの問い』京都大学学術出版会。

落合恵美子，2013，「ケアダイアモンドと福祉レジーム——東アジア・東南アジア6社会の比較研究」落合恵美子編『親密圏と公共圏の再編成——アジア近代からの問い』京都大学学術出版会。

落合恵美子，2016，「フランス福祉国家の変容と子どものケア」『京都社会学年報』24号。

落合恵美子，2018，「つまずきの石としての1980年代——『縮んだ戦後体制』の人間再生産」アンドルー・ゴードン・瀧井一博編『創発する日本へ——ポスト「失われた20年」のデッサン』弘文堂。

落合恵美子，2019，『21世紀家族へ（第4版）』有斐閣。

国立社会保障人口問題研究所，2020，『人口統計資料集』。

藤間公太・余田翔平，2020，「一時保護後の親子分離を規定する要因」遠藤久夫・野田正人・藤間公太監修『児童相談所の役割と課題』東京大学出版会。

真下道子，1990，「出産，育児における近世」女性史総合研究会編『日本女性生活史3近世』東京大学出版会。

山口一男，2006，「女性の労働力参加と出生率の真の関係について」『経済産業ジャーナル』4月号。

ラザビ，シャーラ，2010，「政治，社会，経済からみたケアの国際比較——開発の視点から」『海外社会保障研究』170，31-49頁。

Lee, Jaerim, 2017, "Contemporary Korean Families," Special lecture at Seoul National University on August 25, 2017.

Morel, Nathalie, Bruno Palier and Joakim Palme eds., 2012, *Towards a Social Investment Welfare State?: Ideas, Policies and Challenges,* Policy Press.

（落合恵美子）

第**2**章

超高齢・人口減少社会

いま問われているのは新たな社会設計・社会構想である

$$\boxed{\text{グラフィック・イントロダクション}}$$

資料2-1 財務省が提示した『肩車型社会へ』の図式

〈1965年〉　　　　　　　　〈2012年〉　　　　　　　　〈2050年〉
「胴上げ型」　　　　　　　「騎馬戦型」　　　　　　　「肩車型」

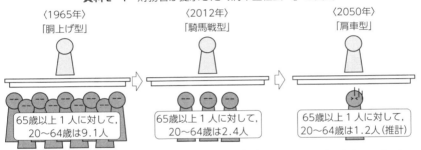

65歳以上1人に対して，　　65歳以上1人に対して，　　65歳以上1人に対して，
20～64歳は9.1人　　　　　20～64歳は2.4人　　　　　20～64歳は1.2人（推計）

（出所）　財務省，2012，「社会保障・税一体改革の概要」。（https://www.mof.go.jp/comprehensive_reform/gaiyou/02.htm　2019年9月1日更新）

　2012年，財務省は「社会保障・税一体改革大綱の概要」において，総務省「国勢調査」「人口推計」，国立社会保障・人口問題研究所が発表した「日本の将来推計人口（出生中位・死亡中位）」を参照しつつ，**資料2-1**の通り，高度経済成長期の1965年は65歳以上の高齢者1人を20～64歳の現役世代が9.1人で支える「胴上げ型」であったのに対して，2012年には高齢者1人を現役世代が2.4人で支える「騎馬戦型」に変化してきたが，2050年には高齢者1人を現役世代が1.2人で支える「肩車型」に変化していくと述べた。直近の内閣府『令和元年版　高齢社会白書』でも，1950年は高齢者1人に対して12.1人の15～64歳の現役世代がいたのに対して，2015年は高齢者1人に対して現役世代2.3人となり，さらには2065年には高齢者1人に対して1.3人の現役世代となることが指摘されており，現役世代の年齢設定の違いはあれ，概ねこうした図式は共通了解されているといえよう。

　おそらく今後の高齢者数も現役世代の人口もその比も概ねこの通りに推移していくであろう。よって，この数字に過ちはない。本章では，こうした「高齢者を働く現役世代が支える」という見方自体が間違っており，そもそも超高齢化・人口減少それ自体は問題ではなく，問うべきは超高齢化・人口減少の中で私たちがいかに新たな社会を構想するかであることを提示する。

1　何が問題か
超高齢化・人口減少：問題の本質の在り処

　本節では，「超高齢化・人口減少によって現役世代はその負担に耐えられない」「超高齢化・人口減少は経済成長にマイナスに働く」といった見方が間違っていること，超高齢化・人口減少それ自体は問題ではなく，私たちが問うべきは「戦後日本型生存保障システム」と呼ぶべきしくみからいかに脱却し，ポスト経済成長時代の超高齢・人口減少社会における新たな社会を構想することができるかどうかを述べる。

① 「働いていない高齢者を働く現役世代が支える」という見方は正しくない

　財務省が「社会保障・税一体改革大綱の概要」においてこうした構図を示したのは「現役世代が負担に耐えられなくなるので社会保障を抑制する必要がある」等々を主張するためではなく，逆に「社会保障改革によって支え手を増やすことが重要」という見方を提示するためであった。第一に，高齢者が長く働ける環境が整備されれば，高齢者は「受け手」から「支え手」になり，その負担は軽減する。第二に，子育て支援等によって女性が働きやすい環境にすることで，女性たちが「支え手」となり，結果，その負担は軽減する。第三に，子ども支援や教育制度の拡充等により合計特殊出生率が回復することで将来の「支え手」を増やし，その負担を少なくするというものだ。いわば「働いていない高齢者を働く現役世代が支える」という構図を前提に，「働いていない高齢者」を「働く高齢者」に，「働くことが困難な／働いていない女性」を「働

資料2-2　高齢者現役世代比と非就業者就業者比の推移と予測

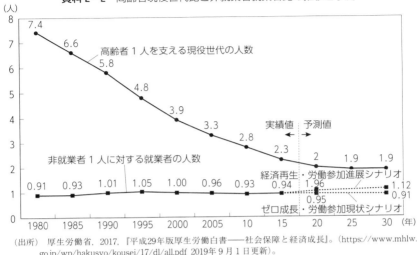

（出所）　厚生労働省，2017，『平成29年版厚生労働白書——社会保障と経済成長』。（https://www.mhlw.go.jp/wp/hakusyo/kousei/17/dl/all.pdf 2019年9月1日更新）。

く女性」にし，「将来の働く若者」を増やすことで「現役世代の負担」の軽減を図るという政策提言である。

　その一方，同じ2012年の厚生労働省による『平成24年版 労働経済の分析——分厚い中間層の復活に向けた課題』では「働いていない高齢者を働く現役世代が支える」という構図ではなく，「働いていない人を働いている人が支える」という見方＝構図で見直してみると，経済成長と若者・女性・高齢者・障害者などの労働参加が適切に進んだ場合は，2030年の非就業者1人に対する就業者の数は1.09人となり，2011年現在（0.97人）と比べて増加するが，経済成長と労働参加が適切に進まない場合はその比は0.88人となり，非就業者1人に対する就業者の数は減少する見通しであると指摘した。経済成長と労働参加が適切に進む場合，2010〜30年で就業者は213万人減にとどまると言及する——経済成長と労働参加が適切に進まない場合における就業者数845万人減よりも約630万人増となる——。その上で，経済成長と若者・女性・高齢者・障害者・外国人などの社会参加を可能とする社会の実現を提示する。

　その後，2017年には，**資料2-2**が示すように，厚生労働省は『平成29年版

厚生労働白書』において「高齢者1人を支える現役世代の人数の推移と予測」
と同時に，「非就業者1人に対する就業者の人数の推移と予測」を提示した。
『平成24年版　労働経済の分析』同様，ここでも高齢者1人を支える現役世代の
人数が1980年には7.4人であったのに対し，2015年には2.3人になっており，今
後この数字は減少していく予想を指摘する一方で，非就業者1人に対する就業
者数の比率は1980年以降，0.91〜1.01で推移しており，大きな変化はないと述
べる。さらには，今後，若者・女性・高齢者・障害者・外国人等の労働参加が
適切に進んだ場合，この数字が上向く可能性があり，経済成長と労働参加進展
が重要であることを指摘する。

② 「超高齢化・人口減少は経済成長にマイナスに働く」という見方は正しくない

　なるほど高齢者人口や生産年齢人口や高齢化率だけなどからみると，ついつ
い「これからは肩車型社会になって現役世代はその負担に耐えられない！」と
思い込みがちだが，そうではなく「働いていない人を働いている人が支える」
という視点でみると，その比率はほとんど変化しないし，経済成長と社会参加
が進めば，将来的にもその比率を高めることさえできるのだ，というのはわ
かった。したがって，肩車型社会にはならないし，著しく負担も増えるわけで
はないこともわかった——本章では言及できないが，私たちの社会ではすでに
支え手もお金も足りているという見方もある——。

　しかし，そもそも超高齢化・人口減少は経済成長にマイナスに働くではない
か，したがって，超高齢化・人口減少は経済成長へのマイナスの影響が大きく，
結果的に負担は大きくなるのではないか，という見方をする人たちもいる。し
かしながら，複数の経済学者が指摘するように（例えば，吉川〔2017〕），経済
成長率に対する人口減少要因は私たちが思っているよりもはるかに小さい。経
済財政諮問会議専門調査会「選択する未来」委員会が提示したように，経済成
長は労働の増減，資本の増減，イノベーション等の全要素生産性（TFP）の向
上の3つに分解できるのだが，1981〜90年までの潜在的経済成長率4.4に対す

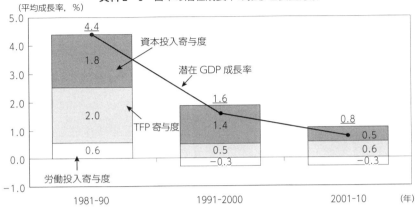

資料 2 - 3　日本の潜在成長率の推移と要因分解

（出所）　経済財政諮問会議専門調査会「選択する未来」委員会，第 3 回委員会配布資料「経済成長・発展について」。

（備考）　内閣府「国民経済計算」「民間企業資本ストック」厚生労働省「毎月勤労統計」経済産業省「鉱工業指数」「第 3 次産業活動指数」等に基づき内閣府作成。（https://www5.cao.go.jp/keizai-shimon/kaigi/special/future/0224/shiryou_02.pdf 2019 年 9 月 1 日更新）

る労働投入寄与分は0.6％，TFP 寄与分は2.0，資本投入寄与分は1.8であったが，1991～2000年までの経済成長率1.6％に対する労働投入寄与分は−0.3％，TFP 寄与分0.5，資本投入寄与分は1.4％，2001～10年までの経済成長率0.8％に対する労働投入寄与分は−0.3％，TFP 寄与分0.6，資本投入寄与分は0.5％となった（**資料 2 - 3**）。いい換えれば，超高齢化・人口減少の将来予測において，人口減少要因はマイナスとなるのは確実であるが，しかしながら，そうであってもさほど大きなマイナス寄与分にはならず――むろん，出生率が回復し，かつ若者・女性・高齢者・障害者・外国人等の社会参加が進展すれば，そのマイナス寄与分は現状継続の場合の0.9から−0.3に小さくなるにせよ――，決定的に重要な点はいかに労働生産性を上昇させるかであると主張するのだ。ここで詳述は困難であるが，注意すべきはここでの「労働生産性」は「個人」のそれではなく，社会のそれであるという点である――労働生産性を個人のそれに還元する見方は超高齢・人口減少社会の能力主義や優生思想に接合する可能性があるため，幾重にも慎重な議論が必要である――。いずれにしても，超高齢化・人口減少それ自体は経済成長においてさほど問題ではないのだ。

③ 超高齢・人口減少社会において問うべきは戦後日本型生存保障システムである

　なるほど超高齢化・人口減少それ自体は，社会負担においても経済成長としても大きな問題ではないことはわかった。ならば，私たちの超高齢・人口減少社会において問うべきことは何か。一言でいえば，「戦後日本型生存保障システム」とでも呼ぶべきしくみが縮小されながらも維持されたことが，今日の「失われた30年」と呼ばれる長期不況のもとでの貧困や不平等を生じさせ，超高齢化・人口減少のもとで家族間のケア負担の格差をもたらし，二重構造をさらに強化している点である。そして，そのことが現代日本社会における生産労働と再生産労働の両方を含めた労働を困難にさせている。1970年代以降，少子高齢化という人口学的変化は欧米社会にシステムの大きな転換を迫り，何とかそれぞれでその転換を達成していったのだが，私たちの社会では世界でも類をみないぶっちぎりで圧倒的な超高齢化を辿り，急速な人口減少社会にあってもかつてのしくみがいびつな形で保たれている。私たちが問うべきは，「ポスト経済成長時代」における超高齢・人口減少社会のもとでいかに人々の生産と再生産を可能とする新たな社会を設計するか否かなのである。むしろ，「ポスト経済成長時代」における超高齢・人口減少社会ではこのような新たな社会構想こそが求められているのだ。

2　こう考えればいい
日本の超高齢・人口減少社会対策

　本節では，「20世紀システム」と呼ぶべきしくみがいかに誕生し，変容してきたのかを論考した上で，「戦後日本型生存保障システム」の特徴とはいかなるものかについて言及したのち，1990年代以降，このしくみが大きな綻びを示しながらも保たれていること，この社会の「変わらなさ」を指摘する。

1 20世紀システムの誕生と変容

　落合恵美子は，政治学者の大嶽秀夫が提唱した「20世紀アメリカン・システ
ム」（大嶽，2011）を参照しつつも，大嶽がこのシステムを「生産の体制」とし
て指摘したのに対して，それは同時に「再生産の体制」でもあったことを強調
し，そのような社会システムを「20世紀システム」と呼ぶ。20世紀システムは，
1920年前後から1970年代頃までの先進諸国を特徴づける社会システムであり，
①ケインズ型福祉国家，②フォード的生産様式と大量消費社会，③男性稼ぎ主
－女性主婦型の近代家族といった国家・経済・家族の三位一体の体制である。

　そして，このシステムは，ケインズ政策を通じて恐慌の回避と完全雇用実現
のための経済の政治的管理を実現し，成長促進政策運営を遂行すると同時に，
フォード型労使和解システムに支えられ安定した雇用と，大量生産によって大
量消費社会を生み出すことで経済成長を加速させた。そして，近代家族はこれ
らを支え，支えられる形で，男性労働者と次代の労働者である子どものケアを
行い，彼らを公共圏へと送り出す機能を担ったのだ。ところが，第1次人口転
換によって成立した20世紀システムは，第2次人口転換によってその条件を掘
り崩され，完全雇用の崩壊と雇用の流動化，そしてそれに伴って近代家族は大
きく揺らぎ，個人の選択可能性は増大したのである。このように第2次人口転
換が生じて生産年齢人口割合が減少すると，家族はかつてのようにケア負担を
担うことができなくなるし，生産年齢人口割合が減少して労働力不足を補うた
めに家族外での仕事を担うようになると，家族の再生産力低下はさらに進む。
加えて，若年層の失業や不安定雇用の割合が上昇したことで家族形成自体が困
難な人たちが増加し，家族の多様化も進み，家族がケアのアクターとして機能
することが困難となった。にもかかわらず，1980年代の日本で行ったことは，
夫に経済的に依存する主婦であることを前提とした年金権の確立など，男性稼
ぎ主－女性主婦型の近代家族の制度的強化であり，「制度化された家族主義」
であった（落合，2018）。このように「1980年代，日本が束の間の繁栄に浮かれ
て『20世紀システム』を再強化したことが，その後の改革を阻み，『失われた
20年』を招来した。すなわち日本の『失われた20年』の原因は1980年代につく

られた」（落合，2018，115頁）のである。

② 戦後日本型生存保障システムの誕生と変容

　筆者が指摘する「戦後日本型生存保障システム」は落合のいう「20世紀システム」とほとんど同じ意味内容を示すが，むしろ欧米における「20世紀システム」との差異を強調した用語である。

　第一に，戦後日本型生存保障システムは，人口増加と経済成長を背景にして様々な経済規制——とりわけ官僚主導の産業の育成・保護政策等の経済規制——と，大規模な公共事業支出によって「男性稼ぎ主」の雇用を保障することで人々の生存を保障するしくみである。この男性稼ぎ主の「完全雇用」によって社会保障機能が部分的に代替されてきた点に特徴がある。その意味で，20世紀システムの「ケインズ型福祉国家」「フォード的生産様式と大量消費社会」という柱に共通するようにみえるが，日本の場合にはより官僚主導の経済規制および公共事業支出と政治主導の都市から地方への地域間再配分に依存してきたという点に特徴がある。

　第二に，上記の男性稼ぎ主の雇用を保障することで男性稼ぎ主とともに暮らす家族の生存を保障してきたが——逆にいえば，その家族に包摂されていない人たちの生存は著しく脅かされていた——，「雇用レジームは現役世代の生活保障につながっても，それ自体として退職後の生活を保障するものではない」ため，「老人問題には雇用レジーム主導の生活保障の落とし穴ともいうべき面があり，1960年代の終わりから急速に人々の関心を集めつつあった」（宮本，2009，85頁）ため，1970年代以降においては経済成長の恩恵を被っていた現役世代から経済的に困窮していた高齢者への「世代間再配分」が行われてきた。実際，1970年代前半には老人医療費無料化や年金大改革などが進められ，1980年代にも高齢者に対する世代間再配分政策は進んだ。その後の急速な高齢化を差し引いても，今日における社会支出の多くが「高齢者関連」として支出されているのもこうした背景がある。「都市から地方への地域間再配分」と「現役世代から高齢者への世代間再配分」が高度経済成長期には実質的に「所得間再

配分」「階層間の再配分」として部分的に機能したともいえるのだが，いずれもこのような再配分システムに特徴がある。

　第三に，上記のような世代間再配分によって生存を保障されてきた高齢者を除き，経済成長の恩恵を被ることがなかった働くことが困難な人々や戦後日本型家族からこぼれた人々に対しては極めて細々とした残余的な社会保障システムしか構築してこなかった。働ける限りにおいてはかろうじて生活することが可能な形で生存を保障してきた半面，働くことがどうしても困難な場合には極めて限定的な形でしか生存保障がなされてこなかったのである。

　第四に，戦後日本型生存保障システムにおいては生産レジームを近代家族による再生産レジームが支え，逆に再生産レジームを生産レジームが支えてきた。両者が一体となって人々の生存を保障してきたのだ。この点では「20世紀システム」と重複するのだが，子どものみならず，高齢者や障害者や病者などの家族成員のケアを女性が一手に引き受けざるを得なかったのである。

　第五に，こうした生産レジームと再生産レジームを併せもった戦後日本型生存保障システムは日本に特有の政治システムによって形成されてきた。とりわけ，強力な国家官僚制の存在と中選挙区制度によって担保された長期政権によって可能となった政治システムによってこのシステムは形づくられてきたのだ（武川，2012，47-51頁）。

　ここで詳述は避けるが，いずれにしてもこうした戦後日本型生存保障システムによって，戦後日本において私たちはかろうじて生存することが可能であったし，また生存の困難を余儀なくされてきたのだ（天田，2011，115頁）。

③ 戦後日本型生存保障システムの綻びと変わらなさ

　こうした戦後日本型生存保障システムによる男性稼ぎ主の雇用保障としての経済規制や公共事業等を通じた再配分，とりわけ都市から地方への公共事業費や地方交付税交付金や各種補助金等を通じた「地域間再配分」は1990年代以降に急速に綻びをみせる。

　1990年代以降の「長期不況時代」「ポスト経済成長時代」におけるグローバ

ル化や脱工業化などの産業構造の変化によって「都市から地方への地域間再配分」は機能不全を示すようになってくる。実際，1990年代のバブル崩壊以降，少なくない中小企業や工場が倒産・閉鎖したり，海外に移転した。加えて，2000年代以降の「聖域なき構造改革」の名の下での財政構造改革によって地方への公共事業は大幅に縮小したため，「地域間再配分」は機能しなくなった。それでも地方経済がギリギリ維持されてきたのは，各種補助金や各自治体に地方交付税交付金等が配分されてきたからであるが，それとて場当たり的な弥縫策にしかならなかった。地方経済が先細りになってからは地方の超高齢化を背景に，クリニックやホームヘルプサービスやデイサービスやグループホームの事業所などの医療・介護分野（ケア分野）が何とか雇用を創出してきたが，それとてパートタイム労働などの非正規雇用が少なくない不安定な労働市場であった。いずれにしても，男性稼ぎ主の「安定雇用」は大きく揺らいだ。

　同じく「現役世代から高齢者への世代間再配分」も1990年代以降に急速に綻びをみせることになる。1970年代前半，老人医療費無料化や年金大改革による5万円年金などの高齢者政策が矢継ぎ早に実行されていたが，1980年代には第2次臨調に象徴されるような「日本型福祉社会論」がせり出し，自己負担を部分的に求めるなどの抑制政策が行われるようになっていたとしても「世代間再配分」はかろうじて保たれていた。ところが，1990年代になると，現役世代の雇用が不安定化したことで，世代間再配分は難しくなり，また2000年の介護保険創設以降，特に入院期間短縮化や要介護認定の厳格化による社会サービスの受給資格の厳格化などに伴って，家族にケアの担い手がいないにもかかわらず病院にもいられず，さりとて年金額が少ないために民間サービスも利用できず，自宅に戻ることもできない「行き場を失った高齢者」が増大した（大澤・山尾・堀家，2015，23-24頁）。加えて，生活保護を受給するほど低所得ではないが，国民年金のみでギリギリの生活を余儀なくされるボーダーラインの高齢者は生活保護も受給できず，さりとて年金では生活できない状況に晒されている（天田，2015，77頁）。このように世代間再配分においても大いなる綻びをみせてきた。

　いずれにしても，私たちの社会にあっては1980年代において戦後日本型生存保障システム——落合の用語では「20世紀システム」——が再強化されたことによって，1990年代以降の長期不況時代／ポスト経済成長時代においても場当たり的マイナーチェンジが反復され，このシステムはいびつな形で保たれた。

3 ここがポイント
問われているのは「社会のしくみ」

　本節では，今日の超高齢・人口減少社会において問われている戦後日本型生存保障システムというしくみをいかに変えることが可能かについて，生産レジームと再生産レジームにかけて検討する。

①　変わらない戦後日本型生存保障システムの生産レジームをいかに変えるのか

　ここまでで読者の皆さんには「そうか，超高齢・人口減少社会では負担は大きな問題にはならないのだ！」「働いていない人を働いている人が支えるしくみをつくることで問題にならないのだ！」ということも，「そうか，超高齢化・人口減少はさほど経済のマイナス要因にはならない。むしろ，社会の労働生産性の上昇こそが大事である」「超高齢化・人口減少自体はさほど問題ではない」ということを理解していただいた上で，むしろ私たちの社会の超高齢化・人口減少という「静かなる社会変動」に適合した社会を設計すべきにもかかわらず，経済成長と人口増加を前提にした「戦後日本型生存保障システム」とでも呼ぶべきしくみに呪縛されており，それこそが今日の私たちの社会における不平等や格差をもたらしていることを認識していただけたと思う。

　なるほど，戦後日本型生存保障システムは1990年代以降の「長期不況時代」「ポスト経済成長時代」において大きな綻びをみせながらも——そしてそのことが様々な問題を生じさせながらも——，なぜか変わらず，いびつな形で保たれていることもわかった。だが，この変わらない戦後日本型生存保障システムをいかに変えるのか。さし当たり生産レジームをいかに変えることが可能な

か，と問うだろう。

　この点も詳述することは困難であるが，端的にいえば，戦後日本型生存保障システムは「経済成長」と「人口増加」を前提にしていたのに対して，「低成長」と「人口減少」を前提にした新たな生存保障システムを構想することではないか。「人口は増加するべきである」「少なくともギリギリのところで人口は維持しなければならない」という発想ではなく，「少子化」と「人口減少」を前提に「堅実な経済成長と徹底した社会的分配」という発想から新たに社会を構想することである。生産レジームを語る際に陥りがちな経済成長優先か社会保障の充実かの不毛な二者択一論とは異なる，しなやかな社会構想力こそが求められているといえるであろう。

　「長期不況時代」「ポスト経済成長時代」において戦後日本型生存保障システムは大きな綻びをみせながら，生産レジームが大きく変容する中にあってもかろうじて範囲を限定することで「安定雇用／不安定雇用」と「安定家族／不安定家族」という複合的な二重構造をつくり出してきた。こうした二重構造のもとで生存保障を生産レジームに依存してきた現役世代（若者層）は，一方で正規雇用（正社員）のような安定労働者に，他方で非正規雇用のような不安定労働者に分断されてきた——そして，少なくない人たちがそのグレーゾーンの中間領域に置かれている。小熊英二が濱口桂一郎を引きながら指摘するように（濱口，2013），「企業のメンバーシップ」が支配的な社会から「職種のメンバーシップ」や「制度化された自由労働市場」へとそのしくみを再編していくことが求められるであろう（小熊，2019，553-554頁）。加えて，フルタイムとパートタイム労働の差別を解消するなどの取組みが求められている。もちろん，大胆な教育投資をはじめとする未来への投資，社会的に手厚い保障をした上での大胆な最低賃金の引き上げ／最低賃金の地域間格差の是正，個人所得税・社会保障料の累進化，資産税や相続税の累進化などなど山ほど考えられるが，肝心な点は私たちの社会において経済成長と分配を同時に思考することにあるのだ。決定的に重要なことは，今日の二重構造を解消していく生産レジームを構築できるかである。

②　変わらない戦後日本型生存保障システムの再生産レジームを
いかに変えるのか

　私たちの社会における人々の生存保障システムの生産レジームにおいては，堅実な経済成長と徹底した分配を同時に達成することによって二重構造を解消し，人々がつつがなく生きていけるしくみをつくっていくことにあるとして，では，私たちの社会における人々の生存保障システムの再生産レジームはいかに変えていくことが可能であるのか。

　戦後日本型生存保障システムの「男性稼ぎ主モデル」のもとでは，すなわち男性稼ぎ主‐女性主婦型の近代家族のもとでは人々の再生産はもっぱら妻や母や娘である女性たちによって担われてきたのだ。落合が的確に論じるように，1970年代以降の経済的不調の原因を福祉国家の肥大に還元しようとする新自由主義の高まりに同調しつつ，また国内のバブル経済に浮き足立つ空気の中で「制度化された家族主義」が実現された。1990年代になると欧米諸国と同じ方向が目指されたが，「日本でも高齢化と長期不況という欧米諸国と同じ条件が生まれ，真剣に構造改革が試みられ，一定の成果は得たものの，完遂することはできなかった」。こうして「『失われた20年』の原因は1980年代につくられた」のだ。2000年代になると，雇用状況が大きく変貌し，男女ともに非正規労働の割合が増大したことで，「いまだ『20世紀システム』のなかで生きている正社員とその妻と，そこから排除されて周辺化した人たちとの身分制度のような格差が生まれている。日本社会の『新二重構造』と呼べるだろう」（落合，2018，113頁）。

　このような状況にあって，私たちの社会における人々の生存保障システムの再生産レジームを再構築の実現は「制度化された個人主義」へと転換できるかどうかによる。ただし，そのための徹底した分配によって再生産レジームが再構築されなければならない。そうでなければ，少なくない女性たちは，一方で，生産レジームにおいては男性稼ぎ主モデルによって排除・周辺化されながら，他方で，老親や子どものケアは自らで行うか，そのケア費用を自分で調達するしかない事態に置かれてしまう。実際，非正規雇用で働くシングルマザーはカ

ツカツの生活を余儀なくされながら，一人で子どもケアを抱え込まざるを得ないのだ。むろん，少なくない男性もまた男性稼ぎ主モデルによって排除・周辺化される。例えば，介護が必要な老親と2人と同居してかろうじて生活をしのいでいる中年シングル男性は，外部サービスを調達する経済的な余裕がないために仕事を継続することができず，介護離職して老親を介護せざるを得ない事態に陥ったことで社会関係ゼロ状態で生きざるを得なくなっていく。そして，彼女ら／彼らに対する再生産労働／ケアは誰からも提供されることがないのだ。

　現実的には，複数のオプションと運用がありうるが，基本的には私たちの社会における人々の生存保障システムの再生産レジームは，「制度化された個人主義」を原則として再構築すべきである。

4　これから深めていくべきテーマ
なにゆえ日本は変わらないのか

　最後に，これから深めていくテーマについて簡単に触れておこう。落合が指摘する欧米や日本，そしてその他の国でも形成された「20世紀システム」と，筆者がいうところの「戦後日本型生存保障システム」の同一性と差異はどこにあるのかをきちんと精査する必要があるだろう。そうでないと，「戦後日本型生存保障システム」を解明する上で決定的な問い，すなわち「戦後日本型生存保障システムは大きく綻びを示しながらも，なにゆえ変わらないのか」「私たちの社会が様々に批判されながらも変わらないのはなぜか」という極めて重大な問いを考えることにつながらないからだ。私たちの社会は「20世紀システム」であれ，「日本型雇用システム」であれ，「生活保障システム」であれ，「戦後日本型生存保障システム」であれ，あれだけ批判されながらも，いまだにシステムが保たれてしまっている。私たちの社会におけるこの社会学的な奇妙さ・不思議さを真剣に考えるべきなのである。

　経済史や経営学の諸研究が教えるように，私たちの社会はひとつの合理的なメカニズムを経てシステムの軌跡を辿るのではなく，その時点では選択できな

いような過去から引きずってきた要因がその後の歴史経路に影響を与える経路依存性によって形成されるのだが——その意味でシステムとは「経路依存的なシークエンス（path-dependent sequence）」によって形づくられるのだが——，では，この幾重にも偶発的な出来事によって保たれ続けている「戦後日本型生存保障システムの変わらなさ」はいかに解除することが可能かを問うべきなのである。いかなる「経路依存性のシークエンス」によって戦後日本型生存保障システムは形成／変容してきたのか，それを解除／変更することはいかにして可能か，それはいかなる社会構想により達成可能であるのかを問うことこそ，超高齢・人口減少社会の只中を生きる私たちに与えられた問いである。

手にとって読んでほしい5冊の本

天田城介，2011，『老い衰えゆくことの発見』角川学術出版。

　　老い衰えゆくことは当事者やその家族に幾重にも深い苦悩と葛藤をもたらすが，その当事者や家族が戦後日本型生存保障システムに包摂されてきたか否かによってケアのプラットフォームが大きく異なることを描出する。ミクロな老いの現実が社会のしくみにつくり出されることを描出した。

大沢真理，2014，『生活保障のガバナンス——ジェンダーとお金の流れで読み解く』有斐閣。

　　1980年代以降の生活保障システムを詳細なデータ分析を通じて，日本の「生活保障システム」がいかなる綻びを示しているのか，政府や非営利セクター等のガバナンスのアクターの実践がどのようなものであり，この社会のしくみがいかに変わらないのかを鮮やかに記した良書。

小熊英二，2019，『日本社会のしくみ——雇用・教育・福祉の歴史社会学』講談社現代新書。

　　私たちの社会の雇用，教育，社会保障，政治，アイデンティティ，ライフスタイルまで規定している「社会のしくみ」を詳細なデータと歴史分析を通じて解明する。私たちの社会のしくみがいかに誕生し，いかに変容し，今日において変わらないのかを論考した新書。

落合恵美子，1989→2019，『21世紀家族へ——家族の戦後体制の見かた・超えかた』[初版→第4版]有斐閣。

　　欧米型の家族変動論を参照に，戦後日本家族変動論を見事に分析した初版の論

考に加え，日本の戦後体制が縮小しながらも維持されていること，いかに「家族の戦後体制」に終わりを告げ，新たな時間に適した社会を設計・構想するかを提示した高著。初版から四半世紀経つ今だからこそ必読の書。

柴田悠，2016，『子育て支援が日本を救う──政策効果の統計分析』勁草書房。
　　私たちの社会において実行可能かつ効果の高い政策は保育サービスを中心とした「子育て支援」であり，短期的には労働生産性・経済成長率・出生率を，長期的には社会保障の投資効果等を高めることを指摘する。この提言には異なる評価や見解があるが，確実なデータ分析こそが議論にあたっての出発点になることを示してくれる。

引用・参考文献

天田城介，2011，『老い衰えゆくことの発見』角川学芸出版。

天田城介，2015，「無届施設のリアルが投げかけるもの──超高齢化／人口減少社会における社会構想」『現代思想』44(3)，70-79頁。

大澤深雪・山尾和宏・堀家春野，2015，「急増する「無届け介護ハウス」の実態と課題」『都市問題』106(4)，25-29頁。

大嶽秀夫，2011，『20世紀アメリカ・システムとジェンダー秩序』岩波書店。

小熊英二，2019，『日本社会のしくみ──雇用・教育・福祉の歴史社会学』講談社現代新書。

落合恵美子，2018，「つまずきの石としての1980年代──「縮んだ戦後体制」の人間再生産」アンドルー・ゴードン・瀧井一博編『創発する日本へ──ポスト「失われた20年」のデッサン』弘文堂，95-135頁。

武川正吾，2012，『福祉社会学の想像力』弘文堂。

濱口桂一郎，2013，『若者と労働──「入社」の仕組みから解きほぐす』中公新書ラクレ。

宮本太郎，2009，『生活保障──排除しない社会へ』岩波書店。

吉川洋，2017，『人口と日本経済──長寿，イノベーション，経済成長』中公新書。

（天田城介）

第3章

ワーク・ライフ・バランス

子育て期の家族生活の観点から

資料 3-1 平等社会で子育て期の男女のワーク・ライフ・バランスが実現している状態

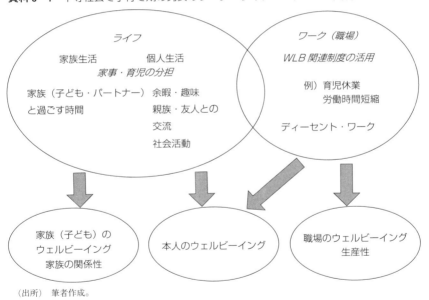

ライフ

家族生活　　　　個人生活
家事・育児の分担

家族（子ども・パートナー）　余暇・趣味
と過ごす時間　　　　　　親族・友人との
　　　　　　　　　　交流
　　　　　　　　　　社会活動

ワーク（職場）

WLB 関連制度の活用

例）育児休業
労働時間短縮

ディーセント・ワーク

家族（子ども）の
ウェルビーイング
家族の関係性

本人のウェルビーイング

職場のウェルビーイング
生産性

（出所）　筆者作成。

　子育て期の男女にとって家庭生活を重視した働き方が可能な平等社会で，ワーク・ライフ・バランスが実現している状態を表すと**資料 3-1**のようになる。「ライフ」は，働く人の家族生活と個人の生活のいずれも含む概念であるが，本章では，ワーク・ライフ・バランスを家族生活の観点から考察していく。

1 何が問題か
日本のワーク・ライフ・バランスを阻む 3 つの課題

1 ワーク・ライフ・バランスのミスリーディング

　ワーク・ライフ・バランス（仕事と生活の調和：以降 WLB）は，持続可能な社会に向けたグローバルな政策課題として位置づけられている。日本でもWLB は国をあげて推進され，先進的な取組み事例がメディアで紹介されるなど，世間一般で知られる概念となっている。しかし，OECD の「より良い暮らし指標」（2020）によると，日本の WLB の達成度は，対象国40カ国中，36位と低い。週50時間以上働く長時間労働者の割合が17.9％と高く（OECD 平均11％），有給休暇の消化率は 5 割程度と頭打ちで，なにより働き方の男女差が大きい。WLB とは，働く人の生活の質を包含する概念であって，例えば共働き世帯の男女が，仕事と子育てを「なんとか両立させる」ことのみを意味するではない。

　日本の一般的な就労環境では，調和の取れた生活を具体的にイメージするのは容易ではない。早くから男女双方の WLB に向けた政策を打ち出してきたスウェーデンに赴任し，現地日系企業の駐在員として働く男性の語りは，WLB社会の片鱗をうかがわせる（調査の詳細は本章第 3 節を参照）。

　　スウェーデン人をみているから理想が上がった。日本では，ワーク・ライフ・バランスの
　　理想など想像もしていなかった。こういうことで成り立っている国が先進国の中にあって，
　　心豊かな生活をしている所があって，と考えると，日本に戻って正直，昔みたいな仕事は
　　したくないって思う（40代，営業職，スウェーデン駐在 4 年10カ月）。

　この男性は日本にいた頃，平日は子どもが起きる前に家を出て，子どもが寝た後に帰宅するという生活を送っていた。両国での仕事量に大差はないものの，家族生活を優先させる働き方が主流であるスウェーデンの職場で，労働時間は大幅に減ったという。稼ぎ主役割を担ってきた男性が，理想の WLB を思い描

けなかったのは，日本の WLB をめぐる議論が，女性の「仕事と子育ての両立」問題を中心に展開されてきたからではないだろうか。

② WLB 政策の光と影

　日本の WLB に向けた政策は，2007年に政労使の合意での「仕事と生活の調和（ワーク・ライフ・バランス）憲章」の策定により本格的に開始した。その背景に男女共同参画社会を目指して女性の就労を促す「仕事と子育ての両立支援策」と「少子化対策」という 2 つの政策の流れがあった。政策議論の主眼は，少子高齢社会における潜在的労働力である女性にとっての「両立」に置かれていたといえる。

　両立支援策の一環として，2012年に「子ども・子育て支援法」が成立したが，子育て支援環境の整備はまだ途上にある。保育所の待機児童問題は，「働く母親」の課題として提起され，「働く父親」は蚊帳の外に置かれてきた。待機児童が多い地域での「保活」（子どもを保育所に入れる活動）問題は，深刻化している。2016年に「保育園落ちた日本死ね！！！」というタイトルのブログが物議を醸したことは記憶に新しい。

　女性が輝く社会を目指す女性活躍推進法が2015年に導入されたものの，働く女性のうち46.9％は第 1 子出産を機に退職している（内閣府男女共同参画局，2018）。女性の「両立」の実現が喫緊の課題とされる一方，稼ぎ主として仕事中心の生活を送ってきた男性の「両立」に向けた取組みは，ようやく始まったばかりである。男性の育児休業取得率は，2019年で7.48％（厚生労働省，2020）と，2020年までの数値目標13％は達成されなかった。希望出生率1.8の実現に向けて2020年 5 月に策定された第 4 次「少子化社会対策大綱」で，男性の育児休業取得率の数値目標は30％に引き上げられた。「男女雇用機会均等法」及び「育児・介護休業法」（2017年 1 月改正）により，改正妊娠・出産・育児休業等を利用とした際の不当な扱い，いわゆる「マタハラ（マタニティハラスメント）」防止に必要な措置を講じることが義務づけられいる。しかし近年，育児休業を取得した男性への「パタハラ（パタニティハラスメント）」問題も発生し

ており，WLB 関連施策の職場での実行性が大きな課題として浮上している。

　2019年4月より「働き方改革法（働き方改革を推進するための関係法律の整備に関する法律）」が順次施行されている。長時間労働の是正や多様で柔軟な働き方の実現等を目指し，時間外労働の上限設定，年次有給休暇取得の権利の強化，勤務間インターバル制度の普及促進等が盛り込まれている。

　ようやく「調和」を照らす光が差し込んだかにみえるが，事業主の努力義務に留まる事項が多い。働く人の WLB の実現というより，むしろ労働生産性の向上に照準を合わせているようにも思える。WLB 憲章の目標の1つである「健康で豊かな生活時間」の確保に向けた「ディーセント・ワーク（働きがいのある人間らしい仕事）」（1999年に ILO〔国際労働機関〕が目標として設定）実現のための具体的で実行性のある方策が提示されているとは言い難い。

③ 政策と実践のギャップ

　「男性は仕事，女性は家庭」という性別役割分業が解体されていない日本のジェンダーシステムは，WLB をめぐる男女間のギャップ，理想と現実のギャップ，さらに政策と実践のギャップを生み出している（Takahashi et al., 2014）。

　今日，女性の大半は，ライフステージに合わせて働き方を変えられるのであれば，仕事を続けたいと希望しているが，先述の通り，半数近くは出産を機に退職を余儀なくされる。内閣府の調査によると，結婚あるいは出産後は専業主婦になるのが理想と考える女性（20〜49歳）は1割に満たない（内閣府子ども子育て本部，2021）。

　同調査結果から，子どものいる男女が，「子育てに当たって利用したい／利用したかったと思う制度」と，実際に「利用した制度」をみると，**資料3-2Aと3-2B**で示す通り，「希望」と「現実」のギャップが最も大きいのは，調査対象国4カ国の男女のうち，総じて日本の男性である。先述のスウェーデンでは，制度全般の利用希望率が男女とも突出して高く，またそれを実践している。

資料 3 - 2A　子育てに当たって利用したい／したかったと思う制度（希望）と利用した制度
（現実）－子どものいる男性(20-49歳)　（複数回答可）(%) 2020年

	日本 （N：248）		フランス （N：210）		スウェーデン （N：217）		ドイツ （N：188）	
	希望	現実	希望	現実	希望	現実	希望	現実
出産・育児休暇制度	59.3	15.7	38.1	43.8	89.4	87.6	60.6	53.2
短時間勤務制度	42.7	4.8	13.3	4.3	36.4	27.2	25.0	17.0
テレワーク・在宅勤務	34.7	4.4	8.1	3.8	30.9	30.4	22.9	15.4
子どもの看護休暇制度	41.9	7.7	38.1	21.0	68.7	71.4	15.4	10.1

資料 3 - 2B　子育てに当たって利用したい／したかったと思う制度（希望）と利用した制度
（現実）－子どものいる女性(20-49歳)　（複数回答可）(%) 2020年

	日本 （N：393）		フランス （N：287）		スウェーデン （N：292）		ドイツ （N：258）	
	希望	現実	希望	現実	希望	現実	希望	現実
出産・育児休暇制度	47.8	32.8	46.0	55.4	95.5	95.5	55.4	55.0
短時間勤務制度	53.2	14.5	32.8	20.2	56.5	45.2	53.9	40.3
テレワーク・在宅勤務	33.8	2.8	19.2	7.7	36.0	27.4	25.2	18.6
子どもの看護休暇制度	49.9	12.0	38.3	20.6	80.8	80.1	19.8	14.3

（出所）　高橋（2021，表 8）。内閣府子ども子育て本部（2021，153頁）。

　日本では，仕事ファーストの男性の働き方が標準とされ，正規社員の長時間
労働が常態化し，祝祭日の前後以外に長期の有給休暇を取得することは困難で
ある。国と企業レベルで関連施策が導入され，WLB に関する個人の意識が
徐々に高まってきてはいても，社会・職場風土が WLB の実践を阻み，ジェン
ダーギャップも生じている。就労を継続する女性は，WLB 関連制度を活用で
きても，仕事と家事・育児の二重役割を担う。一定のキャリアを望むなら，先
進的な取組みを行い，WLB の実践度が高い職場でない限り，健康で豊かな生
活時間を確保することは困難である。

　未就学児をもつ共働き・核家族世帯の女性51人，男性53人を対象に，筆者ら
が2010年に実施したインタビュー調査（「共働き家族調査」）からも，日本の
ジェンダーシステムが WLB の実現を阻害していることが浮き彫りとなった。
男性の多くは，子どもと過ごす時間を増やしたいと願い，休日はそのように努

めているが，勤務日／平日は帰宅時間が遅く，実現できない。職場での男女への期待が異なる「二重規範」の存在が，男性のWLB関連制度の利用を阻んでいた（Takahashi et al., 2014）。

2 こう考えればいい
ライフステージに応じた働き方ができる社会への転換

① WLB 実現に向けたプロセス

　男女ともライフステージに応じた働き方ができ，例えば子育て期に子どもと過ごす時間を重視する，家族ファーストの生活が選択できるようにするには，柔軟な働き方やディーセント・ワークが実行可能な社会基盤の構築が不可欠である。ILO の労働・雇用条件プログラムでは，働く人の健全な生活を可能とする労働時間と実労働時間のギャップを「ディーセント・ワークの欠如（decent work deficit）」という概念でとらえている。

　ディーセント・ワークは，①健全な労働時間，②ファミリー・フレンドリーな労働時間，③ジェンダー平等，④企業の生産性の向上，⑤労働時間の選択・決定への影響力，を通して実現可能となる。例えば，男性の育児休業取得の権利を強化し，③の視点から男女とも仕事を休むことを標準化すると，就労環境が大きく変わり，①と②が実現する。④は就労者の自律性が仕事のパフォーマンスを高めるという観点からとらえられている。⑤については，アマルティア・センの唱えた「ケイパビリティ（潜在能力）」の概念を用いた「労働時間ケイパビリティ（work time capability）」から解釈できる。ケイパビリティとは，個人がウェルビーイング（well-being）を追求するに当たり，享受できる自由，と定義される。EU では，就労者が労働時間を選択する権利として，フレックスタイム制度や労働時間貯蓄制度等を導入しているが，政策・制度と実践の間にはギャップがみられるという。個人の労働時間に関するケイパビリティの向上には，就労者の自律性や権利者意識を高める取組みの必要性が指摘されている（Lee et al., 2007）。

　ケイパビリティの概念を用いると，日本の WLB に向けた課題は，関連施策が提示する「社会的権利」と権利を行使する主体である「個人」のケイパビリティとの間のギャップが大きく，個人が望む生き方を選択し，実現する可能性と選択肢が少ない点にあるといえる。状況を変革できるだけの制度も十分には整備されていない（Hobson（ed.），2014）。WLB 実現のためには，関連施策が保障する社会的権利を，個人が無理なく，また不利益を被ることなく行使できるよう，就労環境を抜本的に改革する必要があるだろう。

② WLB をめぐるギャップ解消の方策：「時間政策」の導入と「稼得・ケア共同型」社会へのシフト

　前節で述べた日本の WLB をめぐる様々なギャップが解消され，男女とも仕事と家庭生活を無理なく両立でき，健康で豊かな生活時間が確保できる社会を目指すためには，現行システムの改革が必要である。ここでは，EU の取組みを参考にしながら，WLB の実現に向けた方策を探っていこう。

　働く人が，家族生活の時間を確保するためには，まず，ディーセント・ワークの要素である「健全でファミリー・フレンドリーな労働時間」を規定する「時間政策」の導入が求められる。EU では労働時間指令（2003/88/EG）により，1日24時間につき，連続11時間以上の休息時間を付与し，週当たりの労働時間の上限は時間外労働を合わせて48時間と規定され，年次有給休暇は4週間以上付与されている。

　ジェンダー平等理念に基づき，女性就労の推進施策と並行して，男性の家事・育児を推進する施策としての男性の育児休業制度は，EU 全体に浸透しつつある。欧州議会は，2019年6月，「ワーク・ライフ・バランス（WLB）指令」を採択し，女性の就労とキャリア形成を促し，家事や育児という家族ケア責任の男女分担の推進を目指して舵を切った。スウェーデンをはじめとする北欧諸国が先陣となってきた「稼得・ケア共同型（dual earner, dual carer）」社会への転換が EU 全体で図られたといえる。WLB 指令により，男女の賃金・年金格差の是正，女性が貧困に陥るリスクの軽減，父親の家庭参加の機会とインセン

ティブの強化，といった効果が期待されている（European Commission, 2019）。

資料3-3は，EU の新たな WLB 関連施策に加えて，世界で最初に男性も対象とする育児休業制度を導入したスウェーデンと日本の国レベルの施策を整理したものである。スウェーデンでは長い時間をかけて労働者の権利保障制度を整備し，健全でファミリー・フレンドリーな労働時間を保障している。

健全でファミリー・フレンドリーな労働時間を日本でも実現するためには，仕事に全面的な比重を置く，いわゆる男性的な働き方を標準とするシステムから，家庭との両立を前提にした働き方を標準とするシステムへと転換するほどの大改革が求められる。誰もが潜在的なケアの担い手であるととらえることも重要である。子育て期の男女にとって，家族ファーストの働き方ができる職場環境が整うと，性別や世代を超えて，また正規・非正規といった就業形態，さらには家族・ライフスタイルの形態を超えて，働く人すべてが享受できるWLB インフラストラクチャーの整備へとつながっていくのではないだろうか。

その活路は，育児休業制度と短時間勤務制度の実践に見出すことができる。女性だけでなく，男性も一定期間休業する，労働時間を短縮する，という働き方が標準となると，企業風土や雇用のあり方は大きく変わるに違いない。日本で2022年10月から導入された産後パパ育休制度等は，組織の規範変革の第一歩となるのではないだろうか。次のステップは，育児休業を男性に割り当てる，いわゆる「パパクオータ制」の導入である（第13章参照）。これは北欧諸国で発展してきた制度で，スウェーデンでは，同制度が男性の育児休業取得を促したとされている。男性の育児休業取得率が9割に達している同国での議論の焦点は，育児休業全取得日数に占める男性のシェア率（2020年では30％）にある。ホワイトカラー労働組合連盟（TCO）主導で，男性の育児休業シェア率を地方自治体別に示す「父親指標（Pappaindex）」が発表されてきた。日本でもいずれ男性のシェア率が話題にのぼる日がくるのを期待したいが，まずは現実的に，男性の育児休業取得率を地域別に提示してはどうだろう。

子育て期の就労者だけではなく，働く人すべてを包摂する日常レベルのWLB の実現に向けた取組みも早急に行われなければならない。労働時間を名

資料 3 - 3　ワーク・ライフ・バランス関連施策の概要　（＊上限有り）

	育児休業・父親休暇	労働時間短縮制度（柔軟な働き方の保障）	子の看護休暇／年	年次有給休暇
EU WLB 指令（加盟国は2022年までに法制化）	● 育児休養：親１人につき４カ月以上（うち２カ月はもう一方の親に譲渡不可） ● ２カ月の所得保障を義務づけ ● 父親（産婦でない親）休暇：10日間，傷病手当金と同水準を保障	● 子どもが８歳まで下記いずれかを要求する権利を認める ―労働時間短縮 ―柔軟な労働時間 ―リモートワーク	● ５日（子ども以外も対象）所得保障は加盟国の裁量に委ねる	● 20日以上
スウェーデン	● 育児休業：親１人につき240日，所得の約80％＊保証される195日のうち90日はもう一方の親に譲渡不可 ● 父親（産婦でない親）休暇：10日間，所得の約80％保障＊	● 子どもが８歳まで25％短縮可 ● 育児休業（時間単位で取得可）との併用可	● ８カ月～11歳の子１人につき60日（特例120日）所得の約80％保障＊	● 25日以上（地方公務員は40歳から31日）
日本	● 育児休業：１年（６カ月間は所得の67％（手取り賃金の約80％），その後は50％保障） ―父母が６カ月ずつ取得の場合，１年２カ月67％保障（パパママ育休プラス）	● 子どもが３歳に達するまで，１日原則６時間勤務が可能となる措置の義務づけ	● 小学校就学前の子１人につき５日，２人以上の場合10日	● 10日以上（6.5年以上勤務で20日）（所定労働時間要件有り）

（出所）　European Commission（2019），Försäkringskassan online，厚生労働省（2019）。

実ともに EU レベルの週48時間以下（時間外労働含む）に設定し，勤務間インターバルを義務化して，時間外労働の上限規制の徹底化を図る。年次有給休暇の連続取得を義務化して，祝祭日や企業が設定する休業期間以外に，５日以上（できれば10日）取得できるようにする。フレックス制度やテレワークをさらに推進し，働き方の柔軟性を高める。例えばドイツ（第14章参照）やスウェーデンで実施されている，残業時間等を貯めておき柔軟に活用できる「労働時間貯蓄制度」も有効であろう。子育て世代に向けた取組みについては，育児休業と

労働時間短縮制度の併用・分割取得可能なスウェーデンのモデルが参考になる。これらの制度を実際に導入するためには，所定労働時間で1日の仕事を終えることを標準化すべく，国と企業の抜本的構造改革が不可欠である。社会全体の意識改革をより一層進めることも必須となる。

　日本で生じている政策と実践の間のギャップを考えると，誰もが当然の権利として利活用できる強制力のある法制度の導入が望ましい。先述の「共働き家族調査」において，「子育て中の父親が，家族と過ごす時間をもっと多くもてるようにするために，必要な取組みは何だと思いますか」というオープンな質問に対し，対象者の男性のうち，およそ3分1（17ケース）が，「法律による企業への義務化や強制措置が必要」と述べていた（Takahashi et al., 2014）。

　現行の社会システムでは，自ら率先して WLB を実践できる，ケイパビリティが高いごく一部の人を除くと，男女ともこれまでの生活を大きく変えることは困難であろう。家族を形成すると，男性は稼ぎ主としての矜持からも仕事中心の生活を続け，女性の多くは出産を経て職場復帰後，昇進や昇格が難しいキャリアコースとなるマミートラックに乗り，家事・育児責任との二重役割を担うか仕事自体を諦めざるを得ない。今やグローバルスタンダードとなってきた「稼得・ケア共同型」社会への転換なしには，WLB の実現は見込めない。そのためには，子育て支援制度のさらなる拡充が求められることはいうまでもない（第1章参照）。

3　ここがポイント
家族ファーストの働き方の追求

　冒頭の資料3-1で示したように，健全な形で WLB が実現すると，個人，家族，企業の「ウインウイン（win-win）」の関係を築くことができ，特に子育て期の家族生活に好循環をもたらすものと考えられる。例えば，男性の家事・育児時間の長さと第2子以降の出生状況には正の関係性がみられるという。家庭責任を分担することで，カップル関係が安定し，離婚・離別のリスクが低く

なるとの指摘もある（Carlson et al., 2017）。子どもの視点に立つと，休日だけではなく，平日も両親と過ごす時間がもてるようになる。

　男性が家族生活を優先できる就労環境は，女性にとっても働きやすいものとなるに違いない。働く人すべてが所定の時間内で仕事を終えることができ，ライフステージに応じた働き方でキャリア形成が可能な柔軟性のある環境が整えば，仕事を続けたいと願う多くの女性は退職という選択をせずに済むであろう。

　本章の第1節で紹介したように，EU諸国に駐在経験がある日本の男性を対象とする調査研究を通じて，赴任先の社会環境，企業の組織文化，職場のマネジメントのあり方が，WLBをめぐる彼らの意識と実践に大きく影響を与えたことが明らかとなった。大半の男性が，赴任先でWLBの認識を深め，家族生活を重視した働き方へとシフトしていた（高橋，2017；善積，2017）。現地の同僚など，周囲の男性が生活の軸を家族に置き，家族ファーストの働き方を実践していることにも触発されていた。

　　＊　・「駐在員調査」2013年8〜9月，スウェーデン，オランダ，ドイツのいずれかの国の日系民間企業に派遣されて1年以上就労し，インタビュー時に13歳未満の子どもがいる男性社員計35人（スウェーデン9人，オランダ13人，ドイツ13人）を対象に実施。
　　　　・「元駐在員調査」2014年9月〜2015年3月，上記いずれかの国の日系民間企業に，妻子帯同での駐在経験があり，日本帰国時に13歳未満の子どもがおり，帰国後概ね5年未満の関西圏・関東圏在住の男性社員計30人（赴任先：スウェーデン6人，オランダ10人，ドイツ14人）を対象に実施。

　育児休業と有給休暇を組み合わせて6カ月程度休む男性がめずらしくないスウェーデンの職場での体験談は示唆に富む。日本と現地との業務の違いを考慮しても，実労働時間の減少が顕著である。その要因は，スウェーデンの職場風土の特徴である，①自己裁量度の高さと効率性，②働き方の柔軟性，③長期連続の有給休暇，④男性社員の長期育児休業，に集約できる（高橋，2017）。

　平日の夕食を家族全員でとるという，現地ではごく普通のライフスタイルを日本では実践（経験）していなかった。赴任前と比べて，家族との生活時間が

質・量ともに向上した，とほぼ全員が認識していた。慣れない外国生活で家族
の結束が強まったことも，家族の絆を深める要因となっていると考えられるが，
子どもとの関係性の変化に関する次の2人の語りは印象的である。

> 会社が終わって平日に夕食を子どもと一緒に食べられること，それは非常にいい時間の使
> い方だと思います。朝，自分が家を出ようとすると，子どもがまとわりついてくるように
> なった。とても可愛い。じゃ早く家に帰って，寄り道せずに遊ぼう，となる。良い循環が
> 生まれる。日本に居たらそうはできず，週末まとめて遊ぼうと思っても，そうならない。
> （40代，技術職，スウェーデン駐在3年5カ月）

> 間違いなく向こうでの生活，あそこで違う生活をしたということによって，お互い（夫妻
> で）家族に対する考え方が変わってますよ，間違いなく。ちゃんとそういう生活とか子ど
> もをどうするかと，まじめに話をするようになった。（50代，技術職，スウェーデン駐在
> 3年，帰国後1年3カ月）

　駐在経験を経て帰国した男性の多くは，日本の職場での働き方を少しでも変
えるように，周囲への働きかけを行っていた。WLB が実現することで得られ
るものの大きさは何ものにも代えがたい，と身をもって体験したからであろう。

4　これから深めていくべきテーマ
3つの方向性

① 多様な生き方・働き方の包摂

　WLB に関する研究は，複数の学術領域で個々に展開されてきた。例えば政
治学や社会政策学における福祉レジーム論やディーセント・ワーク論といった
政策研究（マクロレベル），経営学におけるダイバーシティ・マネジメント論や
ワーク・ライフ・シナジー論など企業・組織研究（メゾレベル），家族社会学や
社会心理学の分野でのコンフリクト理論やストレス論による個人・家族研究
（ミクロレベル）があげられる（松田，2012）。先述したセンのケイパビリティ・
アプローチを用いた研究枠組みは，国・社会（マクロ），企業（メゾ），家庭
（ミクロ）という3つのレベルを包括し，WLB の実現に向けての課題を多元的

にとらえていくことを可能にする（Hobson, 2014；Takahashi et al., 2014）。

　まず，同アプローチを用いて，WLB に向けた取組みが，いわゆる標準的な働き方や標準とされてきた家族の枠を超えて実践されているかどうかを考察することができる。多角的な視点から WLB を研究する傾向は近年国内外でみられ，家族社会学の分野でも，ホワイトカラー層以外を対象とする研究や社会的格差を視野に入れた研究の必要性が説かれている。EU 先進諸国においての WLB 関連施策や子育て支援制度は，従来のいわゆる標準家族（法律婚・核家族）の枠を超え，ひとり親家族，ステップファミリー，同性カップル家族など，多様な家族形態を包摂するようになってきた。格差是正の観点からも，性別，子どもの有無，家族形態，就業形態にかかわらず，法定労働時間内の労働を通じて，誰もが経済的に自立でき，健全に暮らせる社会のあり方について検討を進める必要がある。多様な生き方・働き方を包摂して個人がケイパビリティを発揮できるシステムの構築に向けた政策研究の発展が求められる。

② ジェンダーの視点からみた家族ケアの分担

　第二に，EU 諸国において関心の高いテーマである，WLB の促進要因や男性の家事・育児分担ならびに育児休業取得促進についての知見を深めることが必要である。ケイパビリティ・アプローチを用いたオランダの WLB 研究の結果は，EU 先進諸国でのテレワークの拡大や，パートタイム労働による働き方の柔軟性が必ずしも WLB を実現させるものではないことを示唆している（den Dulk and Yerkes, 2016）。WLB の実現のために最も重要な取組みについて，「働き方の柔軟性よりむしろ労働時間の短縮」（Hobson, 2016）という指摘もある。所定時間内で仕事を終えることを標準化してディーセント・ワークが実践され，生活時間の保障という概念が社会に浸透する前に裁量労働制を拡大するといった日本の取組みは，「持続可能な開発目標（SDGs）」に逆行するものではないだろうか。EU の研究プロジェクト報告において，男性の育児休業のシェア率が進まないと，生涯賃金・年金の男女格差が解消されないという長期的な視野から，育児休業制度の個人化を進めるべきとの政策提言もなされて

いる（Carlson et al., 2017）。男性の育児休業取得を促進するためには，男女賃金格差の解消を視野に入れ，休業中の世帯所得の損失を抑える所得補塡制度の検討も必要である。ジェンダーの視点からみた家族ケアと WLB の問題は，今後深めていくべきテーマである。

③ 子どものウェルビーイング

　第三に，WLB を子どもの視点からとらえる必要性を指摘しておきたい。親の WLB のあり方が子どもの生活，ひいては子どものウェルビーイングに及ぼす影響について考察する実証的研究が展開されることが望ましい。子どもの看護休暇制度と病児保育のあり方についても論究していかなければならない。また多様な働き方に対応する子育て支援のあり方も検討する必要がある。例えばスウェーデンでは，夜間や休日などの非典型時間帯に働く親をもつ子どものウェルビーイングを第一に考慮した公的夜間保育を整備している（高橋，2019）。

　本章では，ワーク・ライフ・バランスの，「ライフ」を家族生活の観点からとらえてきたが，個人のプライベートな生活時間についても注視していく必要がある。ICT の発展により「仕事と生活の融合（ワーク・ライフ・インテグレーション）」という概念が広がりつつある中，新型コロナウイルスの影響を受け，大企業を中心として積極的に在宅勤務が導入された。働き方が大きく変化したこの機会に，職場での長時間労働を美徳とする風潮が根絶されることが望まれる。その一方で，在宅勤務では仕事と家庭生活の線引きが難しく，働く母親の家族ケアの負担が増しているとの指摘も散見される。次の時代を見据えて，働く人すべてのウェルビーイングの実現に向けた政策議論に発展することを期待したい。

手にとって読んでほしい 5 冊の本

佐藤博樹編，2008，『子育て支援シリーズ 2　ワーク・ライフ・バランス　仕事と子育ての両立支援』ぎょうせい。

　両立支援の視座から，企業の WLB 支援や自治体の企業支援，欧州諸国の

WLB 関連制度と取組みを紹介している。

アン＝マリー・スローター／篠田真貴子解説／関美和訳，2017，『Unfinished Business 仕事と家庭は両立できない？──「女性が輝く社会」のウソとホント』NTT 出版。

　　女性の仕事と育児の両立問題を「競争とケアのバランスの見直し」という視点からとらえ，新たな働き方を提起している。

武石恵美子編，2012，『国際比較の視点から日本のワーク・ライフ・バランスを考える』ミネルヴァ書房。

　　欧米諸国との比較研究を通じて，日本の働き方の現状や背景を実証的に明らかにし，WLB の実現に向けた政策課題を提示している。

中谷文美，2015，『オランダ流ワーク・ライフ・バランス「人生のラッシュアワー」を生き抜く技法』世界思想社。

　　WLB 社会のひとつのモデルといえるオランダでの WLB の実践を長年のインタビュー調査から得られた知見をもとに解説している。

山口一男，2009，『ワークライフバランス　実証と政策提言』日本経済出版社。

　　日本の WLB を阻む要因を理論的かつ実証的に解明し，少子化，教育，雇用といった諸問題を見据えた改革案を提示している必読書である。

引用・参考文献

厚生労働省，2019，「育児・介護休業法のあらまし」。
　　https://www.mhlw.go.jp/content/11909000/000355354.pdf（2021年 6 月15日）
厚生労働省，2020，「令和元年度雇用均等基本調査」の結果概要。
　　https://www.mhlw.go.jp/toukei/list/dl/71-r01/07.pdf（2021年 6 月13日）
高橋美恵子，2017，「スウェーデン駐在経験者の働き方と家族生活──子育て世代の日本男性の意識と実践の変化」『IDUN─北欧研究』22，223-251頁。
高橋美恵子，2019，「スウェーデンにおける非典型時間帯就労とワーク・ライフ・バランス──子育ち環境と医療従事者の実践に着目して」『IDUN─北欧研究』23，209-224頁。
高橋美恵子，2021，「第 4 章　スウェーデン──3 カ国との比較の視点から」『令和 2 年度少子化社会に関する国際意識調査』内閣府子ども子育て本部，145-159頁。
内閣府子ども子育て本部，2020，「少子化対策大綱～新しい令和の時代にふさわしい少子化対策へ～」。
内閣府子ども子育て本部，2021，『令和 2 年度 少子化社会に関する国際意識調査報告書』。
内閣府男女共同参画局，2018，「「第一子出産前後の女性の継続就業率」及び出産・育児と女性の就業状況について」。
松田智子，2012，「新たなワーク・ファミリー・バランス論に向けて──センの〈潜在能

力〉アプローチの有効性」『佛教大学社会学部論集』第54号，85-100頁。

善積京子，2017，「グローバル化時代の日本男性の働き方——EU 諸国における元駐在員のインタビュー調査から」『追手門学院大学地域創造学部紀要』第2巻，145-176頁。

Carlson, Laura, Livia Sz. Oláh and Barbara Hobson, 2017, *Policy Recommendations*, FamiliesAndSocieties project consortium.

den Dulk, Laura and Mara A. Yerkes, 2016, "Capabilities to Combine Work and Families in the Netherlands",『家族社会学研究』28(2)，180-192頁。

European Commission, 2019, "A new start to support work-life balance for parents and carers".

Försäkringskassan online.
　https://www.forsakringskassan.se/privatpers/foralder/nar_barnet_ar_fott（2021年6月15日）.

Hobson, Barbara, 2016, "Fathers' Capabilities for Work-Life Balance in Sweden",『家族社会学研究』28(2)，193-206頁。

Hobson, Barbara (ed.), 2014, *Worklife Balance. The Agency & Capability Cap*, Oxford University Press.

Lee, Sangheon, Deirdre McCann and Jon C. Messenger, 2007, *Working Time Around the World*, Routledge.

Takahashi, Mieko, Saori Kamano, Tomoko Matsuda, Setsuko Onode and Kyoko Yoshizumi, 2014, "Worklige balance in Japan : new policies, old practices", Hobson, B. (ed.), *Worklife Balance. The Agency & Capability Cap*, Oxford University Press, pp. 92-125.

（高橋美恵子）

第 **4** 章

女性の貧困
家族を単位とした政策が生む問題

グラフィック・イントロダクション

資料 4-1 女性の貧困の背景

近代家族が
モデルとされた
税・社会保障制度

性別役割
分業

女性の
低賃金労働

女性の貧困

離家

メンタルヘルス
の悪化

暴力

離婚

(出所) 筆者作成。

　女性が男性に比べて貧困に陥りやすいのは，家庭内での性別役割分業により，女性が家事・育児などケア役割を担いがちであり，それゆえに専業主婦となったり，低賃金・不安定労働につきやすいからである。税制や社会保障制度の上でも，近代家族が標準的な家族のモデルとされているために，男性は賃労働，

女性は家事・育児を担うという家族が優遇され，女性は無職もしくは低賃金労働に就くことを後押しされている。

　所得のある夫や父親とともに暮らしている間は，女性自身は低所得であっても，ただちに貧困につながることは少ない。しかし実家から独立したり離婚によって男性稼ぎ主を失うと，女性は自身の稼ぎだけで生計を立てなければならなくなり，貧困に陥る可能性が高まる。女性の貧困の背景には暴力があることも少なくなく，DVが原因で離婚した場合や，職場でのハラスメントがきっかけで退職した場合などは，暴力の後遺症によって安定して働くことが難しくなり，貧困が加速していくことがある。

1 何が問題か
貧困に陥りやすい女性

1 なぜ女性は貧困に陥りやすいのか

　2000年代に入って，貧困に関する話題が連日メディアをにぎわせるようになり，貧困は大きな社会問題として認識されるようになっている。現在，日本の相対的貧困率[*]は15.4％であり（『国民生活基礎調査の概況』2019年），6〜7人に1人が貧困の中で暮らしていることがわかる。

　　*　世帯の可処分所得を，世帯人数で調整するために平方根で割り，その中央値の50％に達しない世帯員が全人口に占める割合。なお，日本の貧困率は，他の先進諸国と比べて高いことが知られている。

　社会政策は，貧困を克服するために発展してきたといっても過言ではない。そしてその社会で誰がどの程度貧困状態に置かれているかは，その社会の政策のあり方に大きく影響される。日本では，貧困率を男女別に集計すると，男性は14.4％，女性は17.4％と，女性は男性に比べてより貧困である（『生活困難を抱える男女に関する検討会報告書』2010年）といえるが，なぜ女性はより貧困に陥りやすいのだろうか。

　それは，労働や税，社会保障といった日本の社会政策が，近代家族を前提にしているからである。近代家族とは，夫婦とその子どもからなる家族で，男性は外で働き，女性は家事・育児をするという性別役割分業がそこには組み込ま

れている。それゆえ，家族の中には父親や夫という男性稼ぎ主がおり，女性は娘や妻としてその男性に扶養されていると考えられてきた。女性が自ら働いて経済的に自立することはほとんど想定されておらず，サラリーマンの夫と専業主婦かパートの妻とその子からなる家族が，標準的な家族の形として，政策上最も優遇されてきた（第5章も参照）。このことが，女性の貧困問題の核心である。

　その結果，稼動年齢層の就労率は，男性は84.2％であるのに対して女性は70.9％と低く，そのうち非正規雇用者は，男性は22.8％であるのに対して女性は56.0％と，女性は無業であったり，不安定な雇用形態で働いていることが多い（『令和2年版　男女共同参画白書』）。女性の賃金も男性と比べて低く，一般労働者同士で比べても，女性の賃金は男性の74.3％しかなく，女性に多い非正規雇用者だとさらに低くなる（『賃金構造基本調査』2019年）。女性は家族の中で家事や育児を引き受けたり，家族の誰かに介護が必要になると，仕事をやめたり非正規労働を選ぶことが多いのである（第11章も参照）。

　＊　期間を定めずに働いている人のうち，労働時間が短いパートなどを除いた労働
　　者。

　性別役割分業を前提に設計された税制も，女性が専業主婦になるか，低賃金労働に就くことを後押ししてきた。近年，税や社会保障制度は見直しが進められているが，現在でも年収201万円以下の妻をもつ男性は，高額所得者を除いて所得控除が受けられることになっており，女性にこの上限額を超えて働くことをためらわせる制度になっている。また年金制度においても，サラリーマンの妻は自ら保険料を払うことなく第3号被保険者になることができ，こうした形の家族が優遇されている。つまり，このような形の家族形態に，政策的に誘導されているのである。

　こうした性別役割分業が制度化された社会の中では，女性は男性に比べて，無職だったり，働いていても低賃金不安定労働であることが多く，より貧困に陥りやすい。中でも特に貧困が顕著にあらわれるのは，稼ぎ主である男性が家族の中にいない女性，つまりシングルマザーと高齢単身女性，そして低学歴・

非正規の若年単身女性である。

２　最も貧困なシングルマザーとその子ども

　Mさんは，高校卒業後，正社員として就職。23歳のとき職場結婚するが，上の子が幼稚園のとき，夫と別居。母親と同居し2人の子どもを見てもらいながら，仕事を転々として生活してきた。上の子が私立高校生，下の子が中学生になり，教育費がかかるため，現在は準社員として手取り11〜12万円の仕事に加え，夜は居酒屋でアルバイトをしている。実家暮らしなので家賃はかからないが，生活に余裕はない。深夜に帰宅し，子どもの弁当作りのために6時前に起きており，睡眠時間は4時間以下である（赤石，2014）。

　女性の貧困の中でも，Mさんのような母子世帯の貧困は最も深刻である。ひとり親世帯の貧困率は48.1％で，他の世帯類型に比べて突出して高い（『国民生活基礎調査の概況』2019年）。その中ではMさんの生活状況は，実家のサポートが得られている分，比較的恵まれているといえるだろう。それでも，仕事と子育てとをひとりで担わなければならないため，睡眠時間を削ってその時間を捻出しており，余裕のない暮らしぶりがうかがわれる。

　母子世帯の数は，平成28年度全国ひとり親世帯等調査（2016年）によれば，123.2万世帯にのぼる。この数は子どものいる世帯の約7％を占めており，いまや子どものいる13世帯のうち1世帯は母子世帯なのである。そのうち圧倒的多数の79.5％は，離婚によって母子世帯になっており，3〜4組に1組のカップルは離婚するといわれている現在では，それは珍しいことではなくなっている。離婚に至る理由は，調停離婚における申し立ての動機をみると（司法統計婚姻関係事件数 2016），妻側のものとして多いのは，「性格があわない」「生活費を渡さない」「精神的に虐待する」「暴力を振るう」の順で，様々な形の暴力にさらされ，やむにやまれぬ状態になって離婚していることが推測される。こうした場合には，その後も続く暴力の後遺症により，仕事や子育てがままならなくなることも少なくない。

　母子世帯の貧困が特に問題なのは，貧困は世代間で再生産され，子どもにも

引き継がれやすいことが知られているからである。子ども期の貧困は，本人に責任がないにもかかわらず，その影響はその後の人生を通じて生涯つきまとう可能性が高い。生活実態を問う大規模調査においても，基本的な生活必需品が満たされていない人は，15歳時点での暮らし向きも苦しかった人が多いことが実証されており（阿部，2008），成人してからの生活水準も子ども期の生活水準と相関があることがわかっている。

> ＊　貧困に関する議論では，貧困に陥ることになった本人の責任を問われることになりやすいが，子どもの貧困には自己責任論は当てはまらないとして，貧困問題の中でも先行的に取り上げられてきた経緯がある。

それにもかかわらず，日本では子どもの貧困は，政策の効果によって，より悪化していることが知られていた。本来，税や社会保障制度は，高所得層から低所得層へ所得の移転を行い，社会の格差を縮めるためのものであるはずである。しかし税や社会保障制度による所得再分配を行ったあとでは，子どものいる世帯の貧困率は，再分配前よりも高かったのである（阿部，2008）。なお，それは OECD 諸国のうち，日本だけにみられる現象だった。このことが知られるようになったことで，子どもの貧困を改善するための取組みが進み，現在では所得再分配後に貧困率が悪化するという逆転現象は解消されているが，依然として子どもの貧困率は高い状態が続いている。

2　こう考えればいい
女性の貧困を解消するために

では，女性の貧困を解消するためにはどうすればいいだろうか。ここではシングルマザーを念頭に置きながら，それだけにとどまらないすべての女性に対して，どんな方法が効果があるかを考えてみたい。

最も重要なのは，女性が自分自身の収入を確保できるようにすることである。そのための手段として，養育費の支払い，就労，社会保障給付の3つが考えられる。

① 養育費の支払い

　母子世帯で，離別した父親から現在も養育費を受けているのは，わずか24.3％にすぎない（『平成28年度　全国ひとり親世帯等調査結果報告』）。その理由として，本人同士の合意だけで離婚できる協議離婚が9割を占めており（『平成21年度「離婚に関する統計」の概況』），養育費に関する取り決めをしていた母は42.9％と少ないことがあげられる。取り決めをしていない理由としては，「相手と関わりたくない」が31.4％と最も多く，その背景には暴力の問題があることがうかがえる（『平成28年度　全国ひとり親世帯等調査結果報告』）。また，養育費を受けている割合が低いその他の理由として，父親側も低所得の人が多く，そもそも支払い能力が低いこと，養育費の不払いに対する法的措置は拡大してきているものの，依然として受け取る側に手間と費用がかかり，確実に回収できるとは限らないことなども指摘されている[*]（赤石，2014）。

　　＊　改正民事執行法が施行された2020年からは，それまでよりも養育費の取り立てがしやすくなっている。

　日本よりも養育費の支払い割合が高い国では，支払いを確実にしようと，様々な方法がとられている。北欧諸国やドイツ，フランスなどでは国が養育費を立て替え，回収を請け負う制度があり，アメリカでは給料や税の還付金などからの差し押さえとともに，養育費を支払わない親はその顔写真のポスターが街中に貼られるなどの制裁が設けられている。離婚をしたとしても，子どもの父親にも子育ての責任はあり，その費用を母親とともに負担することは当然のことだろう。確実な養育費の支払いにつながるような制度が求められる。

② 女性自身の就労収入

　すべての女性にとって，自身の収入を増加させる最も確実で効果がある方法は，女性の就労率と所得を高めることである。

　日本ではシングルマザーの就労率は81.8％で，他国と比べても高いことが知られている。問題は，そのうち正規雇用者は44.2％にすぎず，約半数が所得が低く不安定な非正規雇用であるということである。シングルマザーは子育ての

責任を負っているため短時間勤務だったり自由がきく雇用形態で働かなければ
ならないことが多く，それゆえに所得が低いことが，母子世帯が貧困に陥りや
すい最大の問題なのである（『平成28年度　全国ひとり親世帯等調査結果報告』）。
女性全体でみても，現在は7割弱である就労率を高めていくこと，中でも正規
雇用を増やしていくこと，男性との間の賃金差を縮めていくことが，女性の貧
困の解消のためには必要であろう。

　そのことを妨げる最大の障壁になっているのは，ケアへの責任である。マー
サ・ファインマンは，子どもや障害者，高齢者などケアが必要な人が他者に依
存しなければならないという避けられない依存状態と，そうした人々をケアす
るために他者に依存しなければならない状態とを区別して，後者を2次的依存
と呼んだ（Fineman, 2004 = 2009）。女性は育児・介護などケアの責任を引き受
けることが多いために，2次的依存状態に陥りやすい，つまり経済的自立を果
たすことが難しくなっているのである。しかしこれは，制度的に解消可能なは
ずのものである。

　女性が就労できるようにするためには，保育・介護サービスを拡充すること，
そしてそれらを低コストで利用できるようにすることが必要だろう。これまで
の研究でも，女性自身の収入が世帯全体の収入に占める割合が高いほど，夫に
対する交渉力は高くなり，妻の自由度が増すことが知られており（坂本，2008），
女性の就労収入を増加させることは，女性の自立のために最も重要である。

③ 女性に対する社会保障給付

　女性が自身の収入を得る手段として，社会保障給付によるという方法もある。
中でも児童扶養手当は，母子世帯にとって重要な収入源となってきた。これは，
遺族年金の支給対象外，つまり離別・未婚の母子世帯を対象にした制度で，所
得制限があるが，全額支給の場合には，基本的に月額4万3160円，第2子につ
いては1万190円，第3子以降は6110円を受給できるというものである。[＊]

　　＊　2008年から，受給期間が5年を超えた場合には一部支給停止となることが決
　　　まっていたが，現在のところ就労意思が確認できるなど一定の要件を満たす場合

には，停止は見送られている。

　日本ではこうした社会保障費の給付は世帯主を対象に行われるのが一般的である。しかし他国では，ふたり親世帯の場合に，子どもに関する社会保障給付の受給者を，世帯主ではなく母親にすることが望ましいという議論がある。例えばイギリスでは，1970年代にフェミニズム運動の影響も受けて，配偶者控除が児童手当に変更された。これは世帯収入は同じだったとしても，夫の収入を増加させる形の税控除から，母親の口座に直接給付される児童手当になったということを意味する。この変更による影響を検討した研究では，政策変更以降に女性と子どもの衣服・履物への支出が増大した，すなわち女性と子どもの個人支出が増大したことが明らかにされた（Lundber, Pollak and Wales, 1997）。この研究によって，子どもの福祉を増大させるには，父親ではなく母親に給付する方が効果的であることが知られるようになった。

　社会保障の給付を世帯のうち誰にすべきかという議論は，日本ではほとんどなされていない[*]。しかし特に別居中には，このことが大きな意味をもつことがある。例えば，すべての児童に対して給付される児童手当は，離婚を控えて母と子が父親と別居している最中にも，世帯主である父の口座に振り込まれるため，子どものためには使えないということがある。もし児童手当が，実質的に子どもの養育を担っている人に振り込まれれば，母親は別居や離婚時でも変わらずに安定した収入にアクセスでき，母子の生活水準を上げることにつながる。

　*　新型コロナウィルスの拡大に伴って，2020年に支給された1人10万円の定額給付金も，世帯主にまとめて給付されることが原則だったが，DV から逃げているために住民票を移動できない人がいることなどが問題になり，この給付方法の是非が広く議論された。

　ダイアン・セインズベリは，税や社会保障の女性に対する資格付与の根拠を，「必要により」「妻として」「母として」「就労者として」「市民として」に区別した（Sainsbury, 1996）。この整理にしたがえば，イギリスの配偶者控除から児童手当への政策変更は，「妻として」の資格付与から「母として」の資格付与に変更されたことを意味する。日本では女性に対する資格付与は，配偶者控

除や年金の第3号被保険者など，夫の地位に付随する「妻として」のものが多いが，こうした制度ゆえに，女性は夫と離別するとその地位を剥奪され，不安定な貧困状態に陥りやすくなることは，第1節でみてきたとおりである。

　しかし育児・介護といった家庭内で担われるケア役割を評価し，「母として」の資格付与を認めることで，女性は夫との関係によらずに安定して収入を得ることができるようになる。実際にそのような制度をもつ国も多く，例えばオランダでは，シングルマザーは末子が12歳になるまでは就労を免除され，在宅で子育てできるようにするための手当制度がある。シングルマザーに育児をする時間をもつ権利を認めているのである*。またフィンランドでは，母子世帯に限らずすべての世帯が，子どもを保育所に預けるか在宅で育児をするかを選択することができ，在宅での育児を選んだ場合には手当を受給できる制度がある。この給付水準は，それだけで生活していくには不十分だが，育児をひとつの労働と認め，母親に対して国家がその労働分の賃金を保証していると考えることができる。このように，おもには女性に担われている育児や介護に必要なコストを社会保障費として給付することは，女性の経済的地位を安定させ，その貧困を改善させることに役立つだろう。

　　*　アメリカやイギリスなども，育児をする権利をシングルマザーに認める同様の
　　　制度があるが，オランダとは異なり資力調査や受給期間の定めがあり，受給可能
　　　な子の年齢も低い。

　ただし「母として」の資格付与は，ケア役割を女性に押しつけることにつながりうることには注意が必要である。女性の収入が母親という地位に付随して得られるとすれば，女性自身がその役割を担うことを望まない場合でも，そこから逃れることは難しくなる。現在の日本では，家庭内でケア役割を担うことに金銭的対価が得られる道がほとんどないことから，そのような道が開かれること自体は，女性の選択肢を広げるという意味で望ましいが，こうした政策が母親を新たに抑圧することになる危険性も見逃してはならない。

④ 高齢期の生活保障

　女性の貧困が最もあらわれやすいのは高齢期である。高齢期の生活を保障する制度として年金があるが，年金の受給額には生涯を通じた就労状態や婚姻状態が反映されるため，女性の賃金の低さや，育児・介護による就労の短縮・中断の影響が，高齢期にも続くことになる。

　現在は，就労者で週20時間以上勤務しているなどいくつかの要件を満たしている人は，厚生年金に加入することになっている[*]。厚生年金の加入対象ではない女性は，サラリーマンの妻ならば第３号被保険者，そうではない自営業の妻などは，自ら国民年金に加入することになる。しかし国民年金の加入率は７割に満たず，加入していない人も少なくない。2019年度の厚生年金の平均受給額は，男性16万4770円，女性10万3159円，国民年金は男性５万8866円，女性５万3699円と，女性は男性に比べて受給額が少ない（『令和元年度　厚生年金保険・国民年金保険事業の概況』）。つまり女性は，育児等による就労の短縮や中断により，厚生年金から排除されている人が多く，高齢期の年金受給額は男性よりも少なくなりやすいのである。

　　＊　厚生年金の加入は，もともとは週30時間以上勤務する就労者のみが対象だったのが，非正規労働者が増加していることなどを受けて，2016年に短時間勤務の就労者まで加入対象者が拡大された。最低加入期間も25年から10年に短縮され，この改正によって，厚生年金に加入できる女性は増加することとなった。

　夫と死別した場合には，妻は遺族年金を受け取れる[*]のに対して，離婚した場合には，厚生年金の報酬比例部分は年金分割の対象になる。しかし第３号被保険者は，離婚後は自ら年金に加入しなければならなくなり，妻の年金権は婚姻状態によって不安定になりやすい。

　　＊　夫が国民年金に加入している子どものいない妻には遺族年金はない。

　また育児期間中の年金保険料については，厚生年金加入者は，子どもが満３歳になるまでの育児休暇取得中は，その支払いを免除される制度がある。しかしこの制度の対象にならない人，つまり出産時に雇用労働者ではなかったり，厚生年金に加入していない短時間労働者の場合には，出産育児期間を将来の年

金受給額に反映させるしくみはない。一方，ドイツやフランスなどでは，すべての女性が出産後数年間は，年金保険料を納付しているとみなされる。つまり，育児期間は労働しているものとして将来の年金額に反映させ，育児等により女性の年金受給額が少なくなることを防いでいるのである。このような制度も，女性のケア役割を評価するものといえるだろう。

3 ここがポイント
家族を単位とした政策の問題

　女性が貧困に陥りやすいのは，第 1 節で述べた通り，標準的とされた近代家族が前提となって，労働や税・社会保障のしくみがつくられてきたためである。しかしかつて「標準家族」と考えられていた夫婦と子どもからなる世帯は，現在ではわずか26.9%を占めるにすぎない（『平成27年 国勢調査』）。「標準家族」はもはや標準ではなくなっているのである。したがって，「標準家族」を優遇することで女性を貧困に陥りやすくさせるこのしくみを見直すことは，急務になっている。

　このことが重要なのは，女性の貧困に伴って生じやすい子どもの貧困は，次世代に再生産される可能性が高いからということにもある。どんな家庭に生まれようと，子どもが平等に未来を思い描ける社会をつくることは，この社会に生きるものの責務だろう。子どもの貧困を放置すれば，生涯所得で2.9兆円，税・社会保障の負担で1.1兆円の損失になるとの推計もあり（日本財団，2015），本人にとってだけではなく，社会全体にとっての損失も大きい。人生のスタート時点での不利がその後の人生に影響しないような社会をつくることは，社会全体で取り組むべきことであろう。

　さらに，女性が経済的に自立できる社会にすることは，女性にとってメリットがあるだけではなく，一家を支えるという経済的責任から男性を解放することにもなる。こうした責任は男性の肩に重くのしかかっており，それゆえに家事や子育てを担うことが難しいような長時間労働に男性を縛りつけることにも

なっている。男性だけではなく，女性もともに働き，また男女ともに家事・育児をすることが基本という社会になれば，性別役割分業は軽減し，女性に偏ってみられる貧困も少なくなるはずである（第３章も参照）。

　理論的には，第２節で述べたような政策の方向性は，労働を再定義することにつながるという点が重要であろう。おもに女性に無償で担われてきた家事や育児，介護といったケア役割に価値を認め，金銭的対価が得られるものとして確立していく。様々な活動の中で賃金が発生するものを労働と考えるなら，これは労働の概念をかえていくことになるのである。

　しかし，このケア役割の評価をどのような政策として行うのが望ましいのかについては，様々な議論がある。ナンシー・フレイザーは，ジェンダー平等を進める上で必要な政策の方向性を３つに類型化し，男女ともに現在のような男性並み労働者になる道を「総稼ぎ手モデル」，ケア役割を評価しそのコストを社会的に負担する道を「ケア提供者対等モデル」，男女ともに賃労働もケア役割も担う道を「総ケア提供者モデル」とし，それぞれの利点と問題点を整理している（Fraser, 1997=2003）。フレイザーによれば，ケア役割を評価するだけでは，伝統的に女性にわりふられてきたこの役割を女性に固定化し，女性を男性労働者に劣る二流の稼ぎ手にするだけで，従来のジェンダー関係をゆるがせることにはならない。このことをふまえてフレイザーは，「総ケア提供者モデル」を最も望ましい方向として提唱している。「総稼ぎ手モデル」「ケア提供者対等モデル」のいずれも，現在の日本の状態とはほど遠く，どちらのモデルの政策であっても，それが実現するならば女性の貧困は現状より改善することは間違いないだろう。このフレイザーの議論のように，ジェンダー平等を具体的にどのような政策として実現していくか，それらの政策が全体としてどのようなモデルに近づくことになるのかは，理論的にも重要な点である。

4　これから深めていくべきテーマ
多様な貧困をとらえるために

　女性の貧困に関して，これからより深めていくことが期待されるテーマとして，次の３つをあげておく。

　１つめは，単身者の貧困である。2000年代に入り，特に若者の間で非正規雇用が広がり，現在では25〜34歳の23.4％が非正規雇用で働いている（『労働力調査』2020年）。男性の非正規雇用者の有配偶率は３割程度であり，年収が下がるほどその既婚率は概ね低下していく。つまり，所得が低く雇用が不安定なために，家族を形成したくてもできないような単身者が増えてきているということである。また，三世代同居の慣習も少なくなり，高齢の単身者も増加している。国勢調査によると，世帯類型の中で最も多いのは単身世帯で34.6％（『平成27年 国勢調査』），その割合は今後も拡大していくことが予想されている。貧困状態にある単身者は，金銭的に困窮しているだけではなく，それを補うような家族からの援助も期待できないことが多く，家族世帯とは異なる支援が求められる。現状では単身者の貧困は，研究蓄積が少ない分野だが，今後は若年層においても高齢世代においても，一層深刻な問題となっていくことが予測されるため，この単身者の貧困は，女性だけにとどまらず，重要なテーマとなっていくだろう。

　２つめは，世帯の中に隠れた貧困である。女性の貧困は，世帯に男性稼ぎ主がいない母子世帯や単身者であらわれやすいが，既婚女性が経験する貧困もありえる。相対的貧困率に代表されるように，貧困は世帯収入で把握されるのが一般的だが，世帯収入でみると貧困ではなくても，世帯の中で資源の配分が不平等に行われているために，世帯内の特定の個人だけが生活に困窮しているということがある。夫は十分な収入を得ているのに，必要な額の生活費を夫から渡してもらえず，妻は生活を切り詰めているというような「経済的 DV」が，この最も顕著な形だろう。しかしこうした状態は，世帯を単位として貧困を把

握している限り見えてこない。DV に関する調査によれば，結婚経験のある女性のうち8.6％が，生活費を渡されない，貯金を勝手に使われるなどの「経済的圧迫」にあったことがあり（『男女間における暴力に関する調査報告書』2021年），こうした経験をしている女性が少なくないことがわかる。英語圏では，このような状態をとらえようと，世帯を単位にする従来の方法ではなく，個人を単位にして貧困を把握しようとする研究も試みられており（丸山，2020），それは貧困のとらえ方自体を見直すことにもつながっていくだろう。

　3つめは，時間の貧困である。人間の生活においては，お金だけではなく時間も有限な資源であり，生活水準を決定づける重要な要因の1つである。お金と時間は代替可能で，ベビーシッターを雇うなど家事サービスを購入することで，時間を買うこともできる。一方，身体を壊すほど長時間働かなければ貧困線を上回る所得が得られないとき，それも貧困であると考えられるだろう。時間の貧困という概念を導入し，所得の貧困と関連づけることで，このような状態を把握することができる。実際にひとり親世帯では，平均週61時間労働しなければ，所得の貧困を脱出できないと指摘されており（石井・浦川，2018），就労支援などで就労機会を増やすのではなく賃金を上げなければ，多くのひとり親の貧困は解決しないことがわかる。時間を視野に入れた貧困の把握は，男女の間でしばしば不均衡に配分されている資源の配分をより多面的に明らかにする方法の1つであり，所得の貧困ではないが時間の貧困に陥っている長時間労働者は一般的にもかなり多いことを考えると，ワーク・ライフ・バランスが一層重要になってくる今後の社会において，より展開していく必要がある分野であろう（第3章も参照）。

手にとって読んでほしい5冊の本

阿部彩，2008，『子どもの貧困――日本の不公平を考える』岩波書店。
　　子どもの貧困に注目が集まるきっかけになった一冊で，豊富なデータによって，他の先進国の状況と比較しながら，その実態が示されている。
赤石千衣子，2014，『ひとり親家庭』岩波書店。
　　長年シングルマザーの支援をしてきた著者が，シングルマザーを中心に，父子

家庭や子どもの貧困の実態，それを改善するための提案を述べている。

Fraser, Nancy, 1997, *Justice Interruptus : Critical Reflections on the "Postsocialist" Condition.*（仲正昌樹監訳，2003，『中断された正義』御茶の水書房）

　　フェミニズム理論家の論文集。本章で参照している第2章のほか，第5章も社会政策とジェンダーを考える上で必読の書。

小杉礼子・宮本みち子編，2014，『下層化する女性たち──労働と家庭からの排除と貧困』勁草書房。

　　若年女性が貧困化している実態を，研究者と支援にあたる実践家が，それぞれの視点から説明した論文集。

竹信三恵子，2013，『家事労働ハラスメント──生きづらさの根にあるもの』岩波書店。

　　性別役割分業を前提とした社会政策や働き方が女性に家事を押しつけ，その結果，女性の貧困が生まれていることが，具体的事例を通して示されている。

引用・参考文献

阿部彩，2014，『子どもの貧困Ⅱ──解決策を考える』岩波書店。

石井加代子・浦川邦夫，2018，「ワーキングプアと時間の貧困──就労者の貧困問題を捉える新しい視点」『貧困研究』21，12-25頁。

坂本和靖，2008，「世帯内における消費・余暇配分の構造」チャールズ・ユウジ・ホリオカ・財団法人関係経済研究所編『世帯内分配と世代間移転の経済分析』ミネルヴァ書房。

日本財団，2015，『子どもの貧困の社会的損失推計レポート』。

丸山里美，2020，「世帯内資源配分に関する研究にみる「世帯のなかに隠れた貧困」」『大原社会問題研究所雑誌』739，8-21頁。

Fineman, M., 2004, *The Autonomy Myth : a Theory of Dependency,* New Press.（穐田信子・速水葉子訳，2009，『ケアの絆──自律神話を超えて』岩波書店）

Lundberg S., Pollak, R. and Wales, T., 1997, "Do Husbands and Wives Pool Their Resources ? Evidence from the United Kingdom Child Benefit," *The Journal of Human Resources,* 32(3), pp. 463-480.

Sainsbury, D., 1996, *Gender, Equality and Welfare States,* Cambridge : Cambridge University Press.

　　　　　　　　　　　　　　　　　　　　　　　　　　　　（丸山里美）

第5章

親密圏

親密圏からの子どもの退出とケアの保障を考える

グラフィック・イントロダクション

資料5-1 近代家族／親密圏の違い

近代家族	親密圏
結婚と血縁による	結婚と血縁によらない
退出が困難	退出が自由
ケアの確保	ケアの確保？

　「男女が結婚し，その夫婦の間に生まれた子どもを育てている」近代家族の限界が顕在化するにつれ，それを超える「親密圏」というコンセプトが登場してきた。親密圏は近代家族と異なり，関係の形成の自由および解消の自由を重視するが，親密圏に存在する子どもなどの依存的な他者のケアの保障については十分に議論が行われてこなかった。

　本章では，近代家族と親密圏それぞれの限界を超える，子どもの視点を組み込んだ親密圏を構想し，それを支える制度について考えていく。

1　何が問題か
近代家族の限界と親密圏の登場

　「新しい家族のかたち」という言葉を聞いたことがあるだろうか。最近，新聞，テレビ，インターネットなどが，今までだったら想像できなかった他者と

の暮らし方を，新しいライフスタイル＝「新しい家族のかたち」として，積極的に紹介している。例えば，複数愛（ポリアモリー）を実践する人々，子育てする同性カップル，週末婚のステップファミリー，コミュニティで行う子育て，実子と里子を一緒に育てる里親など，実験的なものも含めて，日々，様々なライフスタイルが，様々な「新しい家族のかたち」としてメディアで紹介されている。

　このように「新しい家族のかたち」が近年メディアで頻繁に報道されるということは，「従来の家族のかたち」に満足できない人々や，従来とは異なるライフスタイルを積極的に求める人々が一定数いることを示しているといえるだろう。

　本章では，上述した「新しい家族のかたち」「新しいライフスタイル」と呼ばれるものを「親密圏」というコンセプトを使って考えていく。ここでは親密圏を，①精神的，身体的，経済的に安心できる他者との関係と生活，②結婚や血縁を必ずしも要件としない，③「形成の自由／解消の自由」を保障する関係／場，と定義する。しかし，近代家族の限界を超えるために出てきた親密圏というコンセプトにもまた限界がある。そこで，本章では，親密圏の限界を依存的な他者の存在に着目して考察し，依存的な他者のケアを保障する親密圏を構築するためには，どのような制度があればよいのかを特に子ども*に焦点を当てて考察していく。

　　*　ここでの「子ども」とは，「親」に対する「子ども」と，「大人」に対する「子ども」の両方の意味を含んでいる。

　では，まず，近代家族に対抗して親密圏という新しいコンセプトが出てきた背景から確認していこう。

①　近代家族の限界

　日本の今までの家族政策は，標準的家族像かつ望ましい家族像として近代家族（具体的には，サラリーマンの夫と専業主婦の夫婦が子ども2人を育てている家族）を設定してきた。近代家族を形成せずに単身で生活したり，あるいは，近代家族以外の家族を形成すると，配偶者控除が受けられなかったり，社会保険料が高くなったりするなど，税や社会保障の面で不利になったり，親権や相続

などの民法上の権利が得られなかったりする。そのため，人々は近代家族を形成するように政策的に誘導されてきた。

　しかし，近代家族をモデルとする家族政策は1980年代までは比較的機能してきたものの，現代では限界を迎えている。夫婦と子どもからなる世帯は今や全世帯の３割弱に過ぎない。３割に過ぎないライフスタイルを政策の標準モデルとして設定する意味はあるのだろうか。また，1990年代からの非正規雇用の増加などの雇用の劣化を背景に，サラリーマンの夫が一家を養うという家族の形成が困難になってきている。そのため，近代家族を「つくりたくてもつくれない」層が広がり，それが未婚化，晩婚化，少子化の一因だとも指摘される。さらに，より積極的に近代家族というライフスタイルに反対し，「近代家族ならつくりたくない」「もっと他のライフスタイルを選択したい」と考える層も存在する。インターネット上で紹介される「新しい家族のかたち」は，そのような層の様々なライフスタイルをポジティブに紹介しているといえるだろう。

　現代において，近代家族を標準とし，優遇する政策の限界が顕在化するにつれて，近代家族に代わる新しいライフスタイルを創造する必要性が主張されている（牟田編，2009；野辺ほか，2016；岡野編，2010；齋藤編，2003）。そしてそのような新しいライフスタイルを構想するコンセプトのひとつが親密圏と呼ばれている。親密圏をめぐっては，理論的な研究や経験的な研究が行われてきた。以下では，牟田（2009）と齋藤（2003a）の議論をもとに，近代家族と親密圏の違いを確認していく。

２ 親密圏というコンセプト

　①結婚や血縁を要件としない

　親密圏が近代家族と異なる点は，結婚や血縁によらない関係も「精神的，身体的，経済的に安心できる他者との関係と生活」であると承認するという点である（牟田，2009，ⅲ頁；齋藤，2003a，ⅴ頁）。近代家族とは「サラリーマンの夫と専業主婦の夫婦が子ども２人を育てている家族」，言い換えれば，男女が結婚し，その夫婦の間に生まれた子どもを育てている家族のことであった。

　しかし，結婚や血縁の結びつきによらなくても，「精神的，身体的，経済的に安心できる他者との関係と生活」はすでに人々の間でつくり出されているし，また，積極的にそれを求める人もいる。例えば，シングルで生活している人，結婚はせずにパートナーと生活している人，同性のパートナーがいる人，パートナーが複数いる人，パートナーはいないが子育てしている人，パートナーの子どもと生活している人，第三者が関わる生殖補助医療を用いて子どもをもった人，養子や里子を育てている人など，近代家族に完全には収まりきらないライフスタイルで生きる人が存在している。結婚や血縁によらない関係*も十分に生命／生活の基盤となることから，このような関係を可視化し，社会的に承認していこうと提案するのが親密圏というコンセプトである。そして，近年では，親密圏を生きる当事者から近代家族と同等の民法上の権利や税・社会保障上の優遇措置などを求める声がますます高まってきている。

　*　ただし，結婚と血縁では社会での承認のされ方が異なると思われるため，厳密にはこれらを分けて議論する必要がある。

②関係の「形成の自由／解消の自由」を保障する

　とはいえ，親密圏というコンセプトは単に「近代家族以外の多様な家族のかたちもライフスタイルとして認めましょう」と提案しているのではない。近代家族の限界は，その形にのみあるのではなく，その関係性にもあるからだ。

　親密圏というコンセプトの特徴は，当事者の合意に基づいて親密圏を形成し，また，解消するという，関係の「形成の自由／解消の自由」の保障を主張するところにもある（齋藤，2003a）。近代家族の場合は解消に困難を伴うことが多い。近代家族が標準的・望ましい家族像とされている社会で，近代家族の外で生きることは，「ふつうではない」とみなされたり，様々な不利益を負ったりする。例えば，結婚後，無償の家事労働をおもに行っていた女性が離婚して単身者になれば，経済的な不利益を負うだろう（第4章参照）。未成年の子どもが，保護者（多くの場合，親）から離れて生きていくことは現実的に困難である（第8章・第9章参照）。このような構造的に逃れられない関係の中で，DV や虐待が起こっている（第7章参照）。この問題を解決するためには，家族内の暴

力を刑事罰の対象にしたり，社会保障を世帯単位から個人単位にする政策を構想したりするだけではなく，近代家族から退出する（家族をやめる）自由を形式的（＝法制度上可能にする）にも実質的（＝経済的に困窮しないようにする）にも保障することが重要である（齋藤，2003b，225頁）。

　親密圏は近代家族とは異なり，人々の自由を保障するため（好きな関係をつくれる，嫌な関係をやめられる），メリットがあるように思える。しかし，親密圏にもまた限界がある。次の節ではこの点について踏み込んで考えていきたい。

2 こう考えればいい
子どものケアを保障する親密圏の構想

　ここまで近代家族の限界，そしてそれを超えるために出てきた親密圏というコンセプトについて確認してきた。ここからは，親密圏の限界を特に子どもに焦点を当てて考察する。具体的には，①子どもは親密圏を選択できない，②子どものケアが考慮されていない，③ケアの課題をめぐる従来の議論には限界がある，という3点を指摘し，これらの限界を超える親密圏を構想する上で必要なポイントについて考えていく。

1 親密圏の限界

①子どもは親密圏を選択できない

　本章の第1節で，親密圏を，①精神的，身体的，経済的に安心できる他者との関係と生活，②結婚や血縁を要件としない，③関係の「形成の自由／解消の自由」を保障する関係／場である，と定義した。そして，親密圏の例として，シングルで生活している人，結婚はせずにパートナーと生活している人，同性のパートナーがいる人，パートナーが複数いる人，パートナーはいないが子育てしている人，パートナーの子どもと生活している人，第三者が関わる生殖補助医療を用いて子どもをもった人，養子や里子を育てている人などをあげた。

　これらの例からわかるように，親密圏に含まれる関係／場は，パートナー関

係であったり親子関係・子育てが含まれる関係であっても，大人・親の選択による関係／場であり，多くの場合，子どもが選択した関係／場ではない。子どもは生まれる親・家族を選べないが，同様に多くの場合，親密圏についても選んでいない。そのため，親密圏は，「自立した成人のあいだでなら成り立つ」（上野，2009，7頁）ものと考えられ，親密圏の議論から子どもの視点が抜け落ちる傾向があった。

しかし，ここでの例のように，親密圏には親子関係や子育てが含まれる場合もあり，子どもについての議論を避けたままでいるわけにはいかない。子どもも親密圏のアクターとして認識し，議論に含めていく必要がある。

②子どものケアが考慮されていない

親密圏に子どもが存在することを念頭に置いたとき，難問として立ちはだかるのが子どもの「ケアの保障」と，関係の「形成の自由／解消の自由」をいかに両立するかという点だ。この点を考えるために，まず近代家族とケアについてどのように考えられてきたか振り返ってみよう。

従来の近代家族をモデルとする法制度は，子どもをはじめとした高齢者や障害者などの家族内の依存的な他者のケアを確保するため，ケアの与え手が家族から退出する自由を制限してきた（久保田，2009，81頁）。具体的には，多くの場合，家族の中の女性が（近代家族から退出して1人で生きていくことが困難であることも一因として）家族にとどまり，子どもをはじめとする依存的な他者のケアを担ってきた。[*]

＊　女性は依存的な他者のケアを行うことで，賃労働に就くことが制限され，経済的な基盤を失い，（多くの場合は夫に）経済的に依存し自立できなくなる「2次的依存」（Fineman, 1995＝2003）に陥ってきた。

もし，ケアを担っている女性が家族から退出すれば（家族からいなくなれば），子どもはケアの与え手を失い，子どもの年齢・状況によっては生命／生活にかかわることになる。一方で，子どもは家族のケアを受けなければ生きていけない状況に置かれているため，家族のケアがどんなに不適切であっても，逃れることができず家族内に留まってきたといえる。

　つまり，近代家族は，家族のケアの与え手・受け手が家族から退出する自由を制限することで家族内の依存的な他者のケアを保障してきたが，一方で，場合によっては不本意・不適切なケアをそれぞれに強制してきたともいえる。

　では，親密圏はどうであろうか。親密圏においても，子どものケアを担っている大人・親がその親密圏を退出することで，子どもはケアの与え手を失うリスクを負う。しかし，このケアの与え手の消失という親密圏のリスクについては，今まで具体的な議論がほとんどなされてこなかった。

　③ケアの課題をめぐる従来の議論の限界

　では，このようなケアの課題に対して，どのように議論されてきただろうか。

　近年，近代家族のケアの問題については，「ケアの人権アプローチ」（森川，2008；上野，2009）という1つの解が提唱されてきている。このアプローチでは，ケアの与え手には「ケアする権利」と「ケアすることを強制されない権利」が，ケアの受け手には「ケアされる権利」と「ケアを受けることを強制されない権利」があるとする（上野，2009，18頁）。

　　＊　「ケアすることを強制されない権利」が主張される背景には，ケアの与え手が
　　　　負う2次的依存のリスクがある。2次的依存を避けるため，ケアの与え手に現金
　　　　給付など経済的保障をしたり，ケアを代替するサービスを提供することで，ケア
　　　　の与え手に賃労働に就く機会を与える必要性が主張されている（上野，2009，20
　　　　頁）。なお，家族のケアを支援すると，「ケアは家族が行う」という前提が強化さ
　　　　れる（再家族化される）という指摘があるが，森川美絵は，ケアの再家族化は，
　　　　支援の仕方によって避けられるという（森川，2008，48頁）。

　子どもなどのケアの受け手の「ケアを受けることを強制されない権利」とは，具体的には，虐待などの「不適切なケアを受けることを強制されない権利」のことを意味する。そして，ケアの受け手に現金給付などの経済的保障があれば，ケアの与え手を選んでケアの対価を支払ったり，ケアの与え手を取り換えたりすることで，不適切なケアを行う者に従属せずにすむと主張される（上野，2009，21頁）。

　このアプローチでは，ケアの受け手としておもに障害者や高齢者が想定され

ており，子どもは想定されていない。また，ケアの与え手・受け手が家族から退出することも想定されていない。しかし，この近代家族における「ケアされる権利」と「不適切なケアを受けることを強制されない権利」は親密圏に存在する子どもにも応用可能な議論であろう（ケアの与え手の一方的な退出は「遺棄」「育児放棄」として「不適切なケア」に含めることができるかもしれない）。

　なお，親密圏におけるケアについても，議論がないわけではない。例えば，親密圏のすべての関係／場に対して近代家族と同等の民法上の権利や税・社会保障上の優遇措置を与えるのではなく，子ども，高齢者，障害者など依存的な他者との持続的なケア関係（これは「ケアの絆」〔上野，2009〕と呼ばれる）に限って法的保護の対象にするべきだという主張もある（上野，2009，11頁）。しかし，ここではケアの与え手と受け手が一体のものとして考えられ，ケアの与え手と受け手の間で対立が存在するケースなどは想定されていない。

２ 子どもの視点を組み込んだ親密圏へ

　近代家族の限界が明らかになるにつれ，親密圏というコンセプトが登場してきた。しかし，親密圏の議論は，子どもをはじめとした依存的な他者のケアの保障についてほとんど議論してこなかった。依存的な他者の視点でケアの保障を組み込んだ親密圏を構築するには，どのような制度があればよいのだろうか。どのような制度があれば，どんな関係も自由に形成および解消でき，さらに，解消しても（されても），誰もが経済的・身体的・精神的に生きていけるのだろうか。これは，選択の自由を最大限確保しながら，リスクや不安・責任を最小化できるような，いい換えれば，自由と平等のジレンマを超えるような社会制度を構想することでもある（鈴木，2015，8頁）。

　依存的な他者の中でも，とりわけ子どもは多くの場合，家族のみならず親密圏も選択できず，大人・親の選択に巻き込まれる。その不均衡を少しでも事後的に相殺するためには，少なくとも不適切なケアを受けた場合は親密圏を退出し，別の関係／場でケアを受けられる制度を整備すべきではないか。

　そこで，本章では，あまり議論されない子どもの側からの退出について考え

てみたい。退出は大人・親の側だけが望むものではない。児童相談所や民間の
シェルターに自ら逃げ込む子どもが現実にいるように，子どもが親密圏からの
退出を強く望むことや必要とすることもある。

＊　2020年 2 月18日付『朝日新聞』「児相の当直，家追われた女児追い返す『警察
　　に相談して』」（2020年 4 月 5 日閲覧）。

3 ここがポイント
親密圏からの子どもの退出とケアを支える制度

　では，子どものケアを考慮する親密圏を支える制度として，子ども*の退出を
保障する制度と，退出後の子どものケアを保障する制度について考えてみよう。

＊　なお，ここでの「子ども」とは，小学校の高学年以上の子どもを想定している。

1 親権の制限――親密圏からの退出

　親権者から不適切なケアを受けているなど，子どもにとって，親密圏が「精
神的，身体的，経済的に安心できる他者との関係と生活」ではない場合，子ど
もはそこから離れて，他の安全な場所（親密圏）で生活・成長する必要がある。
その際に，壁となるのが民法に定められている親権である。

　法律上の親がもつ親権とは，未成年の子どもを育てるために，子どもの身の
回りの世話をする（監護権），子どもに教育やしつけをする（教育権），子ども
の住む場所を決める（居所指定権），子どもの財産を管理する（財産管理権）と
いった権利と義務の総称のことである。

　暴力を振るったり，暴言を吐いたり，子どもの世話を放棄したりするなどの
児童虐待は，親権の濫用である。このような場合に，子どもが親権者から逃れ
るために，「親権喪失の審判」（民法第834条），「親権停止の審判」（民法第834条
の 2 ），「管理権喪失の審判」（民法第835条）という制度がある。親権喪失・管
理権喪失は，家庭裁判所に申し立てて，親から親権・管理権を奪うことができ
る制度である。それに加えて，2011年には，民法改正によって，家庭裁判所に

申し立てて親の親権を一時的（2 年以内）に停止させる親権停止制度が創設された。

　これまで親権喪失・親権停止・管理権喪失が認められた事例は，子どもに必要な医療行為に親権者が宗教・思想上の理由で同意しない医療ネグレクトのケースや，親権者が子どもの進学や就職に同意しないなど自立を妨げるケース，親権者が子どもを虐待しており，子どもを親権者から引き離す必要があるケースなどである。[*]

　*　親権喪失宣告等事件の実情に関する考察（2019年10月12日閲覧）。

　2011年以前は，親権喪失を家庭裁判所に請求できるのは子どもの親族，検察官，児童相談所長に限られていた。しかし，2011年以降はこれに加えて，子ども本人，未成年後見人および未成年後見監督人[*]も請求できるようになり，子どもが自分の意思で，不適切なケアを受けない権利を行使する制度が整ってきたといえる。

　*　「未成年後見人」とは，親権を行う者がいないとき，または親権を行う者が管
　　理権を有しないときに，家庭裁判所がその未成年者に対して選ぶ後見人のこと。
　　「未成年後見監督人」は未成年後見人の事務を監督する者を指す。

　しかし，これらの制度は活発に活用されていないため，今後は子どもの視点に立って活用に必要な条件を考えていく必要がある。

② 親権の分割——新しい親密圏とケアの確保

　次に，子どものケアされる権利について考えてみよう。不適切なケアを行う親権者から離れた後に，子どもは親権者の代わりの関係／場を確保し，ケアを受ける必要がある。ここでは，児童虐待によって親権者から離れた子どもが，その後，里親（保護者のいない児童，あるいは保護者に監護させることが不適当であると認められる児童をケアしている者のこと〔第 8 章・第 9 章参照〕）に委託されケアを受ける場合を例に，子どもの「関係の形成の自由」と「ケアされる権利」について考えてみたい。[*]

　*　ただし，アメリカの里親養育で問題になっているように，（たとえ子ども自身

の意思だとしても）子どもが里親宅を転々と移動する状況になっていたら，子どもの「関係の形成／退出の自由」と「ケアされる権利」が両立しても，子どもにとって必ずしも良いとはいえないだろう。そのため，最近では「ケアの継続性」という考え方も重視されるようになっている。

　大人と子どものケア関係は，親子関係があれば（あるいは養子縁組するなど，新たに親子関係を形成すれば），親権という民法上の包括的な権利と義務が親となる者に与えられ，不適切なケアをしない限り，他者からの干渉を排除できる。逆にいえば，法律上の親ではない者が子どものケアをする場合，子どもの養育者であることを周囲に説明することが難しいことに加えて，親権者が引き取りを要求した場合，子どもは自らの意思にかかわらず養育者から引き離されるリスクを負う。そのため，親権者と養育者が異なる場合に子どもが安心して養育者からケアを受けるためには，親権を調整し，養育者にケアする上で必要な権利を与えることが重要になる。

　里親は親権をもたないまま子どもをケアしているため，生活上の様々な判断について，実親から同意を得る必要があった。しかし，2004年の児童福祉法の改正で，里親制度を普及させるためには，里親のケアに関する権限を明確にし，里親が安心してケアに携われるようにする必要があることから，里親に親権の一部（監護権，教育権，懲戒権）が付与された（児童福祉法第47条３）。一方，里親には居所指定権，就業許可権，財産管理権，代表権がないため，子どもの預貯金の通帳の作成や，携帯電話の契約，アルバイトや就職などの承認，子どもが行った契約の取り消しなどを行うことはできない。

　このことから，子どものケアを考慮した親密圏を構築し，支えるためには，親権者とケアを行う者の権利・義務をより実態に即して整理していくことが求められる。この親権の分割は，結婚や血縁を要件としない関係を形成する自由とも深く関わっている。

4 これから深めていくべきテーマ
子どもを支える様々な制度

　本章では，近代家族・親密圏の限界をふまえて，子どものケアを考慮する親密圏を構築し，保護するには，どのような制度があればよいのかを考察してきた。本章の最後に，親権の制限や分割の他に，子どもの関係の「形成／退出の自由」と「ケアの保障」を支えるために必要な制度を2点指摘しておこう。

① 経済的支援

　子どもが不適切なケアをする親・養育者に従属せずにすむためには，親権の制限や分割に加えて，子どもに対する経済的な支援も重要である。

　例えば，ある程度年長の子どもが不適切なケアを行う親から逃れるために，自ら民間のシェルターに逃げ込んだ場合（シェルター側が親権者の引き取り請求を拒むことができないことに加えて），子ども本人がシェルターの利用料を払えないという問題があった（坪井，2014，6頁）。また，子どもが父親から「金銭的な援助を打ち切る」などと脅され，性的虐待を受けていた事件もあったが[*]，これも子どもが親に頼らずに，生活費や進学費用を得られる方法があれば，もっと早く親から逃げられたと考えられる。

　＊　2019年10月1日付『朝日新聞』「実の娘と性交，父親に懲役9年判決　中学生の頃から常習」（2019年10月11日閲覧）。

　日本の児童福祉では，直接子どもに提供する施策が少ない。子どもの支援は（特に乳幼児などの年少の子どもの）保育を中心に行われ，家族が子どもを養育できない場合に，子どもを家族から離して保護する施策を行っている。家族が子どもを養育し，それを補完的に支援するという考え方に基づいているため，子ども自身へ直接的な支援をする視点が弱い（森田，2014，20頁）。

　海外には，子どもに対する直接的・経済的支援もある。例えば，イギリスでは，2005年に，子どもが成人するまで政府と親，親族が共同で子どものための

貯蓄をする児童信託基金が始まった（畠中，2015，31頁）。このような試みは，子どもが不適切なケアを行う親密圏から逃れることを促進する施策の１つとなるだろう。

＊　ただし，2010年の政権交代以降，財政緊縮化により現金給付は縮減され，児童信託基金は廃止された（畠中，2015，31頁）。

２　意見表明権

　また，同時に必要なのは，大人・親が選択した親密圏に巻き込まれる子どもが，必要なときに自分の意見を表明することを支える制度である。

　2011年に家事事件手続法の制定によって，子どもの最善の利益を実現するため，子ども本人（小学校高学年以上が想定されている）が家庭裁判所の調停・審判に参加し，意見表明することを援助する「子どもの手続き代理人」（弁護士が担当する）制度がつくられた。具体的には，子どもは，親権喪失・停止，管理権喪失の審判，未成年後見に関する審判だけではなく，離婚調停，面会交流の調停・審判，監護者の指定の調停・審判，親権者の指定・変更の調停・審判，養子縁組許可の審判，養子縁組の離縁の調停に参加し，意見を表明することができる。

＊　日本弁護士連合会「子どもの手続代理人って？」（2020年４月５日閲覧）。

　このように，子どもの最善の利益が利害関係者の間で争点になるような場合は，子どもの意見表明が子ども本人はもとより周囲の大人からも求められるため，子どもの意見表明を支える制度が整備されつつある。

　今後の課題として，実践的には，本章であげたような子どもを支える制度をユーザーである子どもの視点から不断に見直し修正していくこと（根岸，2017），理論的には，このような制度の出現を，「家族の多様化」や子どもの「個人化」という論点とも突き合わせながら考察していくことがあげられる。

＊　なお，意見表明が難しい低年齢の子どもを支える制度についても今後検討していく必要がある。

手にとって読んでほしい5冊の本

牟田和恵編，2009，『家族を超える社会学——新たな生の基盤を求めて』新曜社。

　　近代家族以外の生の基盤について論じた書。性的マイノリティのカップル，ス
　　テップファミリー，シェアハウスなどの事例が論じられている。

野辺陽子・松木洋人・日比野由利・和泉広恵・土屋敦，2016，『〈ハイブリッドな親
子〉の社会学——血縁・家族へのこだわりを解きほぐす』青弓社。

　　「生みの親が子どもを育てる」以外の親子関係・子育てについて論じた書。代
　　理出産，養子縁組，里親，施設などの事例が論じられている。

岡野八代編，2010，『自由への問い7　家族——新しい「親密圏」を求めて』岩波書
店。

　　親密圏について理論的に考察した書。冒頭に親密圏についての対談が掲載され
　　ている。

齋藤純一編，2003，『親密圏のポリティクス』ナカニシヤ出版。

　　親密圏について理論的に考察した書。親密圏についての基本文献となっている。

「支援」編集委員会，2013，『支援vol. 3 逃れがたきもの，「家族」』生活書院。

　　家族のケア関係の「逃れがたさ」について，制度や当事者の実態から考察して
　　いる。事例が多く読みやすい。

引用・参考文献

上野千鶴子，2009，「家族の臨界——ケアの分配公正をめぐって」牟田和恵編『家族を超
　　える社会学——新たな生の基盤を求めて』新曜社，2-26頁。

久保田裕之，2009，「『家族の多様化』論再考——家族概念の分節化を通じて」『家族社会
　　学研究』21(1)，78-90頁。

齋藤純一，2003a，「まえがき」齋藤純一編『親密圏のポリティクス』ナカニシヤ出版，ⅰ
　　-ⅷ頁。

齋藤純一，2003b，「親密圏と安全性の政治」齋藤純一編『親密圏のポリティクス』ナカ
　　ニシヤ出版，211-236頁。

鈴木宗徳，2015，「ベック理論とゼロ年代の社会変動」鈴木宗徳編『個人化するリスクと
　　社会——ベック理論と現代日本』勁草書房，1-24頁。

坪井節子，2014，「虐待と親権制度——傷ついた子どもに寄り添って」『家族研究年報』39，
　　5-16頁。

根岸弓，2018，「日本の被虐待児の福祉に資する児童虐待対応法制度の構想——評価指標
　　の構築および制度構想に対する理論的・経験的検討」首都大学東京大学院博士論文。

畠中亨，2015，「子どもの貧困対策法と貧困の概念」『生活経済政策』224，29-33頁。

牟田和恵，2009，「家族のオルタナティブと新たな生の基盤を求めて」牟田和恵編『家族

を超える社会学——新たな生の基盤を求めて』新曜社，ⅰ-ⅵ頁。

森川美絵，2008，「ケアする権利／ケアしない権利」上野千鶴子他編『家族のケア　家族へのケア』岩波書店，37-54頁。

森田明美，2014，「子どもの権利を基盤にした児童福祉を考える——10代ママの地域生活を手がかりにして」『家族研究年報』39，17-36頁。

Fineman, Martha, 1995, *The Neutered Mother, The Sexual Family, and Other Twentieth Century Tragedies*, Routledge（上野千鶴子監訳，2003，『家族，積みすぎた方舟——ポスト平等主義のフェミニズム法理論』学陽書房）.

（野辺陽子）

第Ⅱ部

家族政策のこれからを読み解く12のイシュー

第**6**章

子ども虐待とメンタルヘルス問題のある親

包括的ネットワークによる生活支援

―――― グラフィック・イントロダクション ――――

資料6-1 虐待発生プロセスに対応した生活支援とエンパワメント

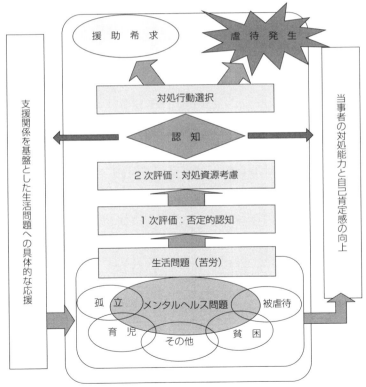

(出所) 筆者作成。

　ヒルソン，J. C. らによる虐待発生過程モデル（唐ほか，2007）に基づき，生活問題へのアプローチの意義を図示した。支援に際しては，メンタルヘルス問題を特別視せず，生活問題と関連する「苦労」の1つととらえて，具体的な生活支援とエンパワメントを図る「応援」が重要である。これを通して形成された信頼関係と対処力向上があってこそ，危機状況において当事者は自分と支援者を「対処資源」として主体的に認知できるのである。

1　何が問題か
子ども虐待と親のメンタルヘルス問題の接点

① 子ども虐待とその発生要因

　子ども虐待は，1960年代アメリカでの「社会的発見」を機に注目されるようになった。従来少ないとされていた日本でこの問題が本格的に議論されるようになったのは1990年代からであり，社会的に広く認識されるようになったのは2000年代以降のことである。以来，痛ましい事件報道に耳目が集まり，その概念が広く浸透し，面前 DV が心理的虐待と規定されるなど社会的なセンサーが緻密になったこともあって，子ども虐待相談件数は一貫して増加し続けている。2019（令和元）年度中に全国215カ所の児童相談所が児童虐待相談として対応した件数は19万3780件に達し，少子化が進む中にあって過去最多を更新した。

　子ども虐待の発生要因については，「貧困を基底として，子どもの障害や不登校，養育者の精神疾患や障害，家族関係の変動や DV，社会的孤立など，諸要因が複合して形成された家族の生活困難」があり，それだけに予防に際しては「家族の生活基盤の強化，障害や精神疾患などへの対応，諸要因の複合と連鎖を断ち切るためのソーシャルワーク，機関連携の実質化が重要」（松本，2010）とされる。すなわち，子ども虐待には親・子ども・生活環境などのそれぞれにリスク要因があり，これらが複合することでハイリスク化するととらえられている。

② 親のメンタルヘルス問題と子ども虐待との関連性

　本章では特に，子ども虐待の発生要因の重要な1つとされる親のメンタルヘルス問題に着目する。子ども虐待との関連性が古くから指摘されながらも十分な対策が進んでおらず，その実態に即した支援方策の検討が子ども虐待問題の重要なポイントになると考えられるためである。

　子ども虐待への社会的認識の浸透に伴い，日本でも次第に親のメンタルヘルス問題との関連性が指摘されるようになり，第16次を数える「子ども虐待による死亡事例等の検証結果等について」（社会保障審議会児童部会児童虐待等要保護事例の検証に関する専門委員会）において，その関連性が繰り返し指摘されている。筆者らによる児童福祉施設を対象とした調査結果でも，入所する子どもの45.6％の親に何らかのメンタルヘルス問題がみられると認識されており，入所児童の68.4％にみられる被虐待も，親にメンタルヘルス問題がある子どもの方がより高率に経験していた（松宮・井上，2014）。親のメンタルヘルス問題の内訳をみると，児童福祉施設への別の全国調査結果では感情障害が24.5％と最多で，統合失調症は12.5％ほどと，概ね先行研究の知見と重なっていた。ただし，詳細不明も24.1％を占めるなど，その実態には不明瞭な点も多い（松宮・井上，2010）。また，要保護児童に関する情報共有と連携促進の場として全国の市区町村に設置された要保護児童対策地域協議会（以下，要対協）を対象とした全国調査でも，検討対象世帯の平均30.9％に親のメンタルヘルス問題がみられるととらえられていた（松宮，2018）。

　このように，要保護児童の親の一定割合に何らかのメンタルヘルス問題がみられることは確かである。とはいえ，精神的不調があっても受診や診断を経ていない場合もあり，虐待をしたすべての親のメンタルヘルス問題に関する精神医学的なアセスメント（確定診断）を行うことは物理的にも倫理的にも困難であるため，その詳細な実態把握には限界がある。

③ 虐待はメンタルヘルス問題が引き起こすのか

　それでは，親のメンタルヘルス問題やその症状が子ども虐待を引き起こして

いるのであろうか。メンタルヘルス問題それ自体が子ども虐待の原因となるのか，メンタルヘルス問題が多様な生活問題や子育て問題を誘発し，複合化する結果として虐待発生世帯の親にメンタルヘルス問題が多くみられるのか，逆に，生活や子育ての行き詰まりが親にメンタルヘルス問題を生じさせているのか。その因果関係を明確に示した実証的データには寡聞にして接したことはない。とはいえ，子ども虐待対応の現場が出合う当該世帯においては，それぞれに当てはまる事例が含まれているものと考えられる。

　先述の通り，子ども虐待の背景には多因子の複合がある。そもそも貧困，社会的孤立，メンタルヘルス問題，生活の困難といった各因子は，相互に誘因となって複合を招きやすい。例えば，メンタルヘルス問題のある人は一般に長時間の集中的な作業や対人関係の困難さから安定就労が困難になりがちで，さらに偏見や社会的差別のために社会参加機会に不利が生じやすく，結果的に所得の不安定化や孤立に陥りやすい。メンタルヘルス問題があり，子ども養育に問題があった数名の親を対象としたインタビュー調査を行ったところ，親自身が虐待発生の契機と認識していた筆頭は「お金の問題」であった。その背景には家族関係のストレスを紛らわすためのギャンブル依存などがあり，それが借金につながって誰にも相談できない状況へと陥るといった循環がみられた（松宮，2016a）。

　他者との接点の多さは，こうした生活問題，子育て問題，メンタルヘルス問題が家庭外に発覚する機会を増やしてしまう。そのため，問題を内心で自覚していればいるほど，そして自責感が強ければ強いほど，親は地域さらには家庭内でさえ孤立するようになる。検診を受けたり保育所や小学校などに通ったりすることも，子どもの発育，整容，行動特性，虐待痕など子育てがうまくいっていないことのサインが家庭外に感知される機会となる。だからこそ，親は地域との関係を遮断し，子どもが家庭外の世界と交流することに消極的な姿勢をみせたり，ときには積極的に拒絶したりする。このように，親の孤立は子どもをも巻き込んでしまうことになりやすい。そのため，子どもを通じて世帯から図らずも発信された SOS を受信した保健師，保育士，教師，児童福祉司など

からの指摘や言葉かけは，その支援意図とは関係なく，親には脅威として認識されがちである。親は「躾のつもりだった」などと必死に取り繕い，事態が深刻であればあるほど否認と拒絶を強めざるを得なくなる。その結果，相談はおろか外部からの支援や情報を得る機会までもが乏しくなり，問題は人知れず世帯内で深刻化していく。なお，親とコンタクトが取れなかったり，支援への拒絶や問題を否認されたりすることは，要対協の職員に強い困難感を抱かせる要因にもなっていた（松宮・田中，2017）。孤立は，このように当事者と支援者の双方に大きな困難をもたらすのである。

　また，生活や子育ての困難状況が親のメンタルヘルスに否定的な影響を及ぼす可能性もある。例えば虐待事例の親に高率でみられるとされる「うつ」には，内因性のうつ病だけではなく，マタニティ・ブルーズや多様なストレスへの反応として生じる抑うつ状態も含まれている可能性がある。ストレスが精神疾患の再発につながりやすいことは広く認識されており（ストレス＝脆弱性モデル），安定して生活できていた親でも，家庭復帰した子どもとの同居を再開することで不調に陥る例もある。そのため，十分なアセスメントやサポートを欠いたままの家庭復帰が招いた虐待死亡事例において，その主要因を親のメンタルヘルス問題にのみ求めることは妥当ではない。

　このように，親のメンタルヘルス問題と子ども虐待とは，直線的な因果関係で結ばれるわけではない。この点を誤ると，精神科医療への過剰な期待と対応の「丸投げ」につながりかねず，生活支援を含む包括的な支援やそのためのネットワーク構築を結果的に阻害してしまう危険性がある。

　なお本章では，実態が不明確なままに「精神障害のある親は子どもを虐待する」という誤った偏見の生起を防止する意味から，あえて広く「メンタルヘルス問題」と表記する。また，子ども虐待を個人の病理の問題としてだけではなく，メンタルヘルス問題を含めた多様な生活問題の中で生じるソーシャルワーク課題としてとらえようとする立場から，「症例」という表記は意識して用いない。

2 こう考えればいい
日本の子ども虐待対策

　子ども虐待が重大な社会問題と認識され，その対策が次々と打ち出されるようになって久しいが，痛ましい事件報道や虐待相談件数等をみる限り，その顕著な成果は実感しづらい。また，その多くは早急な状況確認など子どもの保護を主眼としたものであり，それさえ不備が指摘される中にあって，長期的，予防的な支援体制の整備には光が当たりにくい。しかし，子ども虐待は祖父母から親世代へと続く生活環境や家族関係の長い歴史を反映して発生している場合も多く，その背景に社会，文化，経済などの環境要因も多分に影響している。そのため，危機局面への緊急対応のみならず，準備されつつあるリスク要因の生成や複合の予防に向けた対策にも，並行して取り組む必要性は高い。

　ここでは，特にメンタルヘルス問題のある親への対応を含めた子ども虐待対策の課題を整理し，求められる具体的対策ひいては政策的課題について提言したい。

①　基盤となるのは，安心して暮らせる社会づくりである

　直接的な対策の前にまず認識しておかなくてはならないことは，ダムや堤防の決壊が最も弱く小さな部分から次第に拡大していくように，家庭や社会システムの歪も，その中の最も弱い存在の問題から顕在化しやすいということである。子ども，若者，子育て中の世帯などは，高齢者や障害者と並んで社会環境の波に暮らしが揺さぶられやすい。今日の労働者の安定雇用環境および実質賃金水準の低下，生活保護や年金の給付水準引き下げ，逆進的消費税増税の一方での社会保障充当の不十分さ，保育・教育・介護環境等の不十分さ，有利子奨学金がもたらす若者の長期にわたる返済負担とその破綻リスクなどは，社会の安定に暗い影を落としている。同時に，その中でこの問題に取り組む教育，福祉，医療など対人支援専門職たちの疲弊も深まっている。これら，親子の生活

を圧迫し直接間接に子どもの養育環境を悪化させる環境要因は，そのまま子ども虐待発生のリスクを高めるものにほかならない。こうした状況を放置したまま，子ども虐待を子育て世帯だけの問題として矮小化したのでは，その対策は「モグラ叩き」ゲームに終始するだろう。

　全国の市区町村要対協への悉皆調査の結果，検討対象世帯に占めるひとり親世帯の割合（複数回答）は38.4％を占め，児童扶養手当受給世帯32.3％および生活保護受給世帯15.1％と，経済的基盤が厳しい世帯が多く含まれていた（松宮・田中，2017）。近年の国民の生活基盤の圧迫は，子ども虐待の発生リスクを高めている危険性がある。子ども虐待対策の基盤には，ひとが安心して働き，暮らし，子育てできる環境の整備という政策課題が存在しているということを，前提として忘れてはならない。

②　メンタルヘルスとソーシャルワークの支援機能拡充と連携促進

　先述の通り，子ども虐待問題の背景には，親のメンタルヘルス問題のほか貧困や孤立などの生活問題がみられることが多い。すなわち，子ども虐待は児童福祉課題であると同時に，メンタルヘルスとソーシャルワークの課題を背景にした精神保健福祉課題でもある。

　しかし，児童福祉と精神保健福祉領域の連携は不全状態になりがちである。その背景には，医療保険を原資とする精神科医療機関にとって，患者ではない子どもや医療行為に含まれない世帯の生活支援や関係機関との連携は持ち出しにならざるを得ないこと，児童福祉領域にはメンタルヘルスの，メンタルヘルス領域には子ども虐待に関する専門職配置や研修が欠けており，認識共有からして困難であることなど，構造的な課題がある。先述の要対協においても，メンタルヘルス問題のある人へのソーシャルワーク支援を担う国家資格者である精神保健福祉士が参画する要対協は，調整機関（市区町村に置かれる事務局）で8.2％，実務者会議で17.3％ほどであった。医師の参画についても，要対協実務者会議で13.4％程度，うち精神科医は参画する医師の12.1％に過ぎず，臨床心理士も7.9％と，少なくとも親のメンタルヘルス問題に関する連携の場とし

ては機能しきれていない。医療機関に所属する精神保健福祉士を対象に行った全国調査においても，子ども虐待事例への支援経験が多くあるとする回答者は10.0％に過ぎず，子ども虐待に関する研修機会は少なく，要対協への参画以前にその認知度自体も低いことが明らかになっている（松宮，2018）。こうした状況の中で，児童福祉機関は最前線で子ども虐待に対応している。児童福祉領域の支援者への調査において，親にメンタルヘルス問題がみられる世帯への支援を「困難」「ストレス」ととらえる回答が多い（松宮・井上，2010）ことは，むしろ当然の結果といえよう。

　この状況を改善するためには，以下のような対策が必要と考えられる。

　①専門職の適正配置および運営基盤の整備

　実態に即せば，子ども虐待に対応する児童相談所，児童福祉施設，市区町村の要対協調整機関には，メンタルヘルスおよびソーシャルワーク専門職の配置，少なくともその専門機関との連携体制を確立する必要性がある。親子分離や家庭復帰の判断，地域における支援などが，その関与や十分なアセスメントを経ずに行われ得るということ自体，深刻な状況である。特に児童相談所においては精神科（児童精神科）医，臨床心理士，精神保健福祉士などを配置して親子のアセスメントや支援体制を構築する必要がある。また児童福祉施設に配置される家庭支援専門相談員についても，精神保健福祉士もしくは社会福祉士であることを基本要件として，名実ともに「ファミリー・ソーシャルワーカー」とする必要がある。要対協においては，自治体の実情に応じた弾力運用はするとしても，実務者会議における生活保護，障害者福祉に関する部署をはじめ，地域の精神科医や精神保健福祉士などの参画を規定すべきである。

　②研修およびチームマネジメント体制の充実

　2017（平成29）年度から児童福祉司や要保護児童対策調整機関調整担当者を対象とした研修が規定され，認識共有や専門性の向上に大きな前進がみられた。しかし，そのカリキュラムに親のメンタルヘルス問題に焦点化した内容が十分盛り込まれたとはいえず，特に早急な充実が望まれる。また，要対協調整機関の機能を左右し得る担当課長など実質的にチームマネジメントを担う役職者の

受講も規定されていない。連携の活性化にはリーダーシップや組織間調整の機能が欠かせないため，担当課スタッフへのケアやスーパービジョン，機能的なチーム運営に向けた視点や方法論の確立と研修体制構築は，極めて重要な課題である。

③要保護児童対策地域協議会の機能実質化

要対協の存在が，状況によっては子ども虐待対応に対する地域の機関，組織，専門職などの独自の関与を結果的に抑制してしまう可能性がある。要対協という専門の協議体があるのだから，そこに任せて横から余計なことはしないでおこうという意識が働く可能性があるためである。それでいて，要対協への情報提供に踏み切るハードルは高いと認識されている。現場での問題感知から専門機関への情報伝達にタイムラグを生じさせかねない。例えば，保育所におけるメンタルヘルス問題のある（疑い含む）親との関わりに関する調査では，保育士の21.6％がその経験をもっていた。しかし，56.5％はそれを感知しても「自分の立場からのアプローチは難しい」ととらえており（松宮ほか，2016），これでは具体的な対応にはつながりにくい。要対協への相談のハードルを下げ，現場と要対協が距離を縮めて共同で対応する体制づくりを進める必要がある。また，市民の啓発や地域のネットワーク構築という機能を積極的に発揮していくことも求められる。

このように，要対協のあり方は各自治体における子ども虐待対応機能を実質的に規定することにつながりやすく，その運用には重要な責任が伴う。とはいえ，専従担当者を置く余裕がなく上述の法定研修にもなかなか職員を派遣できないという小規模自治体や，流入人口の多さゆえに要保護児童の把握が追いつかない大規模自治体など，市区町村の実態は多様であるため，自治体の状況に応じた運営の工夫が必要である。人口減少と少子化が進展する中，将来的には複数自治体による広域運用を積極的に進め，児童家庭支援センターやNPO法人との要対協運営も含めた連携の模索が必要になる可能性もあろう。

④精神科医療機関の参画とその適切な機能発揮

親のメンタルヘルス問題を適切にアセスメントすることは，当該世帯への支

援の妥当性を高めるために必要であるばかりでなく，精神医学に関する非専門職が必要以上に関わりを困難視し萎縮することを防止する意義もある。それだけに，精神医学的治療だけではなく，生活支援や子どもへの支援なども含めた包括的支援体制の一員として対等に議論できる精神保健医療福祉の専門職の参画が重要な課題となる。まずは精神科医療機関からの支援参画の機会を設定した上で，事例の実態に即した支援の視点や方策を共同で模索していく過程が重要となる。

　精神科医，保健師，作業療法士，精神保健福祉士などの多職種チームにより精神障害者の地域生活を支える包括型地域生活支援プログラム（Assertive Community Treatment：ACT）への調査からは，子育て中のメンタルヘルス問題のある親とその子どもへの支援において，家庭訪問によるアウトリーチ型の包括的な支援は，子育て世帯への支援に有効に機能し得ることが示唆されている。365日24時間対応で医療的機能のみならず生活支援やリハビリテーション機能をセットにして提供するため，子どもやその他の家族への支援も含めた包括的アプローチが行えることがその大きな特徴である。他にも，多様な機能をもつ多職種によるチーム対応であるため支援者個人が抱え込みをしなくてすむこと，メンタルヘルス問題への対応機能があるためにスタッフが過大な困難感をもたずに対応できること，問題の解決だけでなく問題とともに積極的な生活再建を目指すリカバリー志向を共通の理論的背景としてもつことなど，当該世帯への支援において ACT のもつ機能が活かせる可能性は極めて高く，実際に子ども虐待防止に有効な成果があげられている（松宮，2016b）。他にも精神科訪問看護や精神科クリニックでの親支援，子ども支援のプログラムなどもみられ始めており，精神科医療における先駆的な取組みには，今後の拡大や応用が期待される。こうした支援実践モデルの普及とともに，メンタルヘルス問題へのケアと生活支援や子育て支援を包括的に提供するネットワーク，そのチームマネジメントなどに関するモデル構築を進めていく必要がある。

3 ここがポイント
虐待した親をどのようにとらえるか：この研究の意義

　メンタルヘルス問題のある親による子ども虐待問題についての研究や支援実践を検討することには，多くの意義がある。ここでは，支援者が「虐待した親をどのようにとらえるか」という着眼点を軸に2点提示したい。

　1つは，問題の社会的背景を浮き彫りにして社会に問いかける契機になるということである。日本では，入院治療中心で地域におけるメンタルヘルス問題のある人への包括的な支援システムが未確立であったこと，ひきこもり，高齢者や障害者介護，子育て負担など家庭に多くのケア機能を依存しながら自己責任を迫る社会的な眼差しと，それを反映した支援体制の不十分さがみられることなど，この問題には世帯や虐待した親の個人的要因だけでは終わらない社会的な背景がある。

　にもかかわらず，この問題に対する社会的な焦りや不安は，むしろ虐待をした親や子ども虐待対応機関へのバッシングとして表出されがちである。特殊な世帯の特別な親が起こした問題であり，それは専門機関で対処できたはず，という問題と責任の限局化を図り安心したい心理もそこにあると思う。その圧力は子ども虐待対応システムの強化につながったが，不十分な支援体制にさらなる業務負担増加を迫った側面もある。他方，子育てに困難を抱える世帯にとっては，行政の対応やマスコミ報道を通し「あのように扱われかねないわが家」を強く意識させる。そのことが虐待の抑止につながる場合もあろうが，当事者へのインタビュー調査からは自責感の増大や世帯の密閉化を促してしまう危険性もあることが示唆されている（松宮，2016c）。

　こうした点をしっかりと浮き彫りにし，前節で示したような生活基盤づくりの重要性を明示するという課題も，このテーマにおける重要な視点である。それは，当事者や支援者に対するアドボカシー（代弁）としての機能も果たし得ると考えている。

　もう1つは，世帯で発生する多様な問題には多様な機関の関与が必要となるため，領域や法制度を超えたケースマネジメント，そしてチームマネジメントの必要性を提起する機会になるということである。要対協の前身となった児童虐待防止ネットワークのマネジメント実践理論を提示した山野は，支援ネットワークが関係者との間での対立・葛藤状態という「閉殻の連鎖」に陥るか，メンバーの自発的な働きかけや相互作用が活性化する「内発の連鎖」が起きるかの分岐点が，ネットワークに関わるメンバーへの働きかけにあるとした。そこには，マネージャーの担当エリアにおけるポジション，メンバーとの関係性，虐待者への価値観が，相互関係をもちつつ影響していたという（山野，2009）。また，精神障害に対する先入観から虐待事象との混同や直結が生じがちであるために，逆転移に起因する支援者の内面葛藤などへの自覚が必要（吉田・長尾，2008）とする指摘もある。すなわち，虐待した親をどのようにとらえるかは，支援者やそのチームマネジメントのあり方，ひいては支援の方向性を左右すること，そこには支援者側の葛藤やコンプレックスを背景にした価値判断（自分の未消化な親子葛藤体験に基づいて，支援対象の親に対して無意識に憎しみを感じてしまう，など）も影響し得ること，への認識が必要である。研修やスーパービジョンの機会の乏しさは，支援者がこうした側面に無自覚なまま問題認識を形成してしまう危険性を高めてしまう。また，次節に示す「応援ミーティング」では，支援者が自らの葛藤を自覚し語りながら，スタッフ間の相互支援関係の中で肯定的・積極的な支援観を形成しており，そうした取組み方の意義を臨床的に実証したものといえる。

　虐待した親をどのようにとらえるかによって，支援専門職の関わり方ひいては社会的な反応は大きく変化する可能性がある。その差異が児童福祉と精神保健医療福祉の専門職間における子ども虐待問題認識の差異の一因になっている可能性もあるだろう。この問題に関わる実践者や研究者は，自らの足元を見つめ振り返りつつ，社会にもそのことのもつ意味と危険性を発信していく必要がある。メンタルヘルス問題のある親による子ども虐待，あるいはその支援に関する研究は，このように派生的に多くの問いを投げかけ，支援者のありようを

も照らし出すのである。

4 これから深めていくべきテーマ
子ども，親，そして支援者の「語り」と「応援」の場づくり

　子ども虐待問題の研究を通して，子ども，親，そして支援者には，自らの「苦労」を十分に表現できておらず，無力感や自責感を抱え，周囲との安心できるつながりを十分にもてていない，という共通する課題が明らかになった。子ども虐待問題に関してさらに深めていくべきテーマとして，ここでは自らの経験と気持ちについて「語り」，それを共有できる場，そして相互に「応援」できる関係性のもつ可能性への探求を提示したい。

　北海道浦河町の取組みに端を発する「応援ミーティング」は，虐待した親自身が参加して，自らの子育てや生活の課題について支援者たちとともに検討する場である。そこでは，問題を特別視するのではなく人生において誰もが直面し得る当たり前の「苦労」ととらえ，それについて「語り」，「相談」し，対応を「練習」しながら，治療や指導ではなく当事者を主体にした地域からの多様な「応援」を活かして，新たな子育て生活の方策を親自身と支援者がともに探っていく。地域の医師，ソーシャルワーカー，保健師，保育士，行政関係者らによる自主的な地域活動として約20年前に始まり，現在では浦河町の要保護児童対策地域協議会として位置づけられている。また，医療機関，児童福祉施設，学校などにおける親子の支援プログラムとして拡がりをみせ，関係者それぞれにとって文字通り「応援」の場となっている。その詳細は参考文献（伊藤・川村，2018；松宮，2011）に譲るが，このアプローチに象徴されるように，今後の研究課題の焦点の１つは，親，子ども，そして支援者へのエンパワメントにあると考えている。

　子育て問題が生じる構造への無理解，その支援体制の不備や連携不全，虐待をはじめ子育てに関する苦労を抱えた親への非難と排除，子ども虐待問題への対応の不十分さを執拗に責め立てるマスメディアや世論など，子ども虐待をめ

ぐる環境は厳しさを増している。法整備や支援体制の緻密化が進み，子ども虐待への社会的認知が浸透する一方で，子育てに課題を抱える親たち，そしてその支援を担う専門職たちは，周囲の厳しい眼差しに晒されるようになった。警察との連携強化に象徴されるように，問題への迅速な介入がこの問題への対応の主眼とされるようにもなりつつある。このことは，悲惨な虐待や死亡事件の防止や迅速な介入に有効に機能するであろう。しかし，先述のように，いわば外圧による抑止だけでは，問題は発覚を恐れて潜在化しやすくなり，支援者は重圧の中で多くの案件対応に追われる負担感やストレスから，連携し支え合うべき関係者との間で葛藤を抱えることになりがちである。そこで，予防，関係修復，エンパワメントに向けた方策の開発も同時に進める必要があると考える。そのために，特に以下の項目を重点課題としてあげておきたい。

　①子どもが自らを守り，評価し，語ることを支えるプログラムの活用

　いじめ・虐待・体罰・誘拐・痴漢・性暴力など様々な暴力から自分の心とからだを守る暴力防止のための予防教育プログラム（Child Assault Prevention：CAP）などの普及と効果的活用は，重要な研究課題である。

　②メンタルヘルス問題のある親などにより養育された子どもへの支援

　実際に子育て環境に課題のある世帯に暮らす子どもや，そうした経験を経て大人になったかつての子どもの抱える困難に対応するために，子ども虐待対応機関や精神科医療機関等で提供できるガイダンス・プログラムの開発，安心して話し合える場の設定，とりわけ「こどもぴあ」（詳細は横山らによる参考文献を参照）など当事者組織（セルフヘルプ・グループ）の結成と活動を地域で「応援」する必要がある。

　③支援スタッフが率直に語り応援し合えるチームマネジメント開発

　先述の「応援ミーティング」は，支援スタッフにとっても重要な「語り」と「応援」の場になっている。今日の支援機関に最も欠けているのは，こうした機能だと考えられる。スタッフの積極性や主体性の発揮を支えるのは機能的で相互支援的なチームワークであり，その活性化に向けたチームマネジメントの方策を開発する必要性は高い。浦河町における取組みをさらに詳細に検討する

ことにより，当事者とスタッフが相互作用の中で互いにエンパワメントできる
メカニズムを明らかにしつつ，他の組織や地域での応用に向けた方策が明らか
にできるものと考えられる。

手にとって読んでほしい 5 冊の本

小野善朗編著，2006，『子どもの福祉とメンタルヘルス──児童福祉領域における
子どもの精神保健への取り組み』明石書店。
　　児童福祉現場における児童精神科医たちの取組みから，精神保健福祉ニーズの
　　大きさと具体的支援について解説している。

金井剛，2009，『子どもと親の精神科』明石書店。
　　児童相談所での児童精神科医の臨床から，子ども虐待，子どもと親のメンタル
　　ヘルス問題とその支援について解説している。

川崎二三彦，2019，『虐待死　なぜ起きるのか，どう防ぐか』岩波新書。
　　多様な子ども虐待死亡事例の詳細な検証を通して，その構造を明らかにした上
　　で，取るべき対応について提示している。

松宮透髙監修・編集，黒田公美監修，2018，『メンタルヘルス問題のある親の子育
てと暮らしへの支援──先駆的支援活動例にみるそのまなざしと機能』福村出版。
　　メンタルヘルス問題のある親による子育て世帯の支援課題を，多様な実態調査
　　データと先駆的支援実践例から解説している。

横山恵子・蔭山正子・こどもぴあ，2019，『静かなる変革者たち』ペンコム。
　　メンタルヘルス問題のある親に養育され，対人支援職となった「子ども」たち
　　の体験から，子どもの困難と支援課題を提示している。

引用・参考文献

伊藤恵里子・川村敏明，2018，「浦河町における当事者を中心とした応援ミーティングの
　　取り組み」松宮透髙監修・編集，黒田公美監修『メンタルヘルス問題のある親の子育て
　　と暮らしへの支援──先駆的支援活動例にみるそのまなざしと機能』福村出版。
厚生労働省社会保障審議会児童部会児童虐待等要保護事例の検証に関する専門委員会「子
　　ども虐待による死亡事例等の検証結果等について　第15次報告」。
唐軼斐・矢嶋裕樹・中嶋和夫，2007，「母親の育児関連 Daily Hassles と児に対するマル
　　トリートメントの関連」『厚生の指標』54(4)，13-20頁。
松宮透髙，2011，「児童虐待事例に対する問題解決プロセス──北海道浦河町におけるメ
　　ンタルヘルス問題のある親への支援実践から」『社会福祉学』52(3)，40-52頁。
松宮透髙，2016a，「子ども虐待防止に活かすべき精神保健福祉士の機能とその課題──メ

ンタルヘルス問題のある親への生活・子育て支援を考える」『精神保健福祉』47(2)，96-99頁。

松宮透髙，2016b，「メンタルヘルス問題のある親による子ども養育世帯支援における包括型地域生活支援（ACT）プログラムの活用の可能性とその課題」『子どもの虐待とネグレクト』18(3)，353-361頁。

松宮透髙，2016c，「精神疾患のある親による子育て世帯支援における社会福祉の役割」『社会福祉研究』125，84-90頁。

松宮透髙，2018，「序章」松宮透髙監修・編集，黒田公美監修『メンタルヘルス問題のある親の子育てと倉石への支援――先駆的支援活動例にみるそのまなざしと機能』福村出版。

松宮透髙・井上信次，2010，「児童虐待と親のメンタルヘルス問題――児童福祉施設への量的調査にみるその実態と支援課題」『厚生の指標』57(10)，6-12頁。

松宮透髙・井上信次，2014，「児童福祉施設入所児童への家庭復帰支援と親のメンタルヘルス問題」厚生の指標　61(15)，22-27頁。

松宮透髙・田中聡子，2017，「全国悉皆調査にみる要保護児童対策地域協議会の運用課題1・2――支援困難感をもたらす要因に着目して」日本社会福祉学会（口頭発表），2017年10月22日（首都大学東京）。

松宮透髙・田中聡子・西村いづみ・八重樫牧子，2016，「メンタルヘルス問題のある親に対する保育士の対応機能と研修ニーズ」（口頭発表）日本子ども虐待防止学会，2016年11月26日（大阪国際会議場）。

松本伊智朗，2010，「平成21年度総括研究報告　子ども虐待問題と被虐待児童の自立過程における複合的困難の構造と社会的支援」『子ども虐待問題と被虐待児童の自立過程における複合的困難の構造と社会的支援のあり方に関する実証的研究』（研究代表者　松本伊智朗），22-56頁。

山野則子，2009，『子ども虐待を防ぐ市町村ネットワークとソーシャルワーク　グラウンデッド・セオリー・アプローチによるマネージメント実践理論の構築』明石書店，97-99頁。

吉田敬子・長尾圭造，2008，「養育者に精神疾患がみられる場合の虐待事例への支援――支援スタッフに潜む問題と周産期からの予防」『子どもの虐待とネグレクト』10(1)，83-91頁。

　　　　　　　　　　　　　　　　　　　　　　　　　　　　　　　（松宮透髙）

第 **7** 章

DV・子ども虐待加害者の脱暴力化支援

親密な関係性における暴力への介入

グラフィック・イントロダクション

資料 7-1　DVと虐待の関連

母非難
「お前の子育ては
なっていない」

妻はダメな
奴だと公言

避妊に
協力しない

子どもについて
決めさせない

母であり，妻である
女性への暴力

家事と育児を
強いる

社会的孤立を
強いる

子どもへの
虐待を強要する

生活費を
渡さない

父と同じように
虐待するように指示

（出所）　筆者作成。

　東京の目黒で5歳女児が虐待で死亡し，両親が逮捕された（2018年3月）。母親は保護責任者遺棄致死罪で懲役8年の判決，養父は懲役13年だった（東京地裁判決）。ドメスティックバイオレンス（DV）と虐待の相関も問われた。妻が夫である被告から頻繁に説教される等の心理的 DV を受けていたと認定された。母は命令されたように虐待をしないと暴力を振るわれたという。図示したのはこの事件を想定した DV と子ども虐待の関係図である。本章で扱う暴力の舞台は家族である。ストーキングや介護をめぐる高齢者虐待等も含めて「親密な関係性における暴力」という。親密な関係性の典型は家族関係である。この関係性は暴力を生起させる危うさがある。目黒事件の場合は，継子としての子どもへの虐待，妻であり母である女性への暴力，ジェンダーの暴力を含んだ家族関係の中で起こった。こうした DV と虐待のある家族の，特に加害者への対策として何をなすべきなのかについて考えていきたい。

1　何が問題か
ある家族の虐待事例から考える

　筆者は DV や虐待の加害者向けのグループワークを試みている。「男親塾」
という（2009年から）。児童相談所の勧めで虐待した男親たちがやってくる。月
2回，1回2時間，大阪で開催している。家族問題についての認知の仕方，妻
との関係性の取り方，子どもの発達の理解等を丁寧にすすめる男性・父親向け
のグループワークである（指宿，2017）。

　この塾に通うある虐待父親の事例である。6人の子どもがいる43歳の男性。
妻は前夫との間に3人の子どもを連れての再婚だ。小学2年生の女の子がいる。
夜尿があるのでなんとか止めさせようとして太もものあたりを叩いていた。大
きなあざができるほどになり，繰り返していたこともあり，傷になっていた。
本人もお父さんは怖いと学校で訴えた。そのまま子どもが保護された。傷害罪
で起訴され，国選弁護人がついた。児童相談所による介入は初めてのことでも
あった。ケースワーカーは男親塾に通うことを勧め，子どもを一時保護だけで
帰宅させた。父親は熱心に通い，しつけのやり方の間違いに気づいていく。し
かし女の子には障害もあり，なかなか夜尿がおさまらないことにいらだつ様子
をグループワークで話していた。

　児童福祉のケースワークとは別に傷害罪で在宅起訴された刑事法廷での審理
がすすんでいた。弁護士が脱暴力化支援の男親塾のことには関心を示さなかっ
たので，男親塾に参加している父親の状況を説明した文書を裁判所に提出する
ことを弁護士に提案した。これが奏功し，公判では男親塾のことについて言及
されていたという。「あなたは今後，娘さんにどういう姿勢で子育てするつも
りですか」という裁判長の問いかけに，「児童相談所のいうことを守り，虐待
をせずに妻と話し合って対応していきます。」と応答したところ，「それは違う
でしょ。あなたのお子さんなのだから，うわべだけの言い方で児童相談所の指
示に従うということではないはずです。男親塾で勉強してあなたの子育ての方

法を身につけてください。殴って子どもは育ちません。」と指摘されたとグループワークで話してくれた。傍聴していた記者が男親塾に関心を寄せてくれたくらいである。懲役1年4カ月，執行猶予4年と判示された。その後も父親は男親塾に熱心に通っている。

　親密な関係性における暴力の加害者，特に父親・男性への対策をどうすればよいのか。目黒の虐待とも重ねてこの事例の中に，罰だけではなく社会問題としての暴力への対策をいかに展開すればよいのかという課題がみえてくる。DV，虐待だけではなく，いじめ，ハラスメント，ストーキング等の領域にも通じる加害者の脱暴力への政策の確立，これが焦点である。

2　こう考えればいい
DV・虐待の加害者対策

①　法が家庭に入り込みはじめた

①親密な関係性における暴力への介入

　痴話喧嘩，夫婦喧嘩，いきすぎた体罰，熱意あるしつけ，介護疲れではすまされなくなってきた家庭内暴力問題。この20年の間に，これらの問題に対応するための法律が矢継ぎ早に制定された。

　DV については「配偶者からの暴力の防止及び被害者の保護等に関する法律（DV 防止法）」(2001年) がある。これは「身体に対する暴力，これに準ずる心身に有害な影響を及ぼす言動」を対象にし，離婚後の元配偶者同士，現在の同居人も対象とされる。

　「児童虐待の防止等に関する法律（児童虐待防止法）」(2000年) は，児童に暴力を加えること，児童にわいせつな行為をすること，児童をしてわいせつな行為をさせること，子育ての放棄，拒否，長時間の放置（ネグレクト，つまり養育拒否）を対象にしている。さらに，親が子の面前で DV を行った場合，結果として子に心理的外傷を与えるおそれがあるので，虐待として扱われる。虐待行為を排除する一時保護，出頭要求ならびに再出頭要求，児童の安全確認・確

保の観点から家屋の解錠等を可能とする立入制度，臨検・捜索が存在し，親権の制限も含めた強い介入が可能となっている。

　また，「ストーカー行為等の規制等に関する法律」（2000年）は，同一の者に対し，つきまとい等（身体の安全，住居等の平穏もしくは名誉が害され，または行動の自由が著しく害される不安を覚えさせるような方法により行われる場合に限る）を反復してすることが取り締まりの対象となっている。まちぶせ，監視，不快または嫌悪の情を催すような，例えば，何度も電話をかける，汚物を家の近くに置く等の具体的な行為があげられている。元夫婦関係に適用されることも多く，ストーカーの DV 型（パートナーストーキング）と呼ばれている。

　「高齢者虐待の防止，高齢者の養護者に対する支援等に関する法律」（2005年）は，家族等の養護者と老人福祉施設の介護従事者に高齢者の虐待を禁止したものである。高齢者の身体に外傷が生じるような暴行，適切な介護をせずに放置すること，暴言を吐くこと，拒絶的な対応をすること，心理的外傷を与える言動，高齢者の財産を不当に処分すること等を禁止する。

　②家庭内暴力への対応の特質

　これら諸法には共通点がある。放置しておけば，被害者にさらなる暴力が加えられるおそれがあるので，虐待と暴力の事実を認めたのち，当事者同士を分離するための命令を発出する。DV の場合は保護命令（加害者に住居から立ち退くことを命じる退去命令と被害者への接近を禁止する命令があり，地方裁判所から発せられる），子ども虐待は一時保護，親子分離，そして親権の制限等の措置となる（行政組織としての児童相談所が担当する。家庭裁判所と連携している）。高齢者虐待の場合は，要介護状態にある被虐待の高齢者を福祉施設等に保護する措置である（福祉事務所が担当する）。ストーカー行為には，つきまとい等の行為を禁止し，被害者への接近を禁止する命令が出される（公安委員会が対応する）。

② 家庭内暴力に固有な加害者対応を可能にする司法制度の構築

①脱暴力への加害者対応を可能にする司法制度

これまで「法は家庭に入らず」，つまり私生活不可侵や民事不介入だったが，おそるおそる家庭に入りつつある状況である。しかしまだ分離以外の加害者対策はできていない。筆者は暴力を振るう人への加害者臨床を成り立たせる制度構築が必要だと考える。その中心にあるのは DV 加害者プログラムであるが，それは男性問題を意識したジェンダー教育的なものと，個別の事例に対応しやすい心理臨床的アプローチの混合がよいと考えている（中村，2001）。

本章で紹介した父親は一例でしかないが，虐待と DV の加害者対策を考える論点に満ちているので，事例に即して論点を抽出していこう。

第一に，欧米諸国では問題解決型裁判として，DV 特別裁判所（DV コート）ができている。同じように薬物問題にはドラッグコート，精神衛生の問題をかかえる人の触法行為にはメンタルヘルスコート，先住民の犯罪には先住民コートがそれぞれ整備されてきた。虐待問題には家庭裁判所が対応する。独自な改善課題を有した加害行為や触法行為に対応するための専用の司法である。

第二に，そうした特別法廷をへて，対人暴力問題では，脱暴力プログラムが組織されており，保護命令，被害者の一時保護，接近禁止命令とともに加害者はそこに参加することを命令される。受講命令制度ともいう。薬物犯罪の場合はアディクション（依存症）の治療と回復のための場，DV の場合はバタラーズ（暴力加害者）プログラムへの参加を指示される。習慣となっている問題行動は，処罰を与えるだけでは是正されないという研究に基づいている。アメリカでは虐待による子どもの保護が15カ月続くと親権停止へと至り，定められた期限までに親への指導が開始され，司法の判断のもと，子どもを家族に再統合する選択肢がある。親は，裁判所が指示したプログラムを受け，家族のやり直しに向かう。

第三に，これらを支える司法の概念が成立している。治療的司法・正義や修復的司法として体系化されている。その上で，刑事事件の流れとは別にダイバージョン政策（刑罰代替的措置）が組まれている。罰だけでは解決しない多

様な嗜癖と嗜虐に関わる問題行動を対象にしている。例えば，家庭内暴力，アルコールや薬物依存等のアディクション問題がらみの逸脱行動が対象となる。ダイバージョン政策は選択肢としてプログラムの受講機会を与えるものである。

　この受講命令制度は DV 加害者プログラムの開発をリードしてきた。刑事事件とならない人も任意で参加することができる。日本でも，薬物依存，アルコール依存，ギャンブル依存，ゲーム依存，盗癖（クレプトマニア，万引き）等のアディクションにはすでに脱問題行動のプログラムを提供する治療者やグループがある。さらに性犯罪を対象にするプログラムやグループがある（認知行動療法や習慣的行動を脱学習するプログラムが多い）。DV や虐待の暴力研究についても成果があり，いかなるプログラムにすべきなのかについて論争はあるが，諸外国では受講命令制度として定着している（治療的司法研究会編，2018）。

　②このケースの場合に重ねてみる

　紹介した父親のケースもまさに，結果として，偶然にこの3点が重なり，「加害者対策」となった。しかし，児童相談所のケースワーカーは男親塾に通うことを指示する強制力はない。試行的に取り組む男親塾がその役割を果たしたことになる。弁護士も制度がないのでそうした知識がない。偶然にも担当した裁判長と，父親自身が男親塾に関心をもった。事件の内容からすると執行猶予がつくことは想定できたが，こうした行動と意識の改善の機会がそこにセットされているかどうかでは全く異なる意味をもつことになる。

　この家族の事案では，刑事司法制度と児童福祉のケースワークとの接合ができていない。問題解決型司法や治療的司法・正義の概念がないので，福祉と警察の機能は交差しない。本来この家族が抱える子どもの夜尿問題について学校と連携し，特別支援の課題でもあるので両親とともにスクールソーシャルワーカーやスクールカウンセラーが協働すべきだった。子どもが要支援者であることを理解し，そのやり方のまずさを父親に裁判をとおして伝えることができたはずである。

　さらに言えば，家族システムに介入したいところだ。なぜなら夜尿問題はあ

くまでも表面の問題で，家族システムのもつ問題解決の仕方に暴力が含まれていることが問題だからである。もちろん問題のない家族は存在しない。その問題解決力こそが問われている。何らかの問題を暴力で解決しようとするシステム，つまり関係性の取り方にこそ問題がある。子どもの夜尿問題は主たる課題ではなく，この家族のもつシステム構成上の脆弱さ，つまり暴力を用いてしつけをしようとすることそれ自体を乗り越えの対象にするべきである。表面上はたしかに加害者対策であるが，本筋は，暴力のある家族システムの再組成を促すことである。さしあたり表面化した夜尿問題は入口として支援しつつも，それはどこの家族にも起こりうることであるし，ニーズがあるので援助につなげることが可能である。特にこの場合は，父親が積極的に動いていたことが重要な手がかりとなる。母親まかせではなく，なんとかしようとしていたことから問題解決への動機はある。ただ手段が暴力だった。脱暴力の機会を求めて彷徨していた父親だといえる。現にこの父親は，暴力ではなんともならないことを自覚していたことが動機形成になって男親塾に辿り着いた。加害者対策が目指すべき本来のニーズへの支援が大切となった事例である。これを児童虐待防止法では「家族再統合事業」という。

3 ここがポイント
関係コントロール型暴力として把握して加害者臨床を行う

⬜1 私的領域は自由な自治にまかせておけないこともある

　私的な親密圏として観念される家族は，「感情共同体」として苦悩や葛藤を引き受けている。あるいは逆にそれらをつくりだしている集団でもある。このことと地続きに暴力と虐待が起こる。

　私的領域として放置できないのは，親子関係，夫婦関係，同胞関係には「関係の非対称性」が存在しているからである。また社会学的変数としてのジェンダー，世代，出生順位がそこに重なり，家父長制という場の力をもとにした構図があること，教育家族という社会的期待がかかる等して負荷となっているこ

とも見逃せない。

② 分離の措置を効果的なものにするために：家族のまとまりを緩めること

　まず、「分離と保護」の視点から既存の社会制度の見直しが必要となる。「男性による稼ぎ手賃金労働，女性による家族ケア労働と家計補助労働」で構成されるジェンダー分業型家族的責任という社会システムがある。このユニットを緩めることが分離の措置を効果あるものとするために必要となる。

　例えば，DV から逃げている妻に夫が家出人捜索願を提出し，警察が受理して捜索しないようにしなければならない。被害者が DV で怪我をして夫の健康保険で診察した場合の情報の管理がないと，加害者に逃げている被害者の動態がわかってしまう。これは防がなければならない。さらに保護命令を受けて加害者である夫から逃れて生活している母子が生活保護を申請した際には，扶養義務者（この場合は離婚をしていないので，夫となる）への照会をしてはいけない等である。つまり，DV 防止法が分離を意図しているのに，福祉の法律は統合を求めているからだ。その他にも日常生活に即していろいろある。分離の方針に則して，公営住宅の優先入居，DV を受けている外国人女性の保護優先（入国管理における通報義務の一部免除）等が実施されている。

　家庭内暴力に対応するためには，社会全体にわたる既存の制度の見直しが必要になる。そうしないと制度が二次加害となりかねない。

③ とはいえ分離しても悩みは晴れない：関係コントロール型暴力の特質

　家族関係の特徴は非対称性にある。ここに根ざした「関係性の暴力」であることの理解が必要である。DV 防止法における「暴力」は，身体的暴力（叩く・蹴る等身体または，生命に危害を及ぼす不法な攻撃），精神的暴力（殺す等の生命に対する脅迫等），性的暴力（性行為・中絶の強要等の行為）が対象になる。これらはわかりやすい定義であるが，関係性のコントロールとして暴力を把握する必要がある。筆者は社会学者であるエバン・スターク（Evan Stark）の強制的なコントロール（coercive control）を参考にしている。

　スタークは，①威嚇（脅す），②孤立させる，③コントロールするという 3 つの要素を重視してこの種の対人暴力を把握している。例示された内容をみると，友人や家族から孤立させる，人間が生きる上での基本的ニーズを充足させない，時間を管理する，デジタルツールを用いて監視する，日常生活を統制する（どこに行くか，誰と会うか，着るもの，寝る時間等），病院に行かせない，お前は価値のない奴だと繰り返していう，辱める行為，自己非難を強いる，警察に行かせない，経済的に追い詰める，殺すぞと脅す，プライバシーを明かすと脅す行為等とされている（Stark, 2007）。

　このとらえ方を参考にして筆者は「関係コントロール型暴力」として把握するようにしている。コントロールされるのは被害者の意識と心理と行動である。この結果，被害者は関係を続けることが安全だという転倒した意識状態に陥ることもある。これは加害者の視点の内面化・同一化といい，DV であればケア役割（愛情供給係としての妻役割となる），子ども虐待であれば従属せざるを得ない子どもの忠誠心を利用する。また，加害者は相手の非を責め，自らの暴力を正当化する。被害者に自責の念を生じさせ，それを利用し，コントロールする。こうして被害者は自己非難や自尊心の低下を招く。うつ的な状態になり主体性を発揮しにくい。経済的な生活を加害者に依存していることも多く，ますます関係性の暴力が固定していく。

　「関係コントロール型暴力」と目される，筆者が聞いた被害者の証言は次のようなものである。「自分のものを買うときにいつも一緒についてくる。『僕の好みの女性になってほしい』という。自分が自分でなくなっていく感じがする」，「交通の便の良くないところに住んでいるので本当は免許が欲しい。必要なのに，免許を取らせてくれない。『運転が下手だから』っていう。だからいつも彼の車で行動することになる」，「DV を受けているのに，なんだか彼といる方が安全だと思うような意識になったことがある。実家に逃げていると追いかけてきたり，メールが頻繁に入ったりするので結局一緒にいることで落ち着く」，「『今日は何をしていたのか』と聞いてくる」，「『死んでやる』といわれると別れられない。元の関係に戻ることが多い」。

　このような女性の声を聞いていると，親しい関係性の中で，愛情の名の下にコントロールされている暴力の芽のようなものがみえてくる。これらが直ちに「暴力」だというわけではないが，関係性のあり方でコントロールへと展開していく。

4　ジェンダー政策の課題と男性問題

　①男性問題，父親政策として位置づける

　DV，虐待，ストーキングの加害は男女問わずにあるし，同性愛カップルにも DV はある。男性が被害者となることもある。デート暴力では女性の加害も報告されている。しかしその身体への暴力の強さや破壊力，社会的な力の反映としてのパワーとコントロール等があり，関係の非対称性に由来することの理解や加害者対策に男性性ジェンダーの視点は不可欠である。例えば，父親たちは日常の子育ての悩みから虐待をするのではない。子育て行動に随伴しているのではない。家族システム形成，関係コントロール，問題解決のために暴力がある。「うるさいから，いうことを聞かないから，しつけのつもりだった，鍛えていくべきだ」と思った等の理由である。

　男性の暴力は怒りにまかせたコントロールやパワーの行使であることが多いので，子育て支援という家族政策ではなく，ジェンダー問題としての男らしさの再構築の政策課題が重要になる。社会システム上の男性中心主義，家族システムとしての権威的地位，個々人の中に付着していくパーソナリティシステムとしての男らしさ意識と態度として層になっている問題への対応である。ジェンダー政策に男性や男の子問題を組み込むことが暴力対策の視点からもテーマとなっている。分離のあとの被害者保護とは異なる課題として，積極的な加害者対策が必要な理由である。

　実際の事例でも，夫と息子による介護問題（介護殺人事件を含む），子どもの不登校や障害を認めようとしない父親，離婚した妻に復縁を迫り拒否され暴力に至る元夫，離婚後の親権をもたない父親が子どもを誘拐して殺害し，自死した事例，継父・実父ともに性虐待を加えた事例，長くひきこもりを続ける息子

の暴力に悩み殺害した父親等，暴力と虐待の加害は男性問題として存在しているといっても過言ではない。まして通り魔犯罪や女性ヘイト型の暴力の加害者が男性であることに鑑みると，犯罪行為を男性問題としても考えるべきだろう。

　②父親がすべきことへの支援をまず行う

　家族政策としても考えるべき政策課題に，暴力，虐待による離婚後の父子面会交流のあり方問題がある。「片親疎外（片親引き離し）症候群」（子どもには両親が必要で離婚後の非同居親を遠ざけることで発達に偏りが生じる傾向があることを主張）を根拠にして現行の単独親権制度を批判し，「親子断絶防止法」として共同親権を提唱する動きもある。民法の改正をとおして離婚後の面会交流を推進してきた政策の背景となっている。争点ではあるが，その是非を論じる際には男性問題の視点（この場合は父親政策）が必要なことを見てみよう。

　共同親権を採用している各国にあっても暴力と虐待が理由で離婚した場合の非同居親との面会はリスクがあるので，第三者付きの面会とする等の工夫がなされている。暴力のリスクだけではなく，ペアレンティング教育で軽視されがちな，余計なお世話的な面もあるが，父性を涵養するサービスが工夫されるべきだろう。一例としてカナダの父親向けサービスを紹介しておこう。Dad Central Canada というプロジェクトがあり，多様な活動を行っている。父親像について具体的に6つの変化を目指している。①責任ある父親─病気の子どもを病院に連れて行く，学用品をそろえる，ベビーシッターをアレンジする，保険にかかる，予防接種を受けさせる等，②記憶する父親─仕事の間も子どものことを思う父親，友人と子どものことについて話しをする父親，③養育する父親─子どもに食べさせる父親，おむつをかえる父親，入浴させ，服を買い，医者に連れて行く父親，④愛情ある父親─子どもと遊び，ふれあう父親，⑤関わる父親─コミュニケーションする父親，語りかける父親，自律性を育み，肯定的な感情を表現する父親，⑥保護し，与える父親─経済的に責任をもつことのできる父親になることが目指され，各種のプログラムが提供されている。父親の「ケア力の育成」に力点を置いた父親支援である（http://www.dadcentral. ca. 2019年8月20日最終アクセス）。

　こうした父親政策は，面会交流制度等で子どもがまた会いたくなる父親となる努力をしているかどうかに照準を合わせている。日本では，子どもとの面会の際に自分の母を連れて（祖母にあたる）面倒をみさせる父親，物を買い与えるだけの面会をする父親もいて，子どもの最善の利益となっていないことが少なからず見受けられる（二宮・渡辺，2014）。

4　これから深めていくべきテーマ
「治療的統治」の中で包摂と対抗を考える

(1) 家族の「精神衛生」を焦点にした「治療的統治」

　家庭内暴力問題は，家族の精神衛生に関わる事項でもある。そこに「介入と支援」を行う諸政策は，家族の生き方に公的権力が介入することを意味する。家族が自力で解決できない問題であるということと，家族だからこそ起こる問題であることを見据えた介入は，「家族問題を治療，改善，予防することをとおした統治」と特徴づけることができる。

　仮に受講命令制度が構築されると，治療，援助，支援，予防の名の下に司法をとおして公的権力が家族ユニットを活用して家族の精神衛生をコントロールすることになる。「治療的統治（家族生活をめぐる生のポリティクス）」とでもいえる局面が前景化する。元来，家族問題への保健，医療，教育，福祉，保育等をめぐる公的支援はこうした特徴を有している。現代日本社会では，家庭内暴力，犯罪・非行，薬物使用等の逸脱行動が「生育歴」と関わり関心をもたれることが多い。裁判所における情状鑑定人としての筆者の経験からも，何らかの障害に帰属させるような精神医学的説明ではなく，家族心理や家族関係に焦点を当てた生育歴上の特性に関心がもたれることが多い。

(2) 治療的統治と家族によるケア責任の強調と生育歴への関心の問題点

　加害へと至る「生育歴」をみると被虐待経験のあることが共通にみえてくる。これを「逆境的子ども時代」という。しかし男性は，被虐待を男らしく乗り越

えたことを「誇り」にし，それが強さや成長であると信じていることが多い。もちろん人は自己を肯定する傾向があるので，そこに暴力を肯定する物語が入り込みやすい。それを支えるのは男らしさ意識である。別言すると，男性性ジェンダーは被害を加害へと転化させる。さらに，暴力性は認めるが相手が悪いとして加害性を認めない意識ももたらす。

　また，「生育歴」を問題にすると「家族責任」が強調されがちとなる。それは自己責任の変形されたものであり，内実は，「家族によるケア責任」の押しつけである。家族問題の自力的な解決のために福祉，心理，医療，教育が動員される。筆者はこれを「治療的家族の生成」と名づけている。

　こうして，生育歴，健康管理，養育責任への関心は，家庭内暴力問題の生成をめぐる家族心理や家族関係の責任帰属言説となって事件のたびに強化されていく。家族が健全な生育環境となるように「治療」や「介入」の対象とされる。例えば長期化したひきこもりの子どもの面倒をみる「8050問題」が典型的である。これは抱え込み問題でもある。介護殺人や嘱託殺人として意味構成され，世間の同情を集める。しかしそれは問題の私的解決でしかなく，暴力である。たしかに家族の環境や生きづらさを考慮することで，その加害者個人の責任を相対的には弱める。しかし家族がケアする責任を果たすべきであることを期待されると，ぎりぎりまで努力してきた経緯もある等として殺人があっても同情されることになりがちである。嘱託殺人が成立する場合の家庭内殺人事件にはこの両面がつきまとう。責任と免罪が家族を焦点にして構築されているといえるだろう。

③ 暴力の社会臨床へ：ケアを家族だけの責任にしないこと

　しかし，その家族問題は解決されるべきであり，「介入や治療」が現実的には必要なものとしてあるので，家族への治療的統治のもつ弊害も見据えつつ，では暴力と虐待への家族政策はいかにしてありうるのかという問いが浮かびあがる。冒頭の家族へも以下のような対応があれば偶然ではなく社会的な家族支援の対象として浮かびあがっただろう。

　第一に，暴力と虐待への適切な介入とその後の支援を考えていく際に，被害者ケアはもちろんのこと，加害者対策を地域での脱暴力化支援体制として機能するようにすべきことである。治療的司法が有効に機能するためには，男親塾のように加害者プログラムとして対応する「治療的共同体」が存在していることが前提である。この提供は社会的責任であるし，世界的な動向でもある。例えば，性犯罪加害者には「責任と支援のサークル」（カナダ，イギリス等。出所後の再犯防止を担う専門的ボランティアの組織で当人をサポートする専従の6人が支援する取組みがイギリスにある。「サークルズ・UK」という非営利団体が活動している），DV加害には加害者更生プログラム（世界各国共通である。期間は多様だがプログラム受講を命じる），虐待家族には地域包括的支援である「ラップアラウンド方式」（米国の例。当該家族を包み込む支援という意味）等，発想としては共通した取組みがある。

　第二は，家族としてのユニットを強化しない政策が有効である。それらを支える家族ソーシャルワークの実践力を強化すべきだろう。この点では，地域における社会的養育体制の形成が，広く子育て支援となり機能する。高齢者虐待に対応する地域の包括的ケアマネジメントが同じように機能していることを参照できるだろう。当該家族だけで解決しないように家族の外部に，つまり地域の中に，脱暴力化を目指し，さらに広く困り事に応える支援のサークルをつくることである。男性相談体制もここに組み込むことができる。

　第三は，社会が暴力を許容していること自体の改革である。加害の常として，暴力は問題解決の手段と認識されていることが多い。それは正義の観念と相関している。正義のための暴力と男性性はつながりあう。しつけのために，指導のために，問題を是正するために，妻や子どもにも悪い面があるから等という暴力の正当化がおこる。「愛のムチ」という矛盾したいい方もいまだにまかりとおっている。暴力に耐えてこそ男性であるという風潮や，男ならやり返せという意識も暴力を支えている。また，親権者は子の非行に対する教育のために，身体・精神に苦痛を加えるような懲罰手段をとることができるとする民法の規定は，暴力を認めているわけではないが権威や地位と男性性が関わり暴力が肯

定されるおそれがある。こうした暴力許容的な慣行や制度は改められるべきだ
ろう。

手にとって読んでほしい 5 冊の本

天野正子ほか編，2009，『男性学（新編 日本のフェミニズム 12)』岩波書店。
　　女性学が牽引してきたジェンダー研究の上に，男性研究をいかにして開拓して
　　いくのかという見地から男性問題の諸相について紹介している。2000 年代初め
　　の頃までの男性研究の経過を知ることができる。

清田隆之，2019，『よかれと思ってやったのに——男たちの「失敗学」入門』晶文
社。
　　1200 人ほどの女性たちの恋バナ収集をもとにした男性の「失敗あるある話」。
　　それがきれいに整序されている。男性の気づきが促される。説教臭くなく男性
　　問題にアプローチしている。

レイチェル・ギーザ／冨田直子訳，2019，『ボーイズ　男の子はなぜ「男らしく」
育つか』DU BOOKS。
　　ボーヴォワールを模していえば，「人は男に生まれるのではない，男になるの
　　だ」を詳細に記している書物。男の子問題として育ちの中のジェンダーがみえ
　　てくる。

アラン・ジェンキンス／信田さよ子・髙野嘉之訳，2014，『加害者臨床の可能性
——DV・虐待・性暴力被害者に責任をとるために』日本評論社。
　　DV，虐待，いじめ，ハラスメント等の男性の脱暴力を支援する加害者の更生
　　に役立つ考え方，臨床技法についてまとめている。ナラティブセラピーを暴力
　　臨床に応用したもの。

ドナルド・G・ダットン／中村正監訳，2011，『虐待的パーソナリティ——親密な
関係性における暴力とコントロールについての心理学』明石書店。
　　心理臨床の視点から　DV と虐待の関連について豊富なケース研究と加害者研
　　究をもとにまとめている。親密な関係性における暴力研究の基本書である。

引用・参考文献

指宿信編，2017，『犯罪被害者と刑事司法（シリーズ刑事司法を考える第 4 巻)』岩波書店。
治療的司法研究会編，2018，『治療的司法の実践——更生を見据えた刑事弁護のために』
　　第一法規。
中村正，2001，『ドメスティック・バイオレンスと家族の病理』作品社。

二宮周平・渡辺惺之，2014，『離婚紛争の合意による解決の支援と子どもの意思の尊重』日本加除出版。

Stark, E., 2007, *Coercive control: How men entrap women in personal life,* New York: Oxford University Press.

（中村　正）

第 **8** 章

親に育てられない子どもたち

要保護児童と社会的養護

グラフィック・イントロダクション

資料 8 - 1 対20歳未満総人口比での社会的養護措置・委託児童割合

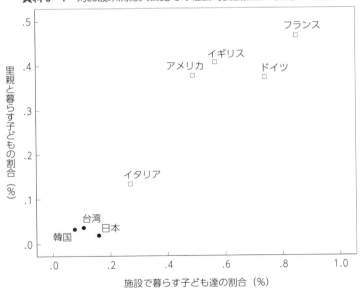

(出所) 上村 (2015)。

　「日本の社会的養護は施設養護に偏っていることが問題だ」「日本においては里親がいないことが問題だ」としばしばいわれるが，こうした意見は正確ではない。実は対20歳未満人口比でみると，日本においては里親委託されている子どもだけでなく，施設措置をされている子どもも他国と比べて非常に少ないのである。このことは，他国に比べて日本には保護が必要な状況にある子ども

が少ないことを意味するものではおそらくない。「家庭で実親と暮らすことが望ましい」という考え方が強い日本では，他国であれば保護されるような状況に置かれた子どもが，保護されないままになっている可能性がある（藤間，2017b）。この章では，社会的養護が「家庭的な養育環境」を目標とすることの問題点を指摘した上で，「家庭」をモデルとする見方を相対化するために，どのような論点を考えるべきなのかを議論することにしよう。

1 何が問題か
「家庭的な養育環境」というスローガン

① 児童虐待への社会的関心の高まり

　2018年，児童虐待による子どもの死亡事例が社会の耳目を集めたが，それに伴って注目されているのが，社会的養護のあり方である。社会的養護とは「①保護者がいない，②保護者または子どもの要因により，保護者が監護できない，③同様の要因によって監護させることが不適切またはより有効なケアがある，等の子どもに対し，最善の利益の確保を基本的視点とし，保護・育成・自立など，子どもの成長や発達を図る公私の取り組み」を指す（山縣，2007，16-17頁）。すなわち，何らかの事情で保護者のもとでケアを受けることができない，あるいは保護者のもとでケアされることが適切でないと判断された子どもをケアする営みであり，里親やファミリーホームなどの家庭養護と，児童養護施設や児童自立支援施設などの施設養護とに大別される。

　＊　前出の要保護児童とはこのような子どもを指す概念である。

　かつての社会的養護は，文字通り「親がいない子ども」を救済するシステムであったが，1990年以降の児童虐待への関心の高まりなどを受け，「被虐待児を救済するシステム」という色合いが近年では強まっている（藤間，2017b）。児童相談所における虐待相談対応件数は，1990年度の1101件から2019年度の19万3780件へと，実に100倍以上に増加している。ただし，このことをもって「虐待する親が増えている」「日本における虐待問題が深刻化している」とみるのは適切ではない。虐待相談対応件数が急増している背景には，「虐待」に含

まれる行為の範囲が拡大したことや，子どもが安全に育つことが当たり前になったことで，人々が虐待にセンシティブになったことがあるためだ（上野，1996；内田，2009）。つまり，虐待対応相談件数の急増には，「『虐待』とみなされる事態が増えており，何らかの対策が必要」という人々の危機感の高まりがあらわれていると考える必要がある。

2 「家庭的な養育環境」というスローガンとその問題

　児童虐待に対する危機感の高まりを背景に様々な議論が展開されてきたが，そこで論点の１つとなったのは，施設措置や里親委託をされている子どもの権利であった。例えば1990年代後半には，施設における子どもへの虐待が問題化されたことを受け，厚生省の通知において，社会的養護を受ける子どもに対して「子どもの権利ノート」を発行することが要請された。「子どもの権利ノート」とは，社会的養護において保障される権利の内容と，その権利が奪われそうになった際には行動を起こしていいことを，子どもに伝える役割を果たすものである（長瀬，2016）。

　社会的養護における子どもの権利への注目は，「家庭的な養育環境」をスローガンとする，社会的養護の環境整備をめぐる議論にもつながった。それらの議論で想定されてきたのは，少ない大人が少ない子どもをケアするという，近代家族的なあり方に社会的養護を近づけることである（藤間，2017b）。日本における社会的養護の大半が施設で担われていることに対しては，国連子どもの権利委員会から３回の是正勧告がなされるなど，国際的に厳しい批判もなされている。そうした中，社会的養護における養育環境を「家庭」に近い小規模なものへと変更することで，個々の子どもの権利を個別的に保障することが目指されてきた。

　「家庭的な養育環境」への転換を主張する議論の１つの結実点が，2017年８月に発表された「新しい社会的養育ビジョン」である。そこでは，「乳幼児の家庭養育原則の徹底」や「施設の抜本改革」という言葉で「家庭的な養育環境」への転換が謳われている。その上で，里親委託率を，３歳未満の子どもに

ついては2022年までに75％以上，３歳以上で就学前の子どもについては2024年までに75％以上，学童期以降の子どもについては2027年までに50％以上に引き上げることが，それぞれ目標として掲げられている。また，施設養護についても，すべての施設について「小規模化（最大６人），地域分散化，常時２人以上の職員配置」を2027年までを目処に実現することが，数値目標として示されている。

　子どもの権利が保障される社会的養護のあり方を目指すこと自体は，もちろん否定されるべきものではない。施設養護の現場で行われた調査からは，子どもの数より職員の数の方が少ないことで，職員の取り合いが発生することや，支援のプログラムを子どもそれぞれに応じて柔軟に運用することが困難になること，子ども同士の間にときに権力関係が発生してしまうことなどが明らかになっている（藤間，2017a）。こうした状況を乗り越え，個々の子どもの権利やニーズを保障する社会的養護のあり方を目指す上では，１人当たりの大人がケアする子どもの人数を減らすことも，たしかに一定の効果をもちえると考えられる。

　問題は，「家庭的な養育環境」というスローガンが掲げられることで，「家庭」におけるケアの限界がみえなくなったり，「家庭」を理想的な養育環境とする規範が強化されたりすることである。「家庭」におけるケアは，ケアを担う者に過度の負担を強いる形で遂行されており，その結果ケアがうまくいかなくなるリスクと隣り合わせである。また，「家庭」をケアの理想的な環境としてモデル化することには，「少ない大人による少ない子どもへのケア」以外のあり方を検討する可能性を狭めてしまうという問題もある（藤間，2017a）。このように，「家庭的な養育環境」というスローガンで社会的養護改革を推進することは，様々な面で問題含みである。

　加えて，そもそも「家庭的な養育環境」を推進すべきという議論が現状を正確にとらえた上でのものかという点にも，検討の余地がある。例えば，里親委託を推進すべきとする議論の中には，日本は「依然として里親最貧国である」というように（開原編，2012，17頁），日本には里親が不足しているという前提

に立脚しているものがある。だが，このようなとらえ方は正確ではない。厚生労働省の「社会的養育の推進に向けて」（2019年）によると，2018年3月末現在，里親として登録している1万1730世帯のうち，実際子どもの委託を受けているのは4245世帯である。つまり，里親として登録されている世帯の6割以上が，実際には里子の委託を受けていないのが現状である。この背景には，登録している里親世帯を十分に活用できない制度的な不備があると指摘されている（三輪，2016）。また，グラフィック・イントロダクションで示した通り，日本においては里親委託のみならず施設措置を受けている子どもの割合も，国際的にみて低い水準にある。上村もいうように，ここには日本の社会的養護が「最も困難な子どもに対象を限定している」ことがあらわれていると考えられる（上村，2015，60頁）。本章冒頭でも述べたが，日本においては「家庭で実親と暮らすことが望ましい」とする考え方が支配的であるため，実親と引き離さないことが優先され，他国であれば保護に値すると判断されるような状況にある子どもが，保護されないままになっている可能性がある（藤間，2017b）。「家庭的な養育環境」というスローガンのみがひとり歩きしてしまうことで，こうした現状が十分に把握されないままになってしまえば，社会的養護改革の方向性も疑わしいものとなる危険がある。

　以上をふまえると，子どもの権利を保障する社会的養護のあり方を実現するためには，社会的養護についての実証的な知見を蓄積し，「家庭」を「理想的な子どもの養育環境」とする見方を相対化することが重要である。こうした相対化を行うために，どのようなことが必要だろうか。

2 こう考えればいい
家庭をモデルとすることの見直し

1 ケアの機能に関する実証的知見の必要性
　「家庭」を子どもの養育環境のモデルとする見方を相対化するために決定的に重要なのは，社会的養護の形態（大規模か小規模か）だけでなく，そのケア

の機能に関する実証的な知見を蓄積することである。「家庭的な養育環境」を
スローガンに社会的養護改革が論じられる際，養育環境の規模や形態の面での
改革についての議論に終始し，実際にどのような環境でどのようなケアが行わ
れているのか，そもそも「家庭的な養育環境」におけるケアはいかなるものな
のかといった点についての検討は，十分になされてきたとはいいがたい（藤間，
2017a；浅井，2018）。もちろん，どのような規模／形態の環境で子どもが育つ
のかということも大切な論点ではあるものの，そこでどのようなケアが提供さ
れるのかということも，同等かそれ以上に重要である。どのような環境の下で
どのようなケアが遂行されており，それはどのようなニーズをもつ子どもに
マッチするのかについて，精緻に検討していくことが求められる。

　社会的養護がもつケアの機能について実証的な知見を蓄積していく上では，
2つのことが求められる。第一に，現場と研究者の連携である。一方で，日々
求められる業務の負担が大きくなっている中，社会的養護の現場で働く職員た
ちに，自身が蓄積してきた経験や知識を客観的なデータとしてまとめる余裕は
ない。他方で，研究者の側からすると，個人情報の問題などもあり，現場に蓄
積されたデータにアクセスすることは容易ではない。両者が連携することで，
現場の経験値を整理，客観化することが可能になると考えられる。近年では，
国立社会保障・人口問題研究所（藤間・余田，2019；遠藤ほか監修，2020）や国
立研究開発法人産業技術総合研究所（髙岡，2018）など，一部では現場のデー
タを研究者が分析する取組みもみられるようになってきている。そうした取組
みがより進めば，社会的養護をめぐる議論のより一層の発展に寄与することが
できるだろう。関連して第二に，全国レベルでの社会的養護関連データの整備
を，より一層進めることも必要である。日本においては，児童相談業務，ある
いは社会的養護について全国レベルでの標準化がほとんどなされておらず，
データ入力のルールや統計のカウント方法さえ，国による整備がなされていな
い（髙岡，2018）。それゆえ，同じようなケースでも機関や担当者によって対応
に差が出ていたり，機関間での連携やケース移管がスムーズに行われていない
可能性がある。全国レベルでのデータ整備を行うことは，学術的にも実践的に

も今後ますます重要になるだろう。

　データを整備し，それを用いた実証的な検討を積み重ねていくことにより，「家庭か施設か」という二項対立を脱却することが期待できる。従来は，家庭養護と施設養護とを相反するものと想定した上で，その優劣を問う構造で議論がなされてきた。今後求められるのは，両者を対立項とみなす見方を脱却し，「あるニーズに対応するためには，どのような環境がどのような点で優れているのか」という知見を全国的に集約していくことであるはずである。これにより，「家庭」と施設との中間に位置づくような社会的養護のあり方や，関係機関が協働し，多元的に子どものケアを担っていく方向性を検討することも可能になろう（藤間，2017a）。

② 場における二項対立の脱却事例

　実は現場においては，「家庭」をめぐる規範，およびそれに基づく「家庭か施設か」という見方がすでに相対化されている事例もある。筆者が実施した児童自立支援施設での調査からは，「集団で暮らすこと」と「家庭的であること」とを融合させるような実践が観察された。具体的には，複数の職員が密接に連携し，子どもそれぞれについての情報共有を行うことで，1人だけで対応していては見落としてしまうようなニーズを拾い出したり，子どもにとって「愚痴を言える環境」をつくり出したりする実践である。ある職員はこのような取組みについて，以下のように語った。

　　「集団処遇と個別化って逆の意味では全くなくて，その中の個別化って絶対あるし，大事……普通のおうちだって3人きょうだい4人きょうだいいても，やっぱり親は個別に，『あ，なんか今日こいつ元気ないな』って思って『どうしたの』って聞くし。やっぱり俺たちの中でも，そこは気をつけなきゃ俺たちはいけない……俺たちの専門性があるとすればそういうところなのかも」（藤間，2017a，75頁）。

ここで語られたのは，「少ない大人が少ない子どもをケアする中で個別のニーズに対応する」という，従来から想定されてきた「家庭的な養育環境」という

あり方とは異なり，「多くの大人が多くの子どもをケアするなかで個別のニーズに対応する」という実践である。「小規模＝家庭的＝個別的／大規模＝非家庭的＝非個別的」という，形態と機能の規範的な結びつけが組み替えられている事例ということができるだろう。

　「家庭」を理想化する規範の相対化は，社会的養護に限らず，より広い子どもの権利の実現にも資する可能性がある。日本は子育てに関して家族の責任を強く問い，子育ての負担を家族のみに集約する，家族主義的な社会である（Esping-Andersen, 1999＝2000）。それゆえ，子育ての負担の大部分を家族が担っているのが現状であるが，「家庭」を理想化する規範もそうした現状の維持，強化と無関係ではない。「家庭」で子どもを育てることが理想化されることで，家族に子育ての責任，負担が集約されることが疑われないままになっていると考えられる。そうであるならば，「本当に家庭は理想の養育環境なのか」と問い直すことは，子育ての責任を家族から社会にひらいていくこと（本書序章参照）にもつながりうるだろう。

3 ここがポイント
自立をめぐる規範の問い直し

① 子どもが直面する退所後の困難

　このように，「家庭」を理想の養育環境とすることの問題点やその相対化に向けた方策が社会的養護を通じてみえてくるが，この領域で重要な論点はそれだけではない。社会的養護をめぐる問題をみることで，「家庭」で育つことも含め，どのような生き方が「標準的なもの」として規範化されているのかという論点も浮かび上がってくる。

　結論を先取すると，規範化されている生き方とは，「依存的な子どもから自立した大人へ」というものである。近年，子どもへの自立支援は，社会的養護の重要な論点の1つとされている。例えば厚生労働省の「18歳に達した者に対する支援」（2015年）においては，18歳に達した要保護児童の自立を支援する

ために，要保護児童自身の主体性や自己決定権があることを認める必要性について述べられている。

　その一方で，先述の筆者が実施した児童自立支援施設での調査からは，社会的養護を受けた子どもの自立をめぐるいくつかの困難も明らかになっている。第一に，保護者の状況が変わっていない場合，入所以前に子どもが抱えていた困難が家庭復帰後に再び発生する場合がある。第二に，施設退所後すぐにひとり暮らしをしても，さみしさから保護者のもとに帰り，やはり困難が再発することもある。第三に，子ども本人が「自分は退所したのだから，施設を頼って迷惑をかけてはならない」と，施設を頼ることを自制してしまい，より困難な状況に陥る場合がある（藤間，2017a）。これらの知見が示唆するのは，個人が頼ることができる場所が家族しかない日本社会において，家族を頼れない施設出身の子どもたちが，施設を頼ることまでも自制することで，さらに苦しい状況に陥っている現状である。施設養護退所者がスティグマや社会的排除などの問題に直面することは従来から指摘されてきたが（田中，2009；西田編著，2011），その背後には，このような日本社会の家族主義的構造の問題がある。

② 「依存的な子どもから自立的な大人へ」という規範

　社会的養護を受けた子どもが措置委託解除後に経験する困難は，日本社会において自立に強い規範的意味合いが付与されていることとも関係している。本来ならば自立は孤立とは異なるものであり（渡辺，2010），実はそのことは先の「18歳に達した者に対する支援」においても認識されている。しかしながら，日本において自立という概念は「他者を全く頼らずに生きること」という意味合いで解釈される傾向にあり，社会的養護を受けている子ども自身もそうした意味合いを内面化していることがある。その結果として，施設を退所したり里親委託を解除されたりした後，施設職員や里親をうまく頼ることができず，生活上の困難が深刻化すると考えられる（藤間，2017a）。

　このように，社会的養護への措置委託を解除された子どもが経験する困難からは，「依存的な子どもから自立的な大人へ」という規範が日本社会に存在し

ていること，そしてその意味での自立は不可逆的なものと考えられていることがみえてくる。社会的養護の現場では，このように「自立」に強い意味合いを付与することの危険性は認識されている。たとえば筆者が調査を行った児童自立支援施設では，職員たちは「上手に人を頼れるようになること」を子どもに身につけさせることを目標の1つとしていた。具体的な実践としては，困難な状況に陥ったときに，気軽に自分たちを頼っていいことを子どもに伝えたり，頼ってもらえるような関係づくりを心がけていた（藤間，2017a）。それにもかかわらず子どもが施設を頼ることを自制してしまう場合が少なくないことからは，「自立＝他者を全く頼らずに生きること」という規範的な意味合いが，日本社会に広く浸透していることを読み取ることができるだろう。

　「依存的な子どもから自立的な大人へ」という規範を見直すことは，今後の日本の社会政策，家族政策を考える上でも重要である。少し考えればわかる通り，大人がみな自立的なわけではない。仮にいま健康に働き自活していたとしても，ある日突然重い病気がみつかったり，事故で大けがを負って重い障害を抱えたりすることは誰にでも起こりうる。また，そもそも日常生活において全く他者に頼らずに生きていくことは，ほとんどの人にとって不可能である。そうである以上，「自立的な大人」を標準的なものとみなすのではなく，「基本的に人は誰かを頼っている」という前提から社会政策を考えることが重要だろう（藤間 2020）。

　＊　フェミニズム法哲学者の Fineman（1995＝2003）は，依存する者とそれに対するケアを行うものを基準に社会制度をつくり替える必要性を論じている。

4 これから深めていくべきテーマ
社会的養護の充実に向けた3つの論点

　最後に，社会的養護について今後深めていくべきと考えられるテーマを3つあげておこう。

　まず，「家庭」のどのような部分が，社会的養護に関する議論のどのような文脈で，どのようにモデル化されるのかについて，より細かく分析していく必

要がある。社会的養護の改革についての議論で「家庭的な養育環境」が標榜されてきたこと，そうした議論がいくつかの点で問題含みであることは，本章でも示した通りである。だが，①社会的養護のどういった部分が問題化されており，②その際に「家庭」のどういった部分が理想的なモデルとして動員され，③それによりどのような解決策が期待されているのか，といった点についての詳細な分析はまだ十分になされていない。そうした分析を行うことで，「家庭」の理想化や家族主義の日本的様相を鮮明に描写することが可能になるだろう。

　次に，社会的養護おける多機関間連携についてである。政策的には，社会的養護における多機関間連携は重要な課題とされている。例えば，2007年の改正児童福祉法では，児童相談所や市区町村の児童福祉・母子保健関係部局のほか，医療機関，教育機関，警察，司法関係機関，人権擁護委員会等からなる要保護児童対策地域協議会を設置することが，地方公共団体の努力義務とされた。また，2018年の法務省通知では，警察と児童相談所との情報共有の強化がうたわれ，これを受け，一部の児童相談所ではすべてのケースの情報を警察と共有する「全件通知」も実施されつつある。このように社会的養護における多機関間連携の必要性が主張される他方で，連携にかかる課題やその背景についての検討は，一部の先行研究（遠藤ほか監修，2020）を除いては十分になされていない。多機関間連携は社会的養護関係機関の負担軽減や多元的なケア体制の構築という観点からも重要であり，今後ますますの研究蓄積が求められる。

　最後に，現場と研究者の連携に関する方法論の蓄積である。研究者と現場が共同しての研究プロジェクトが一部で進められつつあることは第2節で述べた通りであるが，ここ数年の要保護児童や社会的養護をめぐる政策の動きの目まぐるしさに鑑みると，まだ十分とはいえない。現場に蓄積されている秘匿性の高い情報を研究に活用し，現場の実践に資する知見を導出するために，研究者と現場がそれぞれどのような工夫をし，どのような手続きで情報の提供に至ったのかを，共有することが重要である。現場に求められる個人情報守秘義務が年々厳しくなっていることからも，こうした方法論を共有していくことの学術的，政策的意義は今後ますます高まると考えられる。

手にとって読んでほしい5冊の本

浅井春夫・黒田邦夫編著，2019，『〈施設養護か里親制度か〉の対立軸を超えて——「新しい社会的養育ビジョン」とこれからの社会的養護を展望する』明石書店。

　　「新しい養育ビジョン」の発表を受け，「施設と里親のどちらが優れているのか」という問題設定自体の見直しを提唱する。

Fineman, M. A., 1995, *The Neutered Mother, the Sexual Family : And Other Twentieth Century Tragedies,* Routledge.（上野千鶴子監訳・解説，穐田信子・速水葉子訳，2003，『家族，積み過ぎた方舟——ポスト平等主義のフェミニズム法理論』）

　　フェミニズム法学の視点から，依存を抱える者とそれをケアする者が抱える依存とをベースにして社会制度をつくり替えることを主張する。

遠藤久夫・野田正人・藤間公太監修，国立社会保障・人口問題研究所編，2020，『児童相談所の役割と課題——ケース記録から読み解く支援・連携・協働』東京大学出版会。

　　児童相談所が保管する虐待相談記録文書を研究者が分析した初の試み。親と子を引き離すことをめぐる困難や，多機関間連携の重要性が示される。

藤間公太，2017a，『代替養育の社会学——施設養護から〈脱家族化〉を問う』晃洋書房。

　　施設養護をめぐる議論に潜む家族主義を批判するとともに，施設における集団性の下での養育をヒントに，〈子育ての脱家族化〉のあり方を論じる。

渡辺芳，2010，『自立の呪縛——ホームレス支援の社会学』新泉社。

　　ホームレス支援を対象とした質的研究データに基づき，自立は孤立と同義ではなく，つながりを基盤として成立することを示す。

引用・参考文献

浅井春夫，2018，「『新しい社会的養育ビジョン』をどう読むか——提案の背景と考え方をめぐって」浅井春夫・黒田邦夫編著『〈施設養護か里親制度か〉の対立軸を超えて——「新しい社会的養育ビジョン」とこれからの社会的養護を展望する』明石書店，13-36頁。

上野加代子，1996，『児童虐待の社会学』世界思想社。

内田良，2009，『「児童虐待」へのまなざし——社会現象はどう語られるのか』世界思想社。

開原久代編，2012，『社会的養護における児童の特性別標準的ケアパッケージ』厚生労働科学研究費補助金平成23年度総括・分担報告書。

上村泰裕，2015，「国際比較からみた日本の子どもの貧困と社会的養護」『世界の児童と母性』79，56-60頁。

髙岡昂太，2018，「子どもの命を守るために――AI をどう活かすか」『月刊福祉』101(11)，34-39頁。

田中理絵，2009，『家庭崩壊と子どものスティグマ――家庭崩壊後の子どもの社会化研究（新装版）』九州大学出版会。

長瀬正子，2016，「全国の児童養護施設における『子どもの権利ノート』の現在――改訂および改定の動向に焦点をあてて」『佛教大学社会福祉学部論集』12，73-92頁。

西田芳正編著，2011，『児童養護施設と社会的排除――家族依存社会の限界』解放出版社。

藤間公太，2017a，『代替養育の社会学――施設養護から〈脱家族化〉を問う』晃洋書房。

藤間公太，2017b，「社会的養護にみる家族主義」『三田社会学』22，38-54頁。

藤間公太，2020，「依存か自立かの二項対立を超えて――児童自立支援施設における『18歳問題』」元森絵里子・南出和余・高橋靖幸編『子どもへの視角――新しい子ども社会研究』新曜社，123-135頁。

藤間公太・余田翔平，2019，「一時保護後の親子分離を規定する要因――児童相談所虐待相談記録データを用いた探索的分析」『家族社会学研究』31(2)，137-45頁。

三輪清子，2016，「なぜ里親委託は進展しないのか？――里親登録者不足仮説と里親委託児童限定化仮説」『社会福祉学』56(4)，1-13頁。

山縣文治，2007，「児童養護の展開」山縣文治・林浩康編著『社会的養護の現状と近未来』明石書店，16-40頁。

Esping-Andersen, G., 1999, *Social Foundations of Postindustrial Economics*, London : Oxford University Press.（渡辺雅男・渡辺景子訳，2000，『ポスト工業経済の社会的基礎――市場・福祉国家・家族の政治経済学』桜井書店）

（藤間公太）

第**9**章

里親家族とその支援

親子関係から「親族」関係へ

資料9-1 モッキンバード・ファミリー：フィクションとしての「親族」の構築

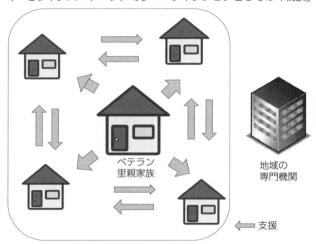

（出所）筆者作成。

　アメリカ・ワシントン州シアトル市に，モッキンバード・ソサイエティという NPO 法人がある。この NPO が考案した「モッキンバード・ファミリー」は，複数の里親家庭が１つのベテラン里親家庭を中心にネットワークをつくり，地域の専門機関がそれを支えるというユニークな里親家族支援の取組みである。いわば人工的な「親族」の中で子どもを養育するこの試みから，「里親養育」について，さらには「親」や「家族」そのものについて，どんなことがわかるだろうか。

1　何が問題か
「家族」を問い直す

① 施設と対比される家庭養育

　近代以降，多くの国で圧倒的多数の子どもが生物学的な親を中心とした「家族」の中で育ってきた。もちろん，子どもを実親から離し，養育を行う試みがなかったわけではない。では，子どもの成長にとって「親」や「家族」はなくてはならないものなのだろうか。本章では，里親養育を通して，この点について検討してみたい。

　里親制度とは，様々な事情から生物学的な親（以下，実親）と暮らすことができず，社会に保護された子どもの養育を公的に他者が担う児童福祉制度の1つである。実親から適切な養育を受けられないために保護された子どもは，社会的養護のもとで暮らすこととなる（以下，社会的養護の子ども）。厚生労働省「社会的養護の現状について」（2014年3月）によれば，社会的養護の子どもは，日本では約4万6000人である。こうした子どもは，一定の期間，一時保護所などで生活した後，児童養護施設などの社会福祉施設か里親家庭に措置される。施設養育では，施設の職員が子どもを養育し，里親養育では，一定の条件をクリアして行政から認定された一般の家庭が，里親手当などを受給しながら児童相談所から措置された子どもを養育する。里親には，養子縁組を行わずに養育を行う「養育里親」，養子縁組を目的とする「養子縁組里親」，親族の子どもを養育する「親族里親」，深刻な虐待を経験するなど特に重篤な養育の課題をもつ子どもを養育する「専門里親」の4種類がある。里親家庭は，児童相談所からの指導や監督を受けながら，子どもの養育を行う。

　それでは，実親の養育という，多くの子どもが当たり前に経験する「家族」を失った子どもに対して，社会はどのような養育を与えるべきなのだろうか。代替となる「家族」は必要か，それとも「家族」は必要ないのか。

　これまで，社会的養護の子どもの養育については，子どもの養育環境，とり

わけ，養育形態が注目されてきた。その際，議論の中心は，「施設養育」と「家庭養育」の対比にあった。日本では，1947年に制定された児童福祉法によって児童養護に関する措置制度が確立し，実親などから適切な養育を受けることができない子どもは，公的に保護され，施設か里親家庭に措置されることとなった。子どもの委託率は戦後一貫して社会福祉施設の方が高い。里親委託率はピーク時の1956年でも20％を超える程度で，約80％の子どもが施設で養育を受けてきた。こうした状況の中，1950年代にホスピタリズム論争が勃発する。ここでは，施設で育つ子どもの「社会性のなさ」や「個性の乏しさ」などが指摘され，施設で子どもが育つことへの批判が展開された。これに対し，施設で生活する子どものすべてが「施設病」に当てはまる特徴をもつわけではない点，子どもの養育の形態が施設によって異なっているために一括りにすることができない点などを取り上げ，反論する研究者や実践者もいた。1980年代後半から1990年代にかけて，社会的養護の子どもの数は減少し，施設では定員割れが生じる。しかし，1990年代後半から2000年代には子ども虐待への関心の高まりによって，施設の定員は再び充足されるようになった。

　施設養育を中心に展開されてきた日本の社会的養護の施策は，2000年以降，徐々に変化している。里親研究は年々増加し，心理学，社会学，社会福祉学などを中心に，複数の学術領域で成果が示されるようになった。この中には，脱施設化の政策によって8～9割の里親委託率を達成している欧米の社会的養護の状況を取り上げ，日本の里親委託率の低さを批判する研究もあった。研究の拡大は，社会的養護の施策に変化をもたらした。その象徴的なできごとの1つは，2011年に厚生労働省によって示された「里親委託ガイドライン」である。厚生労働省は，それまで施設養育と里親養育には優劣をつけないとの立場を貫いてきたが，このガイドラインの中で，初めて後者が前者よりも優先されるべきであるとの見解を示した。2016年には児童福祉法が改正され，家庭養育の重要性とともに，里親家庭・養親家庭への支援の必要性が明記された。これを受け，2017年には，奥山眞紀子が座長を務めた「新たな社会的養育の在り方に関する検討委員会」が「新しい社会的養育ビジョン」を発表した。近年，里親委

託率は上昇してきており，15～20％程度である。しかし，このビジョンの中では，社会的養護の子どもの養育の担い手を施設から里親へと大幅に転換すべきであるという方針が前面に押し出され，里親委託率については，就学前の子どもは75％，学童期以降の子どもは50％に引き上げるという驚異的な数値目標が示された。

　2000年以降の社会的養護の施策の変化に影響を与えていたのは，「愛着」という問題である。幼少期の子どもの健康な発達にとって愛着関係の構築が重要であるということは，ジョン・ボウルビィによって1960年代から指摘されていた（Bowlby，1969=1976）。この愛着の問題が「愛着障害」という用語によって里親関係者に急速に広まったのは，2000年以降である。子どもは虐待的な環境に置かれたり，特定の養育者との関係の構築に支障をきたしたりすると，他者との関わりにも困難を抱える傾向にあり，それが脱抑制型対人交流障害や反応性愛着障害にみられる子どもの特異な行動につながる。こうした見解が社会的養護の子どもの養育という文脈で，急速に浸透していった。それは，「愛着障害」が里親養育の困難さを説明する有力な理論として人々に受け止められ，里親への支援の必要性を訴える運動を後押しし，幼少期に養育者と愛着関係を築くことの重要性を強調したからである。

２　家族のリスク

　これまで里親養育をめぐる研究では，養育形態に関する優劣が熱心に議論され，「施設養育」対「家庭養育」という構図が強調されてきたために，「家族」という関係性が抱える困難さに焦点が当てられることは少なかった。このことが社会的養護の議論に関連する１つの課題であるといえる。里親養育の場合，里親家族は「家庭」という限定された空間で，「家族」という緊密な関係を形成することが求められる。このような閉鎖的な空間の中で，家族成員に生じる病理が他の家族成員や家族全体にどのように影響を与えるのかということは，家族療法などの領域では繰り返し論じられてきた。「家族」という集団は，個人を束縛し，支配する。親子や夫婦は，「家族を愛しているなら～すべき」と

いった「愛情イデオロギー」によって，個人を関係の渦に巻き込み，そこから離脱することを許さない（山田，1994）。里親と子どもは，こうした近代家族の愛情規範に加えて，里親神話とも呼べるイデオロギーを内面化しやすい（安藤，2017）。例えば，「子どもを税金が払えるような人間に育てることが里親の使命だ」といった言説は，里親関係者にはなじみのあるものである。里親の多くは，子どもが実親のもとで得られなかった愛着を実親の代わりに構築し，子どもが社会で自立して生きていけるようにすることを目標にする。そのために，里親は子どもとの距離をできる限り縮めようとする。これが「家庭養育」のメリットでもあり，リスクでもある。

　「家族」が多様であるように，「里親家族」も多様である。それにもかかわらず，里親養育の問題は，そのほとんどが子どもの愛着障害などの養育困難と養育支援や研修の不足に結びつけて解釈され，「家族」という関係がもつリスクや養育の多様性については注目されにくい。その理由としては，養育の困難さに対する里親自身の深い共感と，施設養育との対比によって里親養育をとらえようとする視点の2つがあげられる。里親制度の推進が社会的養護の施策として打ち出されている今だからこそ，里親養育の利点を強調するだけではなく，里親養育のリスクも含めた「家族」への理解が必要である。[*]

　＊　里親等に委託されている子どものうち，虐待が報告されているケースは，2015年には11件，2016年には13件あった（厚生労働省「被措置児童等虐待への各都道府県市の対応状況について」）。

2　こう考えればいい
ゆるやかなつながり

① モッキンバード・ファミリー：ネットワークを活用した里親家族支援

　ここで紹介したいのは，アメリカ・ワシントン州シアトル市の NPO 法人モッキンバード・ソサイエティによって考案され，アメリカ・イギリス・オー

ストラリアなどで拡大し，近年，日本でも導入されようとしている「モッキンバード・ファミリー」という里親支援のしくみである*。このしくみはシンプルである。地域で行き来がしやすい距離に住む複数の里親家庭（日本では4〜10家庭）が，1つのベテラン里親家庭を中心にネットワークをつくり，そのネットワーク全体を地域の専門機関が支えるというものである。ベテラン里親はネットワーク内の他の里親家庭を支援する。具体的には，ベテラン里親は，サロンを開催し，里親同士・子ども同士の交流を促すほか，子どものレスパイト・ケア（子どもを一時的に他所へ預けること），養育支援・養育相談などを行う。ときには家出や関係の悪化した里親家庭の子どもの一時的な養育の受け皿となる。ベテラン里親はネットワーク内の里親家族の状況を把握しており，専門機関はベテラン里親と連携し，ネットワークのスムーズな運営をサポートする。

　＊　現在，NPO 法人インターナショナル・フォスターケア・アライアンスが日本でこのしくみを実践するために取り組んでいる。詳細はモッキンバード・ソサイエティおよびモッキンバード・ファミリー・ジャパンの HP（https://www.mockingbirdsociety.org/mockingbird-family）（https://mockingbirdfamilyjapan.org/）を参照。

　興味深いのは，このしくみが「人工的な拡大家族の構築」というアイデアに基づいているという点である*。この場合の拡大家族とは，親族と同義である。「モッキンバード・ファミリー」では，社会的養護の子どもにとって必要なのは養育者だけでなく，おじ・おばや祖父母，いとこなどの「親族」であると考えられている。ここでは，子どもも里親も，レスパイトや交流によって別の家庭と経験や情報を分かち合うことが求められる。このネットワークは，各家庭の外側にフィクションとしての「親族」の関係を形成する。ネットワークに属する大人は，自身の「親族」の子どものように，ネットワーク内の他の子どもとゆるやかな関係を築く。

　＊　モッキンバード・ソサイエティが「モッキンバード・ファミリー」の実施のた

めに用いている 2 冊のハンドブックが，モッキンバード・ファミリー・ジャパンによって翻訳されている（『モッキンバード・ファミリー・モデル——ホストエージェンシー実施のためのハンドブック』，『モッキンバード・ファミリー——コンステレーションのトレーニングおよびリソース・マニュアル』）。

② 拡大する親族養育

　「モッキンバード・ファミリー」の実践は，「家族」という閉鎖的な関係をネットワークという形で開くという試みであるだけでなく，親族関係の構築を核としている。実は，「親族」は，欧米の社会的養護の領域において，近年，注目を集めている施策の 1 つである。日本では，社会的養護の領域では，おもに養育形態の違いについて論じられてきた。しかし，日本よりも先に施設養育から里親養育へと施策転換したイギリスやアメリカでは，「誰が養育者となるのか」という点に関連する新しい潮流が生まれている。それは，里親養育から親族養育への転換である。欧米の親族養育について検討する前に，まず，日本における親族里親制度について説明しておこう。

　日本では，阪神・淡路大震災をきっかけとして親族里親の議論が始まり，2002年に親族里親制度が創設された。親族里親制度は，実親が「死亡，行方不明，拘禁，疾病等による入院等の状態になったことにより」養育できなくなった場合に，子どもの扶養義務者に当たる直系血族（祖父母など）および兄弟姉妹（民法第877条第 1 項）が委託を受けて子どもを養育する制度である。おじ・おばなど，扶養義務者ではない親族が里親認定を受けて子どもを養育する場合は，その親族は養育里親として扱われる。扶養義務者である親族には里親手当は支給されないが，養育里親となる親族には非親族の里親と同額の里親手当が支給される。親族里親は，2011年の東日本大震災時には積極的に活用された。しかし，それ以外の理由で親族養育者が里親に認定されるケースは未だに少数であり，各ケースが認定されるかどうかは自治体によって判断が異なる。そのため，親族里親としての認定を受けずに，私的に親族の子どもを養育している親族養育者が圧倒的に多い。

　日本では親族里親の数は少ないが，アメリカでは，近年，社会的養護の子ど
もを里親家庭ではなく親族家庭に委託するケースが増加している。では，アメ
リカではどのように親族里親制度が発展していったのだろうか。実親から適切
な養育を受けられない子どもを親族が育てるという行為自体は世界中で行われ
てきた。これが，アメリカで社会的養護の施策として活用されはじめたのは，
1980年代後半から1990年頃である（U. S. Department of Health and Human
Services, Administration for Children and Families, Administration on Children,
Youth and Families, Children's Bureau, 2000）。親族養育は徐々に増加し，2010年
には，各州の保護下にある親族養育の子どもは社会的養護の26％に達しており，
特に割合の高い州であるハワイは46％，フロリダは43％を占めている（The
Annie E. Casey Foundation, 2012）。

　アメリカで親族養育が増加した施策上の理由は３点ある（ibid., p. 9-10）。第
一に，非親族の里親家庭の確保が困難になったことによる。1985年から1990年
にかけて，社会的養護の子どもの数は47％増加したが，里親家庭は27％減少し
た。減少の理由は，里親養育のイメージの悪さ，女性就労の拡大，里親の負担
の重さなどである。第二に，児童福祉機関による血縁家族中心のサービスの重
視があげられる。この背景には，非親族の里親養育よりも，親族養育の方が子
どもへの精神的なダメージが少ないという専門家などの指摘がある。第三に，
司法判断の影響がある。1979年には，連邦最高裁判所が非親族の里親家庭が受
けている連邦からの財政支援を親族養育者も受ける資格があるとの判決を，
1989年には，第９巡回裁判所が子どもは親族との関係を保持する権利を有して
いるとの判決を下している。今日では，多くの州で社会的養護の子どもの措置
先を決定する際，非親族の里親養育よりも親族養育が優先されている。

　アメリカで親族養育を優先する施策が展開される一方で，親族は里親よりも
養育環境の面では恵まれていないことも指摘されている。非親族の里親と比較
すると，親族養育者は養育を始める時点では心構えができておらず，養育を開
始する年齢も高く，単身である黒人の割合が高い。[*]学歴や収入も非親族の里親
より低い（ibid., p. vii）。さらに，養育に関する財政等の公的な支援が少なく，

資料9-2　里親養育をめぐる構図

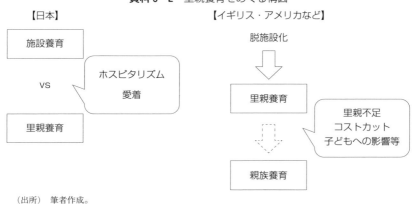

（出所）　筆者作成。

非親族の里親と同様の研修などを受けている割合も低い。単純にこれらの養育環境だけをみれば，親族養育よりも非親族の里親養育の方が子どもの養育には適しているようにみえる。

　＊　アメリカの黒人のコミュニティでは，母子世帯の割合が高く，祖母やおばなどの女性の親族が子どもの養育に関わることは極めて一般的である。

　それでは，親族養育と非親族の里親養育では，どちらが子どもにとってよいのだろうか。この点に関しては，これまでに多くの議論や実証研究の蓄積がある。結果は調査によって異なっており，いずれが優位であるかを早計に結論づけることはできない。ただし，メンタルヘルスなどの観点からは，親族養育は非親族の里親養育と同等かそれ以上にポジティブな影響を与えていることを示すデータが多く，親族養育の方が著しくネガティブな影響を与えるという結果を示すデータはみられない。公的な資金の投入が非親族の里親養育よりも少なく，養育者や養育環境の条件も悪い傾向にある親族養育が，非親族の里親養育と同等以上の結果を示している。これは，興味深い結果である。

3 ここがポイント
「親族」が与える距離と帰属意識

① 親子関係における「距離化」

　モッキンバード・ファミリーおよび親族養育の実践は，施設養育と里親養育の対比および非血縁の親子と実親子の関係の対比に焦点を当てる議論ではとらえられない点があることに気づかせてくれる。それは，地域におけるゆるやかなつながりと「親族」という意識である。この節では，これらの点について，検討していこう。

　モッキンバード・ファミリーは，小グループのネットワークを活用した子育て支援システムである。第1節で指摘したように，家庭は閉じられた空間であり，家族成員同士には緊密な関係が求められる。特に，親子関係の場合には，親が一義的に養育の責任を負っているという点からも，親子間の距離は近い。里親養育の場合，異なる生活環境に置かれてきた親と子どもが新たに共同生活をスタートするというだけでなく，実親との関係の中で得られなかった「愛着」を子どもとの間に形成することが里親の重要な役割だと考えられている。社会的養護の子どもの中には，「愛着」の形成の機会をもたなかった子どもが多い。こうした「愛着」を実親の代わりに形成することが里親には求められるのである。「愛着」を経験していない子どもと新しく愛着を形成するためには，里親には愛着に関する理解と忍耐力が必要となる。一見奇妙に思える子どもの行動や感情の表出は，ときに里親に強い葛藤を引き起こすことになる。このような葛藤は，里親養育の悩みとして最も多く語られる事柄である。里親養育では，子どももまた，里親との関係に対する適応を求められる。子どもは，里親家庭では，その家族で共有されている文化・慣習や養育者の規範を理解し，対応していかなければならない。その家庭独自のルールを理解することができなかったために，子どもが里親家庭で不安や恐怖を経験するというエピソードは，子どもの体験発表会などにしばしば登場する。

　里親家庭で「家族」のリスクや関係の破綻を回避するためには，近しい関係に対する「距離化」（奥村，2017）が必要であるように思われる。里親は，養育に困難を抱えれば抱えるほど，他の里親と経験の共有を求める傾向にある。それは，里親が自分と同じ葛藤を抱えている仲間に困難を打ち明け，共感を得ると同時に，自身の養育を俯瞰する機会を求めているからである。子どもの場合も同様である。子どもは，新しく家族に参入する中で，家族関係に強力に引き込まれる。一度里親家庭に措置されると，その環境での生活が子どもの人生の中で大きなウエイトを占めることとなる。各家庭は養育方針も環境も異なっているが，子どもが自身の里親との関係しか知らなければ，自身の家族の特徴を理解することは難しい。もし，里親家庭の子どもが他の子どもと経験を分かち合い，他の里親からも養育を受ける機会があれば，子どもは自分自身の置かれている状況や家族との関係をより深く理解することができるだろう。こうした経験は，子どもと里親の関係の「距離化」を促すきっかけとなる。

　モッキンバード・ファミリーは，中心となるベテラン里親によるグループ内の子どものレスパイトとグループ内のすべての家族が交流する毎月のサロンを重視している。レスパイトやサロンでは，子どもが他の里親家庭で過ごすことによって，自身の環境や里親との関係を俯瞰することが可能となる。さらには，里親との間に葛藤が生じている場合には，信頼できる別の養育者に悩みを吐露することもできる。これは，里親にとっても同様である。里親は，子どもと物理的に距離を置くことによって，子どもとの関係について考える余裕ができる。同じ里親に子どもを預けることによって，子どもとの関係や自身の感情を理解し，共感してもらえる機会も増える。里親と子どもにとっては，こうした距離は，親子関係を好転させる重要なきっかけとなる。

② 「親族」という意識

　里親と子どもの「距離化」という面で，モッキンバード・ファミリーの実践は示唆的であるが，この実践には，もう1つの興味深い点があることを忘れてはならない。それは，モッキンバード・ファミリーが，フィクションとしての

「親族」を形成することである。これは，子どもにとって，愛着を形成する親子関係だけではなく，「親族」というよりゆるやかな関係性が存在するということを意識することがもつ意味と関連している。モッキンバード・ファミリーを全国展開しているイギリスでは，モッキンバード・ファミリーに参加する家族を対象に行った調査において，ベテランの里親家庭にサポートを受ける里親のうち61％の回答者がモッキンバード・ファミリーを「拡大家族」（第2節で述べたように，「親族」と同義）と認識しているという結果が示されている（MacDermid et al., 2016, p. 22）。それでは，「親族」という意識にはどのような意味があるのだろうか。この点については，親族養育の実践から考えてみたい。

　里親関係者の間には，子どもとは血縁関係がなくても「親子」や「家族」になれる，という言説が流布している。そのこと自体は否定されるべきではない。その一方で，親族養育がもたらす子どもの養育の安定性は，養育形態などとは別の水準で，養育者が誰であるのかという点に関する議論が必要であることを示唆している。

　親族養育が非親族の里親養育よりも子どもにポジティブな影響を与える理由を明らかにするためには，より多くのデータの収集が必要であるが，ここでは，1つの仮説を示しておきたい。親族養育は，血縁主義と結びついた政策である。ただし，ここでの血縁主義とは，単純に生物学的に血縁関係のあるものが子どもの養育において優先されるということを指すのではない。親族養育が子どもに与える影響には，子どもが実親やその家族といった親族関係の中に自身がどのように位置づけられるのか（＝帰属意識）という問題が関連している。「自分が孫を育てるのは，自分が死んだときに子どもが親族という関係の中にいるという状況を失わずに済むからだ。もし，孫が非親族の里親家庭に行けば，養育者が死んでしまったときに，孫は一人ぼっちになってしまう」。筆者が2016年にワシントン州でインタビュー調査を行ったある親族養育者は，自身が孫を育てることを決意した理由をこのように語った。子どもにとって，親族養育は単に実親の代替が親族であるという事実以上の意味をもつ。それは，自己が自身のルーツに関連して親族という大きな関係性の中に位置づけられるという感覚

を子どもがもつことができるということに関連しているのかもしれない。所与の関係の中に自己が位置づけられるという帰属意識は，子どものアイデンティティの形成にポジティブな影響を及ぼす可能性がある。親子の外側に「親族」というゆるやかな関係性を想定すること，それが子どもにとって一定の意味をもつことが親族養育の実践から推測できる。

　このことは，モッキンバード・ファミリーの実践にも共通しているように思われる。モッキンバード・ファミリーでは，人工的な親族関係によって，狭義の家族よりも拡大した関係性の中に自身を位置づけることが可能となる。ネットワークに入ることは，子どもにとって，親族という大きな関係性の一部に自身が帰属しているという意識を形成する機会にもなる。もちろん，このような意識を醸成することは簡単ではない。そのために，レスパイトや毎月のサロンによる家族間の交流が重視されているのである。モッキンバード・ファミリーの場合には，小グループを中心としたネットワークにおける日常的な交流とサポート体制の充実によって，時間をかけて人工的な親族関係を構築している。これが，「モッキンバード・ファミリー」が里親家族の満足感を高め，里親と子どもの関係の維持に貢献している理由である。

4 これから深めていくべきテーマ
「親族」という関係から「家族」をみる

　子どもにとって「家族」は必要なのか。必要なのであれば，それは，なぜなのか。この問いに簡単に答えを出すことはできない。ただし，「家族」という関係性が子どもにとって何らかの機能を果たすことがあるとすれば，それは，子どもがどのようにケアされるか（＝養育形態）だけではなく，誰とどのような関係を築くのか，その中で「家族」に関する意識はどのように形成されるのかという点と深く関連しているようにみえる。

　「家族」に関する意識とは，単に自身の身近にいる人々（例えば，定位家族や生殖家族）に対する意識だけを指すわけではない。そこには「親族」に関する

意識も含まれており，それは子どもが自らの置かれている現状を理解し，アイデンティティを確認することと深く関連している。社会的養護の子どもは，実親から適切な養育を受けることができなかった。子どもがその理由を理解するためには，実親の人生，パーソナリティ，実親と親族との関係など，実親に関する様々な情報を得ることが必要である。このような意味で，実親を知る親族の存在は重要となる。それに加えて，親族との関係を維持できれば，子どもは自身と関連する「親族」という新たなネットワークの存在を知ることができ，それによって，実親からは得られなかった「家族」への帰属意識をもつことができる可能性がある。このような点からも，私たちは，子どもと実親の関係だけに関心を向けるのではなく，実親とその親（子どもにとっては祖父母）やきょうだい（同じくおじ・おば）との関係から実親と子どもの関係をとらえ直す必要がある。

　生物学的な意味での親族関係だけでなく，シンボリックな「親族」という関係もまた，自身の立場を理解するのに重要な意味をもつ。私たちは，他の家族の養育観を知ることで，自身の中にある「常識」がどこからきているのかということに気づくことができる。里親養育は一般の親子関係と比較すると，養育者と子どもの間に葛藤が生じやすい。養育者や子どもが自身の家族を相対化する視点をもつということは，自身が状況を理解したり，葛藤に対処したりするのには大いに役に立つ。子どもがネットワークの一員として，他の養育者からケアを受けるという経験をすることができれば，子どもは親以外にも自身のことを気にかけてくれる身近な大人がいることを実感できる。こうした大人の存在が，子どもと親との関係の破綻を防ぐことにつながる可能性がある。このような点から，「親族」のようなネットワークの構築は，里親家族にとって，ストレスの解消や共感の獲得以上の意味をもつのである。

　親族養育やフィクションとしての「親族」が，子どもの「家族」に対する意識や子どもの成長に与える影響については，まだ研究が始まったばかりである。今後の研究の発展が期待される。

手にとって読んでほしい5冊の本

野辺陽子・松木洋人・日比野由利・和泉広恵・土屋敦，2016，『〈ハイブリッドな親子〉の社会学——血縁・家族へのこだわりを解きほぐす』青弓社。

　　非血縁の親子関係を中心とした様々な親子・家族関係を取り巻く社会状況について，社会学的に解き明かしている。血縁を中心とした親子・家族関係を根本から問い直す挑戦的な本である。

安藤藍，2017，『里親であることの葛藤と対処——家族的文脈と福祉的文脈の交錯』ミネルヴァ書房。

　　家族と福祉が交錯する里親家族について，家族社会学の立場から論じ，養育者へのインタビューデータを丁寧に分析している。

野辺陽子，2018，『養子縁組の社会学——〈日本人〉にとって〈血縁〉とはなにか』新曜社。

　　「養子縁組」を社会学から体系的に論じたはじめての本であり，血縁とは何かについて根本的に問い直すための必読書である。

土屋敦，2014，『はじき出された子どもたち——社会的養護児童と「家庭」概念の歴史社会学』勁草書房。

　　敗戦後から1970年代後半までの社会的養護の施策について分析し，「保護されるべき子ども」の背景にあるイデオロギーの変容について，「家庭」概念との関連から解き明かしている。

中山哲志・深谷昌志・深谷和子編，2018，『子どもの成長とアロマザリング——里親里子問題への接近』ナカニシヤ出版。

　　全国の里親を対象にしたアンケート調査やインタビュー調査の分析を中心に，「アロマザー」というキーワードを用いながら，里親家族の実態を明らかにしており，初学者にも親しみやすいテキストである。

引用・参考文献

安藤藍，2017，『里親であることの葛藤と対処——家族的文脈と福祉的文脈の交錯』ミネルヴァ書房。

奥村隆，2017，『社会はどこにあるか——根源性の社会学』ミネルヴァ書房。

山田昌弘，1994，『近代家族のゆくえ——家族と愛情のパラドクス』新曜社。

Bowlby, J., 1969, *Attachment and Loss, vol. 1 Attachment,* London : Hogarth Press.（黒田実郎・大羽蓁・岡田洋子訳，1976，『母子関係の理論①　愛着行動』岩崎学術出版社）

MacDermid, Samantha, Baker, Claire and Lawson, Doug with Holmes, Lisa, 2016, *The evaluation of the Mockingbird Family Model : Final evaluation report*（*Children's*

Social Care Innovation Programme Evaluation Report 04), Department for Education.

The Annie E. Casey Foundation, 2012, *Stepping Up for Kids : What Government and Communities Should Do to Support Kinship Families*.

U. S. Department of Health and Human Services, Administration for Children and Families, Administration on Children, Youth and Families, Children's Bureau, 2000, *Report to the Congress on Kinship Foster Care*.

（和泉広恵）

第10章

認知症ケアはどこに向かうのか
「その人らしさを支える」の先へ

グラフィック・イントロダクション

資料 10 - 1　Aさんを囲んで記念撮影

（出所）　介護家族Bさん提供。

　この写真を見て，皆さんは何に気がつくだろうか。どうもホテルのカウンターらしいので，旅行の記念写真だということはすぐにわかるだろう。年配の男性と女性，そして少し若い女性が写っているので，親子3人で旅行中だと思うかもしれない。髪型や服装からして，少し前の写真だと感じた人もいるだろう。
　この章は，この写真から議論を始めよう。このたった1枚の写真にも，日本の家族政策のあり方を考える重要なヒントが詰まっている。

1 何が問題か
認知症の人を尊重するとは？

1 1枚の写真から考える

　実は，先の写真の真ん中に写っている女性Aさんは，認知症[*]を患っていた。その左で微笑んでいる男性Bさんは彼女の夫だが，右端に写っている女性Cさんは娘ではない。ケアマネジャーと呼ばれる，介護の専門職だ。この写真は2002年，認知症の人たちがグループで旅行しているときに撮影された。つまりこの写真には写っていないが，他にも大勢の認知症の人が同様に，家族や介護専門職と一緒に旅を楽しんでいたのである。

> ＊　日本認知症学会は，認知症を次の6項目で定義している（日本認知症学会編，2008，8頁）。
>
> 　①認知症の中核は記憶障害をはじめとした知的機能の障害であり，さらに失語，失行，失認および実行機能障害などの複数の知的機能の障害がみられる。
>
> 　②これらの知的障害は，後天的な障害のため，いったん発達した知能が低下した状態がみられる。
>
> 　③脳の器質性変化があり，脳の物質的な異常を基盤とした状態である
>
> 　④障害がある期間持続していることが必要で，ICD-10〔国際疾病分類10版〕では「少なくとも6か月以上」持続するとしている。
>
> 　⑤知的障害の結果，社会生活や日常生活活動に支障をきたした状態である。
>
> 　⑥急性・一時的なものではなく，意識障害がないときにも，上記の状態がみられる。

　この写真から，皆さんに考えてほしいことがいくつかある。まず，症状が進行しても，周囲のサポートさえあれば，認知症の人は好きなことができる。そしてそのときサポートするのは，家族だけでない。認知症の人を支えるための専門職が，私たちの社会にはいる。そして一番重要なのは，認知症の人も「ここに行きたい」と思い，「楽しい」と思える，そういう心をもった存在だとい

うことだ。認知症の人には，どれだけ症状が進行しても，意思や感情がある。＊

> ＊　その割にはＡさんの表情が固い，と思うかもしれない。しかしケアマネジャー
> だったＣさんはこの時を回想して，「Ａさんはカメラを向けられて緊張している」
> と評していた。Ａさんは，緊張するような心の持ち主として，周囲から大切にさ
> れていたのだ。

② 認知症ケアの歴史が教えてくれること

　この写真が撮影された2002年から19年が経ち，認知症は私たちの社会にとっ
て，一層身近なものとなった。令和3（2021）年版の『高齢社会白書』による
と，介護保険制度のもと，要介護者等（要介護者または要支援者）に認定された
高齢者は，645.3万人に上る（2018年度）。さらに介護が必要になった理由のう
ち，認知症は18.1％を占める（2019年）。つまり日本には，認知症が原因で介
護が必要になった人が，100万人以上暮らしていることになる。

　その私たちの社会は現在，認知症の人本人ができるだけ尊重される暮らしを
目指そうとしている。2000年には介護保険制度がスタートし，多様な専門職が
介護に関わるようになった。認知症になっても，例えば旅行に行って人生を楽
しめるし，様々な人々がにこやかに見守ってくれるような社会は，私たちに
とって当たり前のものになった。

　しかしここで皆さんに知ってもらいたいのは，そうした暮らしが，私たちの
社会の到達点であるということだ。認知症の人の意思や感情は，昔から尊重さ
れていたわけではない。むしろ認知症の人は長きにわたり「その人らしさ」を
失った存在だとみなされ，軽んじられてきたのだ。

　この章では，日本における認知症ケアの歴史を辿ってみたい。目次をみて，
「家族政策を扱う本なのに，なんで認知症なんて病気のことを扱うのだろう」
と不思議に思った人もいるだろう。実は日本では，認知症の人本人の生活を支
えるような政策がなかったために，その介護負担が家族に集中していた時代が
あった。読者の皆さんが大学生世代なら，皆さんの祖父母世代の人たちは，そ
んな時代を生きていたはずだ。つまり，何らかの政策や制度がないことは，家

族に負担を負わせる政策として機能するのだ。認知症ケアの歴史は，そのこと
を端的に示してくれる。

　そしてこの章を通じて，皆さんに考えてもらいたいことがある。それでは認
知症の人を尊重するとは，いったいどういうことだろうか。そのための制度づ
くりと家族のあり方は，どのように関係するのだろうか。

2 こう考えればいい
介護政策の不在は家族を追い詰めた

① 「当たり前」だった「ひどい状況」

　認知症ケアの歴史を辿る上で，皆さんにぜひ読んでもらいたい本がある。宮
崎和加子が執筆した『認知症の人の歴史を学びませんか』という本だ（宮崎，
2011）。1970年代末から訪問看護師として活躍していた宮崎は，自身の経験と
多くの文献から，当時の認知症患者の暮らしを描いている。公的サービスがな
い中で，四畳半の部屋に鍵をかけて閉じ込められ（「座敷牢」），尿や便だらけ
になって暮らしていた男性。最後には肺炎になって亡くなる彼を，どうするこ
ともできずに見守る看護師。仮に施設（「老人病院」）に入れたとしても，手足
を縛られ，あっという間に寝たきりになって亡くなる人たち——こうした状況
は，恐らく皆さんの想像を超えるだろう。

　宮崎が指摘するのは，こうした「ひどい状況」が特別なものではなく，「当
たり前」となっていたことだ。

> 「〔1970年代の〕このひどい状況は，一看護師や一医師だけの責任ではなく，ある意味では，
> その当時の「平均」であり，「到達点」だったのではないでしょうか。誰もがおかしいと
> 思いながらも，それが当たり前になり，人権感覚がマヒしてしまったり……。」（宮崎，
> 2011，40-41頁）

　それでは1970年代当時，なぜこんな「ひどい状況」が「当たり前」となって
しまったのか。ポイントは2つある。1つは，認知症の人に介護を提供する制

度が整えられていなかったことだ。現在の訪問介護サービスのように，患者の在宅での暮らしを専門職が支える制度はもちろん，介護施設も長らく不十分なままだった。そしてもう１つ重要なのが，患者観の違いだ。認知症の人は当時，何もわからなくなった存在としてとらえられていた。例えば，先ほど紹介した宮崎（2011）には，写真家の田邊順一が1970年代や80年代に撮影した介護施設の写真が寄せられている。そこには，入所者たちが男女の区別なく入浴させられたり，人の多い廊下でオムツを代えられたりしている様子が記録されている。「認知症になれば，『恥ずかしい』『嫌だ』などと思うはずがない」と，そんなふうに扱われていたのだ。

＊　例えば，特別養護老人ホームが生まれたのは1963年のことだが，認知症の人が入所できるようになったのは1984年，「痴呆性老人処遇技術研修」が制度化されて以降だった。

② しわ寄せは家族に

そして，こうした状況のしわ寄せは，家族にいった。制度上どれだけ軽んじられたとしても，当時の認知症の人たちも生きている。その生活を誰が支えるかといえば，家族，特に女性がみるのが「当たり前」とされてしまったのだ（第11章参照）。

介護家族の全国組織「呆け老人をかかえる家族の会」（現在の「認知症の人と家族の会」）が，1980年12月から翌年１月にかけて実施した，会員の実態調査の記録が残っている。これによると，回答者の９割が女性，在宅で介護中が89.6％，そして困っていることの１位が「介護を助けてくれる人がいない」（42.1％）であった（呆け老人をかかえる家族の会編，1982）。当時の会員たちが寄稿した介護体験談は，「介護を助けてくれる人がいない」状況での在宅介護がどのようなものか，私たちに追体験させてくれる。新潟県に暮らし，姑（73歳）を介護していた「嫁」N・Iさん（45歳）の手記を引用しよう。

「冬場は，私もかかりきりで姑のめんどうを見ていられますが，〔略〕田畑の仕事が忙し

くなる時期には，そうばかりしていられません。野良仕事の合い間に姑のおむつを替えたり洗ったり，おやつを用意したりで，心身ともに疲れ果ててしまいます。せめて1ヵ月だけでも，どこか姑を預かってくれるところがあったら，どんなに助かることかと思います。〔略〕

〔介護疲れの果ての殺人について〕ふとしたきっかけから，こんなことが起こりかねない緊張感は，私にだってよく分かります。誰でも，自分の親を手にかけたい人がいようはずがありません。しかし，いつまで続くのか知れない苦しい日々の繰り返しで，積もり積もった心身の疲労が，人間をふと異常な行動に走らせないとは限らないのです。」（呆け老人をかかえる家族の会編，1982，28-29頁）

　実は1978年，『厚生白書』は高齢者の同居家族のことを「福祉における含み資産」と評している。認知症の人は人間扱いされず，その家族は政策的に国の資産扱いされ，さらに家族の中でも女性に負担が集中する。N・Iさんをはじめ，多くの家族が介護に追い詰められていた時代だ。

3 ここがポイント
新しい認知症ケア：その人らしさを支える

　もちろん，こうしたひどい状況を前に，誰もが何もせず放置し続けたわけではない。ここでは，特に2000年代以降に起こった2つの変化を紹介しよう。1つは，介護保険制度について。そしてもう1つは，認知症ケアの考え方についてである。

1 介護保険という風穴

　皆さんにはぜひ，大熊由紀子が執筆した『物語　介護保険』という本を読んでもらいたい。2000年にスタートした介護保険制度は，家族介護を「日本の美風」ととらえるような社会に「風穴」を空けた制度だと評価される。介護家族，政治家や官僚が党派を超えて連携し，新しい社会を構想しようと制度をつくり上げたのだ（大熊，2010）。

　このように，介護を社会で支えようという制度設計や理念のあり方を，「介

護の社会化」と呼ぶことがある。例えば介護保険は，要介護者が自宅で暮らしながら利用できる訪問介護サービスや通所介護サービス，そして家を出て入居できる介護施設を具体的に整備した。それまで家族ばかりが担っていた介護を，専門職が支えるようになる。こうして介護の「代替性」を高めたのは，介護保険の大きな特徴の1つだ（森川，2015）。

　実際，介護保険が始まる前から認知症の夫を介護していた女性は，私に「介護保険は神の手だった」と語ったことがある。皆さんにとって，介護保険は当たり前に存在する制度かもしれない。しかし，介護保険が始まる前と後の生活がどれほど違ったか。「神の手」という表現は，皆さんにもその変化を端的に伝えてくれるだろう。

　そして，この介護保険を理解する上で重要なのは，サービスを利用するのは家族の権利ではなく，介護を受ける本人の権利であるということだ。介護保険は社会保険制度として，私たちが家族として介護を担う介護負担リスクではなく，私たちが要介護状態となる要介護リスクを対象にしくまれている（堤，2010）。家族がいようといまいと，私たちは自分の心身の状態に応じて，介護を受ける権利がある。こうした理念のもとに，介護保険制度はできあがった（第5章参照）。

　しかし皆さんの中には，そうした本人中心の考えでは，かえって認知症の人が不利になるのではないか，と思う人もいるかもしれない。記憶障害などがなく，意思表明がはっきりできる人が要介護状態になったのなら，サービスも自分で選択できる。しかし，認知症の人にそれは無理ではないのか。

　ここで重要なのは，介護保険が始まった2000年頃，認知症ケアにおいて大きな考え方の転換があったことだ。介護保険という制度だけではない。特に認知症ケアにおいては，患者をどういう存在とみなすかの考え方も，並行して新しくなったのだ。

② 新しい認知症ケア時代へ

　小澤勲という精神科医が執筆した名著『痴呆を生きるということ』（小澤，

2003）を，ぜひ手にとってほしい[*]。この本に限らず，小澤の執筆した本であれば，その考え方は伝わるだろう。とにかく，読んでもらいたい。

　　[*]　「認知症」は，2004年の用語変更以前は「痴呆」と呼ばれていた。ここでは，
　　　　2つの用語を互換的なものとして用いる。

　小澤はこの中で，痴呆ケア（今でいう認知症ケア）の「基本視点」を，次のようにまとめている。第一に，「客観的，医学的，ケア学的に理に適ったケアを届ける」ことは重要である。認知症の人一人ひとりがどんな障害を抱えているか，きちんと見極めないといけない。しかし小澤は，さらにこう言葉を続ける。

　　「しかし，痴呆ケアは，これだけでは足りない。痴呆を生きる一人ひとりのこころに寄り添うような，また一人ひとりの人生が透けて見えるようなかかわりが求められる。そのために，現在の暮らしぶりを知り，彼らが生きてきた軌跡を折りにふれて語っていただけるようなかかわりをつくりたいと考えてきた。」（小澤，2003，195頁）

　つまり，認知症の人にも様々な思いがあり，その人のこころは残っているのだと，今や強調されるようになったのだ。だからこそ，その一人ひとりの思いを読み取ることが，周囲の介護者たちに課せられる重要なケアとなる。

　社会学者の井口高志は，特に2000年代以降，日本社会は「新しい認知症ケア時代」を迎えたと表現する。周囲が上手くはたらきかけをすれば，認知症の人はその人らしさを発揮できるのだと発見されていく。そして，認知症の人の思いを中心にケアが提供されるようになった。井口が指摘しているのは，制度の問題だけではない。認知症の人が，その人らしさを保った存在としてみなされるようになったということ。その患者観，人間観の転換にこそ，皆さんには注目してほしい（井口，2007）。

③ Aさんの暮らしからみえるもの

　では，こうした認知症に関する新しい考え方と，介護保険という制度が組み合わさったときにどのようなケアが可能となったのか。冒頭に写真で紹介した

Aさんの事例を，少し詳しく紹介しよう。

　Aさんは写真が撮影された2002年の段階で，認知症と診断されてからすでに
８年が経過していた。症状は徐々に進行し，「あれがしたい」「これが良い」と
自分の意思を誰かに伝えるのは，困難な状態だった。しかし周囲の人たちは，
好き勝手に介護をしていたのではない。あくまで彼女の希望を読み取って，そ
れを尊重しようとしていた。

　例えば夫のBさんは，Aさんにできるだけ長く自宅で暮らしてもらおうと，
介護の方針をたてた。「妻はもともと主婦であり，料理や掃除を楽しそうにし
ていた。だから，もし彼女が時間を楽しく過ごそうと思うならば，自宅で，誰
かと一緒に家事をしたりしながら過ごすのが良いのではないか」。Bさんはこ
んなふうに，妻の人生（ライフヒストリー）に基づいて彼女の希望を解釈した。

　しかしそんな生活は，Bさん一人の力で実現できるものではない。介護のた
めに退職したBさんだが，24時間ずっとつきっきりというわけにはいかない。
まして，すでに独立した子どもに手助けを求めるわけにはいかない。

　そこでBさんは，Cさんの所属する事業所へサービスを依頼した。Cさん
たちは早速Bさんと相談しながら，ヘルパーがAさんとともに掃除や洗濯をした
り，料理を一緒に作ったり，そうして日常生活を送ることの手助けを重視した
ケアプランをたてた。

　さらにCさんたちは，そうやってAさんの日常生活を支えつつ，彼女との些
細なやり取りから，その希望を読み取ろうとした。例えば，ヘルパーと散歩中，
Aさんが近所の子どもの様子をじっと見ていることがあった。一方でバイクに
は，手を振り上げて怒っていた。「子どもは好きだけど，うるさいのは嫌なの
だな」と解釈したCさんは，散歩のコースを変更する。あるいはAさんは，何
を食べても「おいしい」といっていたが，アンパンのときだけ「おいしい，お
いしい」と繰り返していた。「ということは，アンパンが好きなのだな」とC
さんは解釈し，その「おいしい」のいい方を，Aさんの体調や食欲などをみる
目安にしていたという。

　Aさんは，「あれがしたい」「これが良い」と言葉で意思表明をしていたわけ

ではない。しかしそれでも，夫やヘルパーといった周囲の介護者たちが，彼女の希望を探り，彼女らしい生き方を実現していった。

　Ａさんはこうして，認知症になっても主婦として，家庭の中で暮らし続けることができた。そして，その家庭的な暮らしを支えることこそ，Ｃさんたちが提供した専門的なケアであった。

　しかし，もし彼女が認知症になったのが1970年代だったらどうだろうか。Ａさんは「その人らしさ」を失った存在として扱われ，家庭生活を送ることはもちろん，旅行などさせてもらえなかっただろう。あるいは夫であるＢさん，さらには子ども世代も「含み資産」として扱われ，疲弊しきっていただろう。冒頭の写真のように，にこやかに妻を見つめる余裕など，失われていたはずだ。

　Ａさんはこうして在宅で生活しながら，2011年に亡くなった。もちろん，彼女の介護には，本章に書ききれない数多くの困難があったという。しかしＡさんの周囲の介護者たちは，最後まで彼女の思いを探り，彼女らしい生き方を実現しようとしていた。Ａさんの事例は，「新しい認知症ケア時代」が私たちにどんな暮らしを可能にしてくれたかを，鮮やかに示してくれる。

④ 2021年現在の到達点

　認知症ケアをめぐる近年の動きについて，簡単に紹介しよう。例えば厚生労働省は2015年，「認知症の人やその家族の視点の重視」を掲げる「認知症施策推進総合戦略（新オレンジプラン）」を発表した。同じ年に社会技術研究開発センターは「認知症の人への医療行為の意思決定支援ガイド」を開発している。さらに厚生労働省は2018年，「認知症の人の日常生活・社会生活における意思決定支援ガイドライン」を発表した。

　こうした近年のガイドラインなどで強調されているのは，次のような視点だ。

　　「認知症の症状にかかわらず，本人には意思があり，意思決定能力を有するということを前提にして，意思決定支援をする。」（厚生労働省，2018，4頁）

　ここが，私たちの社会の2021年現在の到達点だ。介護，医療そして日常生活

に至るまで，認知症の人本人を中心に据えることを，最後の最後まで目指す。そしてその背景にある，どれだけ認知症が進行してもその人の意思が失われることはない，という考え方。

　もちろん，そうした理念に基づいた生活を実際にどこまで実現できるかは，個々人のケースによって様々なはずだ。上手くいかないことも多々あるだろう。しかしそれでも，冒頭に紹介した写真から19年がたった今，私たちはそんな認知症ケアを理想として掲げられる地点に至ったのだ。

4　これから深めていくべきテーマ
「認知症になっても大丈夫」といえる社会へ

① 「共生」と「予防」のその先へ

　それでは，この「認知症の人本人の尊重」という到達点を確認した上で，これから考えるべきことは何だろうか。特に家族に注目する本書の立場から，最後にいくつかの論点をあげておきたい。

　例えば，2019年に認知症施策推進関係閣僚会議が発表した「認知症施策推進大綱」では，「認知症の人や家族の視点を重視」するとした上で，認知症との「共生」と「予防」という２つのキーワードを掲げている。しかしこの「共生」と「予防」からは，それぞれ重要な問題を提起できる。

　まず認知症の予防をめぐっては，発症に関係するとされる様々なリスクが，社会的な問題ではなく個人の努力の問題にされてしまいがちだと指摘されている。教育機会，食習慣や住環境等が社会政策の問題ではなく，いわば自己責任とされてしまう危険性だ（Leibing, 2018）。

　そもそも，何かの予防を唱えることは，それが避けるべき状態なのだとメッセージを送ることにつながりかねない。だとすれば，「認知症は嫌なもの，避けるべきもの」「予防できないのは自己責任」と烙印を押すのを避けつつ，そして認知症の人個々人を尊重するための手間を惜しまず，皆で支えていくことこそが，今後さらに求められるのではないか。

　そしてここで重要となるのは，認知症の人との共生のあり方をどう考えるかだ。認知症の人の意思を尊重しよう，という基本方針は先ほど確認した。しかし現在しばしばみられるのは，そうやって認知症の人個々人を尊重しようとする中で，家族のケア責任が強化されてしまう事態だ。

　Ａさんの事例でも紹介した通り，認知症の人の意思は周囲の介護者たちが，その場のやり取りやその人の人生（ライフヒストリー）から，細やかに読み解き，解釈していくものだ。しかし，認知症の人がどんな人だったのか，どんな生き方をしてきたのかを，専門職は知らない。そこでしばしば頼られるのが，家族の知識である。この人がかつては何を好み，どんな考え方だったか。この人にとっての「その人らしさ」とは何なのか。日常的な介護の進め方から延命医療の是非まで，家族の知識が様々な人々から頼られる中で，いわば家族が介護してしまう状況が生まれてしまう（木下，2019）。

　私たちは，「共生と予防」のさらにその先を見据えなければならない。その理念で万事解決ということはありえないのだ。では，その先にどんな社会が目指せるだろうか。

② 「認知症になっても大丈夫」といえるように

　むしろ，「認知症になっても大丈夫」といえる社会はどうだろう。私たちが認知症になることを不安に思うのは，例えば記憶を失ったり，自分の居場所がよくわからなくなったり，そういう症状を想像してのことだけではない。家族や友人は自分の面倒をみてくれるだろうか，貯金や資産がなくても生きていけるだろうか。要は，認知症という病そのものではなくて，介護の問題が私たちを不安に駆り立てているはずだ。本書で扱っているように，私たちの社会にはシングルで生きる人々が数多く存在し，今後さらに増えるだろう（第４章参照）。あるいは家族が介護していても，介護者の方が先に亡くなるケースもある（第12章参照）。そんなことを想像して，私たちは「認知症になんてなりたくない」と，できるだけ遠ざけようとする。

　しかしＡさんの事例から今私たちがあらためて学ぶべきなのは，認知症に

なっても最後まで自分らしい生活を送れるのだ，ということではないか。今回
取り上げたのは，散歩をするとかアンパンを食べるとか，ごく何気ない場面で
ある。しかしそうした場面にこそ，Aさんを知らない読者の皆さんも，彼女ら
しさを感じたはずだ。そしてそんな何気ない場面を支えるために，Cさんのよ
うな専門職が奮闘していた。だからこそBさんも夫として，倒れることなく最
後まで共に生活ができた。

　「認知症になっても大丈夫！」と自信をもって呼びかけられる社会こそ，次
の理想ではないだろうか。

手にとって読んでほしい5冊の本

井口高志，2020，『認知症社会の希望はいかにひらかれるのか──ケア実践と本人
の声をめぐる社会学的探求』晃洋書房。
　　認知症の本人たちの「思い」を尊重するケア実践は，どんな葛藤や困難を抱え
　　てきたのか，誠実な分析が展開される。
木下衆，2019，『家族はなぜ介護してしまうのか──認知症の社会学』世界思想社。
　　介護の社会化が進む中で，家族はなぜ介護してしまうのか。認知症の人の「人
　　生」をキーワードに分析する。
宮崎和加子，2011，『認知症の人の歴史を学びませんか』中央法規出版。
　　日本の認知症ケアが辿ってきた歴史を，著者の経験や関係者へのインタビュー，
　　そして写真から描く。
大熊由紀子，2010，『物語　介護保険──いのちの尊厳のための70のドラマ（上）
（下）』岩波書店。
　　物語形式で展開される，日本の介護保険の歴史。介護家族，官僚，政治家らの
　　奮闘が重層的に描かれる。
小澤勲，2003，『痴呆を生きるということ』岩波新書。
　　認知症の人の心のあり方を探る画期的な一冊。著者の専門性の高さと温かい眼
　　差しが同居している。

引用・参考文献

井口高志，2007，『認知症家族介護を生きる──新しい認知症ケア時代の臨床社会学』東
　信堂。
厚生労働省，2018，『認知症の人の日常生活・社会生活における意思決定支援ガイドライ

ン』。

堤修三，2010，『介護保険の意味論——制度の本質から介護保険のこれからを考える』中央法規出版。

日本認知症学会編，2008，『認知症テキストブック』中外医学社。

呆け老人をかかえる家族の会編，1982，『ぼけ老人をかかえて』合同出版。

森川美絵，2015，『介護はいかにして「労働」となったのか——制度としての承認と評価のメカニズム』ミネルヴァ書房。

Leibing, A., 2018, "Situated Prevention : Framing the "New Dementia"," *The Journal of Law, Medicine & Ethics,* 46(3), pp. 704–716.

（木下　衆）

第11章

男性介護者がめずらしくない時代に

介護への構え・備えと「ケアの社会化」

（ グラフィック・イントロダクション ）

資料11‐1　同居の主たる介護者に占める各続柄の割合とその推移

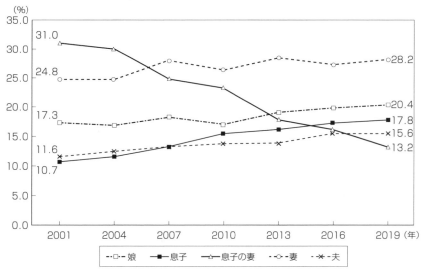

（出所）　『国民生活基礎調査』（厚生労働省）介護票の公開データ（「e-stat 政府統計の総合窓口」より2021年5月12日取得）を基に筆者作成。

　このグラフは，要介護高齢者が家族の誰から主に介護を受けているか（主たる介護者は誰か），それがどのように変化してきたかを示している。顕著にみられる変化の1つが「主たる介護者＝息子」の増加だが，では当の男性たちは，親の介護者になるための構えや備えがどれくらいできているのだろうか。それが本章の主題である。

1 何が問題か
どんな男性も親の介護者になる時代に

① 家族における介護の担い手の変化

　日本の高齢者介護に関する変化の1つは，家族における担い手の多様化である。日本では2000年代の初めまで，要介護高齢者の息子の妻が，その主たる介護者になることが当然とされてきた。**資料11-1**は，主たる介護者が高齢者とともに暮らす同居介護に限定した上で，主たる介護者に占める各続柄の割合と，その推移を示したものである。ここから明らかなように，2000年代当初は息子の妻が突出していた。親の保有する財産（の多く）を相続することと引き換えに，長男夫婦が親と同居してその世話をするという老親扶養の慣行のもと，親の身の回りの世話は，長男の妻が引き受けるのが通常とされてきたからである。その意味では，子ども世代の誰が介護の担い手になる（べき）かは，少なくとも21世紀の初めまではほぼ自明のことだったといえよう。

　しかしながら，この状況は2000年代に入ってからの20年ほどで一変した。主たる家族介護者の続柄，とりわけ，子世代から親世代への世代間介護の担い手には，息子の妻のように突出した続柄がいなくなったのである（資料11-1）。なお，同居介護は減少傾向にあるとはいえ，依然として家族介護者の居住形態の半分以上（54.4%）を占めている。

　資料11-1から明らかなように，かつて主たる介護者の多数を占めていた息子の妻は，現在，家族介護者の少数派になるまでに減少した。対照的に，増加が目立つのが息子である。2000年代の初め，息子は最も少ない続柄だったが，現在では同じく実子である娘の割合に迫っている。息子は現在，世代間介護のおもな担い手のひとりになったのである。

② 介護する息子は特殊な男性か

　主たる介護者であるこの息子たちは，その多くが既婚者であること，また，

少なくとも介護が始まる前までは正規雇用されていた者が多いことが示されている（平山, 2017）。介護する息子の増加はしばしば単身男性の増加のせいだと思われたり, また, 経済的に不安定で親元から自立できないまま親の介護者になる息子がメディアで取り上げられたりするが, そうした男性／息子だけが親の介護者になるわけではない。むしろ, 婚姻状況や就業状況にかかわらず, どのような息子でも親の介護者になる可能性が高くなっている, といった方が適切だろう。だからこそ, 息子が主たる介護者になるケースはここまで増えたのだと考えられる。

③ 男性は自分が親を介護することをどれだけ意識しているのか

だが, 当の息子たちは, 自分が親の主たる介護者になることを, はたしてどれだけ予期しているのだろうか。彼らには, 介護者役割を果たす上での構えや備えがどれだけできているのだろうか。本章で考えてみたいのは, これらの問いである。これらの問いは, 家庭におけるケア責任のジェンダー不均衡という問題に直接的に絡んでいる。男性に, 家庭のケア責任を負う当事者としての意識が欠けていれば, そのしわ寄せは女性が被ることになるからである（山根・平山, 2017-2020）。

次節では, 筆者が行った就業者調査のデータを用いて, 息子／男性たちの親の介護に対する備えや構えについて具体的に検討しながら, 彼らが介護者としての役割に「ソフトランディング」するために必要な施策について考えたい。

2 こう考えればいい
男性に親の介護への構えと備えを促すために

① 親の介護未経験の就業者についての調査

日本では家族介護者の半数以上が就業しており, 介護者に占める就業者の割合は55.2％である。特に, 男性介護者の有業率は高く, 40代から50代の男性介護者の87％以上が就業している（**資料11-2**）。妻を介護する夫の多くは, 自身

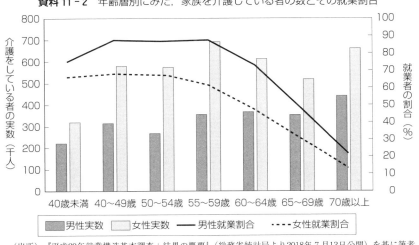

資料 11-2　年齢層別にみた，家族を介護している者の数とその就業割合

（凡例）男性実数　女性実数　男性就業割合　女性就業割合

（出所）　『平成29年就業構造基本調査：結果の概要』（総務省統計局より2018年7月13日公開）を基に筆者作成。

も高齢になってから介護を始めるケースが多いため，これらの働く男性介護者の多くは，親を介護する息子だと推測される。

　就業中に親が要介護状態になる男性が多いことを考えると，就業する男性に介護への構え・備えがどれくらいできているかを把握しておくことは重要である。『平成29年就業構造基本調査』（総務省統計局）によれば，働きながら介護することの難しさから離職を余儀なくされる人は毎年10万人前後にものぼるが，他方，介護への構え・備えができているほど，実際に介護が始まった場合の難しさが低減することも示されているからである（Archbold et al., 1990）。

　そのような関心から筆者は，高齢（65歳以上）の親をもつ被雇用者1000人を対象に，親の介護に対する構えや備えに関するオンライン調査を2017年2月に行った（平山，2021）。以下では，その結果の一部を紹介したい。

　調査は，調査会社に登録しているモニターを使って行われた。対象者となったのはモニター登録されている人々のうち，①調査時点において正規・非正規を問わず雇用されていること，②65歳以上の親が少なくとも1人おり，その親も含め，どの親も（配偶者や，それに類するパートナーがいる場合にはその親も）

資料11-3 親の介護者役割の予期：男女就業者の比較

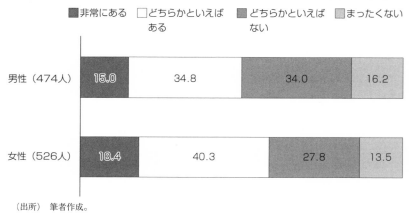

親の日常介助をする可能性がどれくらいあると思うか（%）

（出所） 筆者作成。

まだ介護を必要としていないこと，の2つの条件を満たした被雇用者である。対象者の平均年齢は46.3歳で，うち男性は474人，女性は526人だった。また，正規雇用されていたのは男性74%，女性28%だった。

②　男性は，自分が親を介護することを女性ほどには想定していない

　この調査の内容は多岐にわたるが，本章でまず取り上げたいのは，親の介護をどれくらい予期しているかについてである。対象者は「将来，自分の親が，食事，着替え，入浴などの日常生活における介助が必要になったら，自分がそれをすることになる可能性はどれくらいあると思うか」を尋ねられ，「非常にある」から「まったくない」までの4つの選択肢を使って回答した。

　資料11-3は，その回答を男女別に示したものである。男性の半数弱（49.8%）が「非常にある」もしくは「どちらかといえばある」と答えているが，女性の場合（58.7%）と比べると低い割合に留まっている（χ^2=8.18, df=3, p<.05）。なお，ここには示していないが，この結果は雇用形態を加味した分析でも変わらず，男性は正規・非正規の違いにかかわらず，女性ほどには介護者役割を予期していなかった。

　さらにいえば，男性の予期は女性と比べ，「地に足のついていない」漠然としたものであることも，筆者らが行った関連要因（どのような被雇用者ほど，親の介護者になると思っているのか）の分析から示唆されている（Hirayama & Wakui, 2019）。ここで検討した要因は，雇用の形態（正規雇用か非正規雇用か），配偶者・パートナーの有無，きょうだい構成（男きょうだい，女きょうだいがいるか，それらのきょうだいは結婚しているか）である。詳しい結果は省略するが，女性の場合，親の介護者になることの予期はきょうだいの状況に左右されており，特に，男きょうだいが結婚しているかどうか（つまり義理の姉妹がいるかどうか）が重要であることが示された。だが男性の場合，統計的に関連が示された要因は，この中にはなかった。つまり，男性は女性と異なり，自分やきょうだいの状況を見据えた上で介護に携わる可能性を考えているとはいえず，「何となくそんな気がする」程度の予期であることがうかがえる。

　前節で指摘した通り，今や男性（息子）は，婚姻状況や就業状況にかかわらず，親の主たる介護者になる可能性がある。にもかかわらず男性は，家族や仕事と関係なく，女性ほどには親の介護者になることを予期していない。だとすれば多くの就業する男性は，心理的な構えがほとんどできていないまま親の介護に直面している可能性が高い。

③ 男性は，「仕事と介護の両立」に必要な備えも少ない

　ところで，心理的な構えができていたかどうかは別として，就業する男性が親の介護者になった場合，彼らは介護者役割に対処するための資源をどれだけもち合わせているのだろうか。就業者が介護者役割に対処するための資源としては，介護保険制度を用いたサービス利用のしかたについて知っていること（情報的資源），また，「仕事と介護の両立」に関して助けが必要な場合に，職場内で助けを求めやすいこと（社会関係的資源）などが重要だと指摘されてきた（佐藤・矢島，2018）。そこで次に，同じデータを使って，男性の被雇用者がこれらの資源をどれだけ利用可能かを検討してみたい。

　まず，情報的資源について同調査では「介護保険を使ったサービスにはどん

資料11-4　仕事と介護の両立に関わる情報的・社会関係的資源：男女就業者の比較

介護保険サービスについてどれくらい知っているか（％）

凡例：■ 知っている　□ 多少は知っている　■ ほとんど知らない　■ まったく知らない

	知っている	多少は知っている	ほとんど知らない	まったく知らない
男性（474人）	3.0	17.7	34.8	40.9
女性（526人）	5.9	25.3	36.1	32.7

介護など家族のことを相談できる同僚・上司がいる（％）

凡例：■ よく当てはまる　□ やや当てはまる　■ あまり当てはまらない　■ まったく当てはまらない

	よく当てはまる	やや当てはまる	あまり当てはまらない	まったく当てはまらない
男性（474人）	8.0	30.0	35.4	26.6
女性（526人）	16.3	39.7	27.2	16.7

（出所）　筆者作成。

　なものがあるか，それを利用するためにどんな手続きが必要か，知っているか」を尋ねており，対象者は「よく知っている」から「まったく知らない」の４つの選択肢を用いて回答している。また社会関係的資源については，「親の介護など，家族の事情について相談できそうな（あるいは実際に相談したことがある）同僚や上司がいる」が自分の勤め先にどれくらい当てはまるかを，「よく当てはまる」から「まったく当てはまらない」の４つから回答している。

　それぞれについての回答を，男女別にまとめたのが**資料11-4**である。情報

的資源も（χ^2=16.32, df=3, p<.001），社会関係的資源も（χ^2=37.53, df=3, p<.001），男性は女性に比べて少ない。介護保険サービスについては男女ともに「ほとんど知らない」「まったく知らない」に偏ってはいるものの，それでも女性の方が「よく知っている」「多少は知っている」の割合が大きい。また，職場におけるサポート源も，女性の方が確保できている。対して男性の多くは，介護保険の知識も乏しく，また，職場で助けを求められる相手もおらず，その状態で親の介護に直面する可能性が高い。

　なお，情報的資源も，社会関係的資源も，さきの介護者役割の予期と相関していたことから（それぞれr=.14, p<.001；r=.13, p<.001），親の介護を予期しているほど，介護サービスの情報や職場内のサポート源を確保している傾向にあることがわかる。つまり，男性の多くが情報的資源も社会関係的資源ももっていない（もしくはもとうとしない）のは，彼らに親を介護することへの構えができていないからだとも考えられる。

④ 働く介護者が身近にいることの意味は大きい

　以上の結果をふまえると，男性の就業者が親の介護者役割に「ソフトランディング」できるよう促すには，まず何よりも，彼らの介護者役割の予期を高める働きかけが必要であるといえるだろう。では，どうすればそれが可能になるだろうか。

　実はさきの調査では，介護者役割の予期と統計的に有意な関連が示された職場の要因が見つかった。それは，「職場内に，家族の介護をしながら働いている人が身近にいる」かどうかであり，そういう人が身近にいる方が，いない場合に比べ，親の介護をする可能性が「非常にある」「どちらかといえばある」と回答する人が多くなっていた（χ^2=15.51, df=3, p<.01）。**資料11-5**は男女別に分けてこれを示したものだが，身近にそういう人がいるほど介護者役割を予期する傾向は女性だけでなく男性にもみられた（p=.061）。

　だとすれば，男性の就業者の介護者役割の予期を高めるには，彼らが職場で「仕事と介護の両立」を図る同僚や上司にどれだけ触れられるかがカギとなる。

資料11-5　職場において身近に親を介護している人がいるかどうかによる,
親の介護者役割の予期の違い：男女別
親の日常介助をする可能性がどれくらいあると思うか（％）

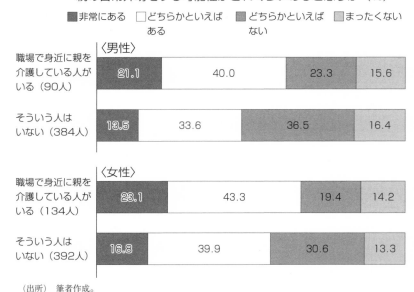

（出所）　筆者作成。

　同じ職場で自分と同じように働いている人の中に，家族の介護をしている人が
いること，そして，その人がどのような経験をしているかを知ることで，自分
が親を介護することを考えるようになる。そしてそこから，情報的資源や社会
関係的資源の確保に向かうことが考えられるのである。

　したがって，男性が介護者役割に「ソフトランディング」することを促すた
めに求められる施策とは，職場内で「仕事と介護の両立」の経験を共有する
きっかけをつくることではないか。例えば，職場のセミナーで「仕事と介護の
両立」を図っている社員・職員に登壇を依頼し，その経験を語ってもらったり，
そうした社員・職員に関する記事を職場内の広報誌に定期的に載せたりするこ
とが，そのような施策に当たるはずである。

　第1節の終わりにも述べたように，「自分も家族へのケア責任を負っている
ひとりだ」という当事者意識を男性がもたない限り，ケア責任のジェンダー不

均衡を変えることは難しい。したがって，男性の就業者の介護者役割への予期を高めるそのような取組みは，家庭内のケア責任の平等分配を進める上でも重要だと考えられる。

3 ここがポイント
介護者の決まり方の変化と家族への支援

①　子世代における介護者有力候補の不在

　第1節で述べた通り，少なくとも2000年代の初めまでは，家族の誰が主たる介護者になるかはほとんど自明だった。息子の妻，とりわけ長男の妻がその筆頭候補であることは，親世代にとっても子ども世代にとっても疑いのないことだったのである。その意味で，当時の主たる介護者の選ばれ方は「階層的補完モデル」（Cantor, 1979）に近いものだったといえる。「階層的補完モデル」とは，高齢期のサポート源の選ばれ方に関する理論の1つである。それによれば，人が年をとったときにサポート源になりやすい続柄・関係には優先順位がある。そして，上位の続柄・関係にある人が頼りにならない場合には，そのすぐ下の順位の続柄・関係の人が「繰り上がり当選」する，と考えられている。

　日本においてしばらくの間，この順位の首位にあったのは長男の妻だといえるだろう。そして彼女たちが「落選」した場合にのみ，他の息子の妻や，場合によっては実の子どもたちが候補に上り，選ばれてきたといえる。

　だが，そのようなわかりやすいモデルは，もはやない。実際，子世代から親世代への世代間介護については，飛びぬけて主たる介護者になりやすい続柄は現在ない（資料11-1）。そもそも長男の妻が首位に立つモデルが成り立っていたのは，成人期のきょうだい数が多く，また，そのほとんどが結婚していたという特殊な時代状況があってこそだった（落合，2019）。

②　誰が介護者になりそうかわからないままの男性

　では，現在の子どもたちは，どんなモデルないし規範に沿って「誰が親を看

るべきか」を考えているのだろうか。特に現在，主たる介護者の有力候補のひとりとなった息子たちの間では，どんな規範が共有されているのだろうか。

　端的にいえば，現在の息子／男性たちにとって「誰が親を看るべきか」を突き止めるための決定的な規範はないようである。むしろ，自分と他の候補者を比べてみて誰に介護者役割が回ってくることになりそうか，よくわかっていないという状態にあるようにも思われる。

　例えば，第2節で紹介した Hirayama & Wakui（2019）の分析では，男性の介護者役割の予期に対して，配偶者の有無やきょうだいの性別・婚姻状況などの親族要因はどれも関連していなかった。このことは，介護責任の所在を判断するための，広く共有されたわかりやすい基準が彼らの間にないことを示唆している。ただし，女性の場合にはきょうだい要因が関連していたことをふまえると，男性は女性ほどにはきょうだいの様子を気にかけたり，自分に介護者役割が回ってくる可能性に敏感になったりしてはいないともいえ，「ケア＝女性の責任」を当たり前とする性別分業のもとで，男性の気がいかに緩んでいるかを示唆しているようにもみえる。実際，筆者がインタビューした介護する息子たちの中には，自分が介護者になったことを「まさか自分に回ってくるとは」と青天の霹靂のように語っている者がいた。彼らは独身で，きょうだいの中で親の最も近くにおり，客観的にみれば介護者になる条件が揃っているにもかかわらず，「まさか」と思って状況をなかなか受け入れられずにいたのである（平山，2014）。だからこそ第2節で指摘したように，男性たちの介護者役割への予期を高めることは重要なのである。

③ 親の介護をめぐる家族内の交渉

　親の主たる介護者に子世代の誰が選ばれるかは，現在，特定の規範（だけ）に沿って決まるわけではない。親に介護が必要になった時点での親との物理的距離や，就業その他の役割などを子世代のメンバーが互いに比較参照しながら，自分自身や他の誰かを適任者として同定するプロセスを経て，選出される。親との距離や別の役割は介護をしない／できないことの「正当な言い訳」（Finch,

1989）であり，この「言い訳」が相対的に少ないメンバーが主たる介護者に選出されやすい。

　選出の過程では，話し合いを通した明確な交渉が行われる場合もあれば，「兄には小さな子どもがいるが，自分は独身で子どももいないから」と考え，積極的であれ消極的であれ自ら介護者役割を引き受けるという「見えない交渉」（山根，2010）を経て決まる場合もある。

　主たる介護者の選出に関わるもう1つの重要な要因は，親の選好である。子どもたちとは異なる時代を生きてきた親は，子世代にとっては必ずしも常識ではない規範（例えば「長男が親を看るべき」といった）を深く内面化している場合も少なくない。そして，この規範に沿って示された親の選好が，「受ける側の希望に沿った介護が最善」という別の規範と相まって，主たる介護者の選出過程に大きな影響を及ぼすこともある。

④ 家族内の交渉は家族だけで解決すべきか

　ところで，親の介護に関するこうした交渉は，家族が負っているケア責任の一部である。ひとりでは生活が難しい誰かを支えるためのケアには，その人に対する直接的な介助行為だけでなく，その人にとって何が最善かを考え，それを実現するための方法を思案し，必要な調整を行うというしごとが含まれている（山根・平山，2017-2020）。誰がどのように親を看るかをめぐって子どもたちの間で行われる交渉は，そのような思案・調整の1つに数えられるだろう。

　だとすれば，この交渉を家族に任せきりにすることは，「ケアの社会化」に反しているともいえないだろうか。「ケアの社会化」とは，ケア責任を社会で広く分けもつことであり，家族（とりわけ女性）に偏ったケア責任の分配を是正するために，その必要性が議論されてきた。介護者の選定や役割分担をめぐる交渉を家族内で解決すべきものとすることは，ケアにおける思案・調整の負担を家族に丸投げすることであり，「ケアの社会化」とは相容れない。

　ゆえに，こうした交渉の際に，家族外からの支援を利用可能にする制度の設計もまた「ケアの社会化」の一環として必要なのではないか。例えば，男性で

ある息子が介護に携わることに親が難色を示し，それゆえにきょうだいの間での平等な役割分担が難しい場合に，その解決を助ける外部の専門家がいてくれた方が助かる家族もいるだろう。また，そうした介入は，特定の子ども，とりわけ娘に負担を集中させず，ケア責任のジェンダー平等分配を図る上でも有用だろう。こうしたサポートの是非もまた，介護をめぐる現在の家族の状況をふまえつつ議論されるべき，政策的な論点の1つといえるのではないだろうか。

4　これから深めていくべきテーマ
思案と調整というケア責任

　性別にかかわらず，要介護の親をもつすべての人が就業の機会を制限されないためにも「ケアの社会化」は必要である。介護サービスの費用を保険でカバーできる介護保険制度は，この「ケアの社会化」の具体化の1つだが，この制度は高齢者ケアの責任の重要な一部を依然として家族に残している。それが前節で述べた，思案や調整というケア責任である。自分の関われる範囲を考慮に入れながら，親が不自由をしないようサービスの手配をしたり，親が自分で意思表示をできない場合には，親にかわって決定を行ったりするしごとは，たいてい子どもに任されているからである。特に，親と離れて暮らしている場合は，子どもの負担のほとんどがこの思案と調整になる。親の日常生活の直接的な手助けの大部分をサービス提供者に頼むことはできても，そうやって自分以外の誰かに親を看てもらう状況を整えるしごとからは，解放されないからである。

　ケア責任全般がそうであるように，この思案と調整の責任も家庭の中で女性に「任されて」しまうことが多いことが指摘されている（山根・平山，2017-2020）。配慮や気遣いが「女らしさ」の表れとされ，そうした「女らしさ」を身に着けた女性の方がそうした思案や調整に長けている（から女性がすべし）という偏見が，この背景にある。同時にこの偏見は，男性が思案や調整に携わることを妨げているともいえる。男性が女性に「任せる」根拠にも使われてし

まうし，また「男性は女性ほどには思案も調整もうまくはできないのだから，やらないほうがよい」といって周囲がそれを阻むこともあるだろう。

　さきに述べた通り，この思案と調整の責任は家族に偏っており，「ケアの社会化」の観点からは，この責任が家族を超えて分有されることが求められる（例えば，家族と専門職が協働して行うしくみを整えるなど）。だが，その分有が女性の家族とケアの専門職との間でのみ進められるのであれば，私的なケア責任は依然として女性に偏ったままである。したがって，男性が家庭における思案や調整に積極的に加わることは，ケア責任のジェンダー不均衡の是正に不可欠なのであり，本章で指摘してきた，ケア責任を負う者としての男性の当事者意識の向上はそのためにも必要である。

　同時に欠かせないのは，「男性はどうせ思案や調整などうまくはできないのだから」という言説と，それを参照してケア責任の分配があちこちで行われてしまうことに，私たち全員が異議を唱えることである。男性自身が思案や調整に携わろうとしても，それを周囲が阻んでしまっては，変化は見込めないからである。その意味で，ケア責任の不均衡を是正する役割は，現在あるいは将来の介護者である男性だけでなく，私たち全員が負っているといえるだろう。

手にとって読んでほしい5冊の本

中西泰子，2009，『若者の介護意識——親子関係とジェンダー不均衡』勁草書房。
　　おとなの親子関係に対する私たちの見方が，介護責任の男女不均衡をどのように生み出しているかを学ぶための一冊。

春日キスヨ，2010，『変わる家族と介護』講談社現代新書。
　　多様な介護の担い手とその経験をいきいきと描きながら，背景となる構造的要因や求められる制度的対応を鋭く指摘する。

山根純佳，2010，『なぜ女性はケア労働をするのか——性別分業の再生産を超えて』勁草書房。
　　介護も含めたケアの責任の分配メカニズムを理論的・実証的に明らかにする。より良いケアの社会化を考えるためにも必読。

大野祥子，2016，『「家族する」男性たち——おとなの発達とジェンダー規範からの脱却』東京大学出版会。

男性は家族のケアにいかに関われるか・関わるべきか。育児についての分析ながら，介護に対する男性の向き合い方を考える上でも示唆に富む。

大和礼子，2017，『オトナ親子の同居・近居・援助——夫婦の個人化と性別分業の間』学文社。

夫と妻それぞれが実親・義親と結ぶ関係を区別して丁寧に分析しながら，介護も含めた世代間援助の現状を適切に把握するための枠組みを提供する。

引用・参考文献

落合恵美子，2019，『21世紀家族へ——家族の戦後体制の見かた・超えかた（第4版）』有斐閣。

佐藤博樹・矢島洋子，2018，『新訂・介護離職から社員を守る——ワークライフバランスの新課題』労働調査会。

平山亮，2014，『迫りくる「息子介護」の時代——28人の現場から』光文社新書。

平山亮，2017，『介護する息子たち——男性性の死角とケアのジェンダー分析』勁草書房。

平山亮，2021，『非正規雇用の成人子における介護離職リスクの分析——「介護レディネス」に着目して』（JSPS科研費若手研究（B）［課題番号17K13867］研究成果報告書）。

山根純佳，2010，『なぜ女性はケア労働をするのか——性別分業の再生産を超えて』勁草書房。

山根純佳・平山亮，2017-2020，『「名もなき家事」の，その先へ——"気づき・思案し・調整する"労働のジェンダー不均衡』けいそうビブリオフィル。

Archbold, P. G., Stewart, B. J., Greenlick, M. R., Harvath, T., 1990, "Mutuality and preparedness as predictor of caregiver role strain," *Research in Nursing & Health*, 13(6), pp. 375-384.

Cantor, M. H., 1979, "Neighbors and friends : An overlooked resource in the informal support system," *Research on Aging*, 1(4), pp. 434-463.

Finch, J., 1989, *Family obligations and social change.* Cambridge, UK : Polity Press.

Hirayama, R. & Wakui, T., 2019 November, *"What counts is not my own but siblings' circumstances" : Adult children's perceived responsibility for parental care in Japan.* Presented at the National Conference of Family Relations Annual Conference. Fort Worth, Texas, USA.

（平山　亮）

第**12**章

知的障害者のケアにみる家族依存
いつまでどこまで親役割か

グラフィック・イントロダクション

資料12-1 いずみさんの在宅生活

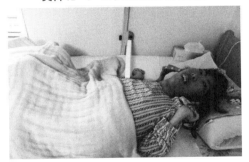

リビングでくつろぐいずみさん
手元の白いバーに触れると，レコーダーからお兄さん
の声が聞こえるしくみ

痰吸引機
在宅時は家族がこまめに痰を吸引

　30代のいずみさんは60代の両親と3人暮らしである。日中は，生活介護事業
所に通い，送迎や入浴サービスも利用している。リビングで家族の会話に「参
加」し，レコーダーに吹きこまれているお兄さんの声に時々耳を傾ける──家
族の願いは，この「ふつう」の生活が継続することである。

1 何が問題か
ケアする家族への眼差し

1 障害者家族の「8050問題」問題

　障害者福祉事業所の送迎車が停まる地点まで，親子はお互いを支え合うようにゆっくり歩いてくる。渋滞で到着が遅れているのか，車道に身を乗りだして車を見ようとする息子を母親は必死で止める。炎天下，親子ともに汗だくになり，母親はカバンからタオルを取り出すが，息子は大きな声を出しながら，それを勢いよく背後に放った。50代の子どもと80代の母親の朝のワンシーンである。

　「いつまでこの生活を続けるつもりか」「いつまでこの生活を続けることができるのか」──前者は事業所職員が家族を心配する声であり，後者は障害者の母親の偽らざるつぶやきである。現状に対する認識は，家族と支援者で一致しているとは限らない。職員は，家族の実態をみて，「もうそろそろ限界なのでは」と懸念しているが，家族は何をどう工夫し調整したら，在宅生活を維持できるのかを模索しているように見受けられる。

　これまで，筆者は，家族のケア力とアドボカシー機能に依存する形で障害者の在宅生活が成り立っていることを問題視してきたが，それは，障害者の「ノーマライゼーション」を具現化する途上での脆弱性ともいえる。子ども期のみならず，成人障害者のケアラーとなり，家族は，一生という単位で子どもの支援を続けることを余儀なくされている。本章では，ケアの担い手となる家族の「当事者性」について検討する。

2 家族研究の動向と課題

　1970年代頃より自立生活運動を展開してきた身体障害者の主張は，脱施設と脱家族であった。隔離された入所施設でもなく，愛情規範に基づくケアをされる家でもなく，地域で自立した生活を営むことが目指されてきた。地域生活の

実践，社会への問題提起，ボランティアの養成，ヘルパー事業の運営等々の活動を通し，身体障害者が地域で暮らす「かたち」がつくられてきたのである。介護費用支給の制限，ケアラー確保の困難，住宅事情等々の課題はあるものの，入所施設を排し，家族から独立し，地域で暮らすという方向性は普遍化している。

　1990年代以降，要田洋江，土屋葉らが，ケアをめぐる家族関係の抑圧性，規範性に注目し，家族の「加害者性」を問う理論的枠組みを議論してきたが，知的障害者の「脱家族」については言及されず，この点で研究の分断が生じている。一方，知的障害を対象とした，障害受容の過程や家族のストレス研究は，比較的早くから関心が向けられてきたが，家族がケアの担い手であるという見地からの分析は，春日キスヨや野々山久也など限定的であった。近年は，西村愛，森口弘美，田中智子らによって，家族支援の必要性，知的障害者の親元からの自立，障害者家族の生活実態にみる経済的な不利等の研究が展開されている。この間，障害者福祉制度は支援費制度から自立支援法へ，そして総合支援法へと推移し，当事者と家族，そして行政も，その動向をつかむことに追われつつ，制度改革を「経験」してきた。教育・福祉・医療の連携や，就労による自立機会の保障，地域生活を具現化するための方策が今日，検討されている。

　ただし，制度設計や理念の中にある「障害像」が，障害者を包括的にとらえているか否かは疑問の余地がある。つまり，高度の医療行為や24時間態勢の濃密なケアが必要な障害者，強度行動障害者，重症心身障害者の地域生活はどう考えられているのか。障害者福祉施策が障害種や障害程度によって分断され，議論の俎上から，重度障害者とその家族が排除される傾向にあることは研究上の課題である。

③ 脱施設化と「家族依存」

　地域で当たり前の生活を送ることを目指してきた身体障害者の運動は，「脱施設」と「脱家族」を追求した。では，知的障害者の「ノーマル」な暮らしとは何を指すのか。知的障害者が地域で学び，暮らし，社会参加を果たす方法が

模索されてきたが，それを牽引してきたのは，知的障害者の家族，支援者でもある。後年，ピープルファースト等の知的障害者の当事者活動も活発化してきたが，当事者の権利を代弁する形で，親の会や，障害者事業所が，知的障害者の脱施設化を進めてきた経緯がある。つまり，知的障害をもつ人が，入所施設を利用せずとも，生活介助を受け，他者と交流し，社会の一員として地域で生きていくために，障害当事者，家族，支援者が努力と工夫を重ねてきた。しかし，ここで，注目すべきことは，知的障害者にとっての脱施設化は，イコール脱家族化ではないということである。むしろ，意思決定支援を要する知的障害者や重症心身障害者が在宅生活を続ける上で，家族資源への依存を高める結果となっていく。認知症高齢者を尊重し，寄り添おうとするときに家族のケア責任が強化されることを木下が本書で言及（第10章）しているが，それは，障害児者のケアにもまさに当てはまるのである。

『障害者白書』（2020年版）によると，知的障害者の推計87.9％が在宅であるのに対し，施設入所は12.1％であり，家族と生活する知的障害者が圧倒的に多いことがわかる。在宅生活を支える社会的サービスが不十分な中での「ノーマルな生活」は，日常的なケア，関係機関とのコーディネート，ライフステージ全般を通してのアドボケート等の面で，家族に頼る部分が大きくなる。それは，やがて，親の高齢化等によって，家族ケアが限界になると，子どものノーマライゼーションが維持できないというリスクにもつながる。「障害者のケアは親がやって当然である」という眼差しを向けられてきた家族は，養育責任を強くもち，「親がやるべきである」という規範を内面化してきた。芸術やスポーツの才能を開花させた障害者が称賛されるとき，支えてきた家族の奮闘ぶりも評され，半面，療育や教育に熱心ではない親は批判の対象となる。専門知識や技量が求められるがゆえに，家族だけでケアを遂行するのは困難でありながら，特別な援助が必要だからこそ親がやるべき，という場面がつくられる。また，家族がケアすることの優位性は，「子どもにとって望ましい」「子どもの発達を促進する」と価値づけられることで，より一層強まり，家族を拘束することにもなる。子ども期から成人期まで，できる限り親が子どもをみるべきだという

規範は家族の内外に定着し，子どもの「自立」「自立後」の支援をも含めた親役割が期待されることは，構造的な矛盾を生み出すことになる。

2 こう考えればいい
家族がノーマルな生活を営むために

① 障害者家族の「位置づけ」：余儀なくされてきたもの

　先述した通り，知的障害者の地域生活を保障する上で，脱施設化の受け皿は家族であった。幼児期，学齢期に施設入所をする子どもは，今日，極めて少なく，児童福祉法における障害児入所施設は，障害者施設へと児者転換を図ってきた。厚生労働省の速報値によると，2019年現在の知的障害児施設，自閉症児施設，重症心身障害児施設の現員は，医療型，福祉型を合わせて，2万5906人であり，うち1万8516人は18歳以上の過年齢者である。21万4000人の障害児と72万9000人の障害者が在宅で生活していることからも，その暮らしが家族に支えられていることは明らかである。子どものノーマルな生活を築く上で，親が自ら動き，問題を社会化し，行政に働きかけ，それによって獲得してきた成果も多々ある。

　2003年の支援費制度を皮切りに，障害者自立支援法，障害者総合支援法と目まぐるしく法改正が行われ，サービス拡充化の反面，その利用に際する費用負担，制度の硬直性なども指摘されている。また，障害当事者に対する支援が整備される一方，情報収集し，選択し，介在し，子どもが利用できる状態までを整える親役割は増幅する。1人の障害者が在宅生活を送る上で，例えば，日中の通所先での生活介護，通所先への送迎サービス，自宅での入浴サービス，休日のガイドヘルパーを必要とした場合，単一の事業所の支援で賄えるとは限らない。週3回の入浴サービスであっても，曜日によって，異なる事業所からスタッフが訪問することもある。グループホームに入居している場合でも，日中の生活介護，グループホームでの支援，余暇活動のサポート，一時帰省時の家族からのケア等々，いくつもの制度や支援が重なる。重層化することで，障害

当事者の QOL が高まることを前提として支援計画が作成されてきたが，それらを円滑に行うためには，アドボケーターが必要であり，家族が長期的にその役割を担ってきた。家族がそれらをつながなければ，パーツパーツのサービスでは，人を支えることにならないのであり，子どもが親元から自立してもなお母親の介在が求められる所以は，この点にある。

2　家族の当事者性

　障害者家族，特に，ケアの担い手となってきた母親の当事者性を，筆者は「もう一人の当事者」として位置づけ，障害者の母親に注目する意味を問題提起してきた（藤原，2006，40-47頁）。当事者研究において，誰が当事者なのかという議論は一定程度なされ，「当事者主権」という文脈では，障害当事者の自己決定やニーズの優位性が自明であり，家族や支援者が当事者を名乗ることの不合理性が指摘されている（中西・上野，2003，2-19頁）。当事者と支援者との関係性にみる力の差異，支援者は自らの意思で当事者を降りる自由を有していることの不公平さ，ケアを必要としているのは障害者でありながらケアという行為をするのは支援者であるという点からも，障害当事者優先の規範がなければ，障害者が不利になることが示唆されている（星加，2012，10-28頁）。障害者の当事者性は，障害をもつ当事者に限定されるものであり，家族や支援者が当事者を名乗ることは許容されないとする言説は説得力があるが，当事者としてのニーズを表現することが困難な知的障害者や重症心身障害者の問題は，ここでも疎外されてきたのではないだろうか。

　岡部は，「当事者の自立を求める当事者」としての親のあり方を提起し，かつ実践している。岡部は，障害をもつ息子の親という当事者であり，障害がない当事者でもあることに自覚的である。障害のある息子の最大の権利擁護者であり，最強の権利侵害者ともなりうることを「公言」し，親のもつ当事者性にある種の制限をかけている（岡部，2012，42-47頁）。自らが自己決定の主体者であることを表現することが困難な障害者は，それゆえに主体性を剥奪され，当事者性を軽視されてきたという事実が歴史的にある。また，それだからこそ，

親は代弁者として，権利擁護者として，子どもの当事者性と親の当事者性をあえて峻別することなく，社会と対峙してきたととらえることができる。その意味においては，岡部のいう，障害のない者としての当事者性を自覚する意識が必要なのかもしれない。同時に，障害者の親であることに起因する当事者性も可視化され，尊重されるべきであろう。

　当事者性をめぐるこうした議論を経て，家族の当事者性は２つの点において重要であると筆者は考える。１つは，障害をもつ子どもの親となった当事者性である。定型発達の子どもの育児と相違点があるのかないのか，障害児の養育には特別な負担が伴うか否かの議論以前に，疾患・障害に由来する痛みや不自由さを抱えている子どもを眼前にし，ともに生きていく当事者性である。障害学の知見では，障害は社会との関係性の中で生起するものであり，人に備わっているものでも，「ない方がよい」性質のものではないとされている。その理念は理解できるが，起因疾患からくる苦痛，治療や手術，発作や体調不良は，「ない方がよい」類のものであり，こうした症状と向き合う親の当事者性は，見過ごされてはならない。２つめは，障害をもつ子どものライフステージに寄り添い，ケアラーとなり，アドボケーターとなり，その役割を果たす当事者性である。親として，どれだけの期間，どのようなケアをするのか，子どもの代弁者であるかは個別的であるが，ケアを必要とする子どもを支えていく当事者性がそこにはある。障害者の当事者性と対立する可能性をもった「親性」は，身体障害者運動の自立観から否定されているが，それは障害当事者の利益，福祉とも密接であり，両者の当事者性が全く別次元のものとはいい難い。つまり，子どもの権利と QOL を保障する上で，その方法や内容に親子の不一致があることも含め，議論し，調整し，選択し，受け止めるという経過を，親は当事者として辿ることになる。意思決定に援助を必要とするわが子の福祉を想像し，悩み，試行錯誤し，選択を重ねてきた事実があり，さらにそれが間違っていたかもしれないという不安や後悔も含め，その主体者にならざるを得なかった家族の当事者性を注視するべきだと考える。

③　自立支援と親役割

　障害者家族が長期的にケアを担い，「余儀なくされた」役割を果たしてきたことを，障害者支援の専門職はどうみているのだろうか。家族の困難や限界を察知しながらも，家族の問題に介在するという点で躊躇があることもうかがえる。

　一方，家族の急病や，高齢化に伴うケア力の低下などが生じると，「障害者のことを誰がみるのか」という緊急で切実な問題が浮上する。ショートステイ，入所施設の利用など，公的な制度・サービスが調整できず，事業所のインフォーマルな支援や，職員のボランティアで緊急時を乗り越えた事例も散見される。こうした事態によって混乱し，生活の急変に戸惑うのは，誰よりも障害当事者であることが追認される中で，それを回避する上でも，成人期の早い段階での離家やその準備が，障害者家族への「宿題」として提示される。子どもの自立をめぐる関係機関からの助言や情報を，「空きが出たときに入所しなければ，次はいつになるかわからない」「グループホーム新設時に入居するしか機会はない」というように親は受け止め，苦渋の選択を迫られた様子もみられる。「本当はもう少し自分が子どもをみるつもりだった」「まだ家族で一緒に暮らしたいと思っていたけれど，今なら空いているといわれて決断した」という本音もそこに重ねられる。

　障害者の離家は，当事者と家族の意向によって進められるが，事業所のタイミングや，福祉施設側の事情に左右される面があることも否めない。そして，家族の選択や判断によって，自立の時機が遅くなると，「子離れできていない」「子どもの自立を阻んでいる」という批判が親に向けられる。親がケア役割を担わざるを得なかった背景，それを分散化することへの不安，子どもをケアすることに伴う心身の疲労等，社会的矛盾の中でケアを担ってきた家族は，その機能を果たせなくなると，子どもとの分離を勧められる。親によるケアが可能な期間は子どもが在宅生活を送り，親ができなくなったら離家を支援するという方法は，いかにも合理的にみえるが，こうした見立てそのものが，やはり家族をケアラーとして位置づけていることにほかならない。

　家族支援の目的は，本来，家族メンバーの生活をノーマルなものとし，就労や社会参加の機会が奪われないこと，健康被害や経済的な不利に陥らないようにすることが主眼であろう。障害者家族が子どものために献身的であることが前提となり，家族機能を維持・発揮させるために家族がエンパワメントされることは本質的ではない。

　これまでの家族政策においては，子どものケアと高齢者介護を社会的に支えるための議論が活発であった。乳幼児期のケアニーズは絶対的な量を含み，また，人生の終盤でのケアは個人差があるものの，長期化も予想されるがゆえに，構成員に乳幼児と要介護の高齢者が含まれる家族への支援が重点的に取り組まれてきたと思われる。障害児の養育に関しては，育児という営みとして問題をみることもできるが，重度障害児者のケアは親のライフステージを横断し，途切れることがないという特徴がある。人生の始まりと終わりのときに当たる，子どものケアと高齢者介護を社会化することの合意形成がなされてきたが，要支援の状態が継続する障害者とその家族の生活を誰が支えるのか，という問題は想定されてこなかったのではないだろうか。

　いわゆる「親亡き後」の障害者支援については，これまでも関心が向けられてきた。しかし，障害者家族の加齢化・高齢化に伴う不安，ケアの限界という局面だけではなく，家族の選択や判断がどのように積み重ねられてきたかに着目する必要がある。障害者と家族が営んできた暮らしは，家族が分離されることで，何がどのように変わるのか。暮らしの場や生活スタイルも含め，ひとりひとりの生活歴を尊重した関わりを追求するべき段階ではないだろうか。

3 ここがポイント
いつまでどこまで親役割か

① 育児役割の長期化と偏在化

　現代社会では，育児期間が長期化していることがしばしば指摘される。大学卒業まで，家を出て自立するまで，結婚まで，という節目を意識しつつも，孫

のケアや子ども世帯への経済的な援助など，親役割は延長する傾向にある。また，量的のみならず，質的な面でも，親が果たすべき役割は肥大化している。子どもの発達保障，学力定着，社会的スキル等々，学校機能が相対的に縮小してきたととらえられる中で，子どもが種々の力を獲得するためには，外部資源の利用も含め，家族の介在が重視される。障害者家族に期待される養育責任もこの延長線上にあり，障害の原因と親の育児態度には因果関係がないと認識されているにもかかわらず，親の姿勢や意識が障害診断の予後に影響するという言説は払拭されていない。知識と技能を率先して身に付け，よきケアラーであることが，とりわけ，障害児の母親には求められる。例えば，自閉症の原因が親の育児方法にあるかのような誤解は解けているが，先天的障害の自閉症児が，どれだけコミュニケーション能力を獲得できるか，集団行動に適応できるかは，母親の障害受容，療育・教育への意欲，子どもへの愛情の多寡に依るという観点は今も残されている。

　子どもが適切なケアを必要とすることは，障害の有無に関わりなく，すべての子どもにも当てはまるが，子ども期が唯一無二であることの強調は，今日，母親の育児専念願望や，育児という営みの価値付けを高めているのではないだろうか。専門的知識に基づいた関わりと種々の配慮を要する障害児の場合には，母親が第一ケアラーとなることが期待され，代替者はいないという点で，母親責任が強化されていく。子どものケアは物理的にも経済的にも親の資源に依拠することを自明とする見方は，育児全体に通底する規範となり，親の育児態度や家庭環境の良し悪しが，子どもの成長発達の要因になるという見識は，子育て中の親をときに拘束し，ときに鼓舞する機能を発揮してきたと考える。

②　障害児者ケアとアドボカシー

　母親の孤立や，育児不安の高まりへの社会的対応として，ケア役割の分散化，子育ての社会化が提唱されている一方で，育児の家族責任が強まっていることもうかがえる。その中で障害児者の母親は，特別な支援を要する子どもの援助者であり続けることを課されていく。今日，種々の障害者福祉サービスが提供

され，家族によるケアは縮小されてきたという見方もされる。たしかに，在宅での介護，送迎，外出支援など，サービスの利用が進み，ショートステイやグループホームの体験制度も活用されている。一方，老化現象や体調不良の症状が早期に現れる傾向にある知的障害者は，医療的ケアや起因疾患の進行も危惧され，治療の可否や方法，入院時の対応などが，その判断も含め家族に委ねられていく。さらには，グループホームや施設入所により，親子分離がなされた後も，面会や帰省時の支援を家族は限界まで継続したいという思いを強くしている。その背景には，自らの不満や痛みを言葉で表すことが困難な子どもの「声」を親が代弁しなければ，子どもが不利に陥るという懸念があるのだ。

　障害児者家族は，子どものケア，療育，教育，そしてアドボケーターとしての機能と，専門機関とのコーディネート役割を果たすことを実践してきたが，医療面でのハイケアや，強度行動障害，体調・体力の不安定傾向を抱える子どもの養育を長期的に担う家族の不安，負担は決して小さくはない。また，障害が重度であるがゆえに，ショートステイやグループホーム入居が難しいと判断されると，ますます，家族の養育責任が固定化することになる。障害をもつ子どものケアを親がいつまで，どこまで担うのか。障害者の自立のあり方は，社会的な関心がもたれ，支援の質的・量的拡充が図られている。その一方，障害の重度化や医療行為を理由に，専門職員で構成されている専門機関から，制度やサービスの利用を制限される状況もあり，より高度で複雑なケアを家族が恒常的に担うという無理と矛盾が解消されないのである。

4　これから深めていくべきテーマ
「地域」生活の多義性

［1］フィンランドにみる成人障害者の暮らし

　筆者が2014〜18年の視察で得た知見に限定されるが，脱施設化を障害者福祉政策の基本としているフィンランドにおいても，入所施設の機能は部分的に残されていた。医療型の施設に長期入院している重症児者は，個室において，医

療と日常生活のケアを受けており，従来の入所施設との差異は明瞭ではなかった。一方，街中のグループホームで生活する障害者のもとへは，家族が頻回に訪問する姿もみられ，子どもの暮らしを親が定期的に観察し，体調管理や衣類の整理などを行っていた。同国では，成人期の比較的早期に親元から自立することが推奨されているが，子どもがグループホームでの暮らしに慣れ，生活上，目にみえる困難がないとしても，家族は「離家」を親役割のゴールとは認識していない。

　また，グループホームにおいて，個別の日常的なケアはなされているが，地域生活や共生社会を意識した活動が潤沢ではない中，親がその面をフォローし，習い事やスポーツをする機会を設けている事例もあった。地域での暮らしという具体的なイメージがみえにくいことに加え，グループホーム新設に際して地域住民からの反対運動も生じており，障害者が地域で暮らすことの理念と実践の乖離も生じている点が印象的であった。

［2］脱施設と脱家族の追求

　脱施設化の思潮が定着した今日，「入所」という選択は消極的な意味合いを帯び，知的障害者が家族からの自立を図る方法として，グループホームへの入居が支持されている。では，実際に，グループホームでの暮らしは地域生活であり，入所施設に入るとその機会が奪われるということは検証されてきたのだろうか。地域で暮らすことの意味を曖昧にしたまま，グループホームと入所施設の形態を単純に比較することは合理的とはいえない。「地域での当たり前の生活」という表現は，これまでの障害者福祉実践・研究において，理念であり，目標であったことはいうまでもないが，地域で暮らすという含意は多義的である。**資料12-2**に示すように，ともすれば子ども期に家から遠く離れた施設に入所し，医療や訓練の対象となってきた身体障害者が，脱施設化を実現させ，街で自立生活を展開するという文脈で，「地域生活」は注目されてきた。ノーマライゼーション理念が具現化する中で，知的障害者も，子ども期，青年期を親の元で過ごすことが「ふつう」になった。つまり，現在の暮らしの場の移行

資料 12 - 2　脱施設から地域生活への流れ

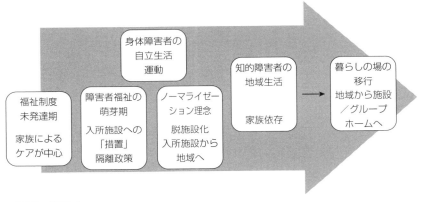

(出所)　筆者作成。

とは，施設を出て地域にではなく，地域での在宅生活を経て，後年，施設に入所する可能性があるという想定であり，地域から施設へという流れになる。ライフステージの前半は家族と地域で生活し，親が高齢になる時期に施設入所するのであれば，共生社会に逆行しており，限定的な地域生活への違和感が伴う。つまり，それは，知的障害者の「当たり前の生活」が，結局，家族に依存していたことを証明しているのではないだろうか。家族ケアに依る在宅生活の継続は，子どもにとっての「福祉」が保障される反面，家族のノーマライゼーションが奪われるという点で問題があると筆者はこれまで主張してきた。では，どのように，家族のノーマライゼーションを追求できるのかとなると，施設やグループホーム，在宅ケア等，現行の制度とサービスを家族が判断し選択するという見解に留まっていたことは否めない。

　一方，「入所施設では地域生活が営めない」「共生社会の理念に反する」という見地からの施設批判がこれまでの研究知見の中にみられ，特に，2016年の「津久井やまゆり園」事件以降，入所施設の是非をめぐる議論が活発化し，それはときに，施設に入所している当事者らの生活形態や，入所を選択した家族の判断をも否定する勢いがあることは危惧される。医療的ケアや行動障害等の要因によっては，入所施設という選択に頼らざるを得ない当事者の存在がある。

地域からの隔離，集団処遇の弊害，ノーマルな生活時間からの疎外等は，入所施設の課題であると認識され，比較的大規模な施設は生活集団の適正化を模索しつつ，地域とのつながりを探りつつ，入所施設が，障害者の生活支援を今日まで果たしてきたことも事実である。

　現代社会において，自立観や結婚観が多様化する中で，親子の同居期間の長期化，離家後の再同居等，ライフスタイルは一様ではない。個人の生活時間が優先される中で地域社会への帰属意識も変化してきた。ところが，知的障害者はどこで誰と暮らすのかの選択肢が少なく，自立の時機も外的な事情に規定されがちである。「地域生活」とは，暮らしの形態や住環境に規定される面があるが，そこにどのようなケアが伴うかによって，発展的にとらえる余地もある。むしろ，どこにいても地域とのつながりを創り出す方法はあるはずであり，それは，施設かグループホームか，家族ケアか職員による援助なのかを超えて，議論することが可能であろう。地域から隔離された場所での制約のある集団生活から，自由度が高く，個別ニーズとプライバシーが尊重される生活への転換が必須であることは合意されているのであり，それを形に囚われず，実質的に保障する方策を引き続き探りたいと思う。

手にとって読んでほしい5冊の本

エヴァ・フェダー・キテイ／岡野八代・牟田和恵監訳，2010，『愛の労働あるいは依存とケアの正義論』白澤社。
　　みんな誰かのお母さんの子どもであることから導き出される，ケアという行為の尊重とその社会的な意義が論じられている。
児玉真美，2012，『海のいる風景——重症心身障害のある子どもの親であるということ』生活書院。
　　母親であり研究者である著者の眼差しから，障害のある子どもとの生活，心の機微が丁寧に描かれている。
高谷清，2011，『重い障害を生きるということ』岩波新書。
　　重症心身障害児者施設びわこ学園の子どもたちの障害特性，コミュニケーション，「命」について深く考察されている重度重複障害の入門書的文献。
サンドラ・シュルツ／山本知佳子訳，2019，『「欠陥だらけの子ども」と言われて

──出生前診断と愛情の選択』岩波書店。

　　胎児がダウン症と診断された不安と葛藤に，重度の脳障害と心疾患の疑いが検
　　査結果で加わったジャーナリストの克明な手記。

藤原里佐，2006，『重度障害児家族の生活──ケアする母親とジェンダー』明石書
店。

　　なぜ障害児の母親はケア役割を担うのか。母親の葛藤，生活上の困難をジェン
　　ダーの視点から問う。

引用・参考文献

岡部耕典，2012，「〈支援者としての親〉再考──『当事者の自立を求める当事者』として
　　の」『支援』Vol. 2，42-47頁。

春日キスヨ，2001，『介護問題の社会学』岩波書店。

田中智子，2017，「障害者の母親における長期化するケアラー役割」『障害者問題研究』45
　　(3)，10-17頁。

土屋葉，2002，『傷害者家族を生きる』勁草書房。

内閣府，2018，『障害者白書 平成30年版』237頁。

中西正司・上野千鶴子，2003，『当事者主権』岩波新書，2-19頁。

西村愛，2006，「知的障害児・者の自己決定援助に関する一考察──援助者との権力関係
　　の観点から」『保健福祉学研究』4，71-84頁。

日本発達障害連盟編，2018，『発達障害白書 2019』明石書店，179頁。

野々山久也，1992，『家族福祉の視点──多様化するライフスタイルを生きる』ミネル
　　ヴァ書房。

星加良司，2012，「当事者をめぐる揺らぎ──『当事者主権』を再考する」『支援』Vol. 2，
　　10-28頁。

森口弘美，2015，『知的障害者の「親元からの自立」を実現する実践──エピソード記述
　　で導き出す新しい枠組み』ミネルヴァ書房。

要田洋江，1999，『障害者差別の社会学──ジェンダー・家族・国家』岩波書店。

　　　　　　　　　　　　　　　　　　　　　　　　　　　　　（藤原里佐）

第13章

育児休業

男性の取得を促す制度の国際比較を中心に

資料13-1 ベルリン父親センターのパパ・カフェに集まった父と子たちの様子

(出所) Väterzentrum Berlin (2017年1月10日) Facebook 記事より。

ベルリンの近郊にあるベルリン父親センター (Väterzentrum Berlin) で，週1回，育児休業中の父親たちが子どもを連れて集まって時間を過ごす Papa-Café というイベントが行われているときの様子だ。2007年の新たな育児休業および休業給付の制度の導入以降の，ドイツにおける父親の育児休業取得の広がりを象徴する写真である。

1 何が問題か
手厚い制度と父親の取得の低迷

　ユニセフが発表した OECD と EU 諸国の政策のファミリーフレンドリー度に関するレポートにおいて，父親個人に権利として保障される育児休業給付の額をフルタイム就業の日数に換算した場合，日本が世界でトップでありながら，取得率が低迷していることが指摘された（Chzhen et al., 2019）。日本のメディアもそのことを大きく取り上げ，社会的な注目を集めた。日本の父親の育児休業取得率が，2020年までの政府の目標値となっていた13％というそれほど高いとはいえない値に遙かに及ばない水準にとどまっていることは，それまでもたびたびメディアで取り上げられ，取得が進まない要因に関する研究も多くなされた。そこでは，「パパクオータ」など，父親の取得を促進する制度をもち，また休業給付の水準の高いスウェーデンやノルウェーなど北欧の国々と比較して，日本の制度はまだ不十分だという認識が一般的であった。ところが，このユニセフレポートは，日本の制度は世界一「父親に優しい」というランクづけをしたのである。それが，大きな衝撃をもってこのレポートが受け止められた原因といえるだろう。

　日本の育児休業制度は，本当に「父親に優しい」のか。そうだとすると，なぜ日本の父親の育児休業の取得は進まないのか，という点が，このテーマに関する重要な論点である。そこでまず，日本の父親の育児休業の取得の状況を確認しておこう。

　「令和2年度雇用均等基本調査」（厚生労働省，2020）によると，父親の育児休業取得は**資料13-2**のように，冒頭に示したユニセフのレポートが発表された当時と比べて，大きく上昇してはいるが，直近で12.65％[*]であり，後にみる，政府のこれまでの目標値（2020年に13％）には近づいたものの，北欧やドイツの父親の取得率とは大きな隔たりがあり，新たに設定された目標（2025年に30％）も十分なものとはいえないように思われる。

資料13-2　男性の育児休業取得率の推移

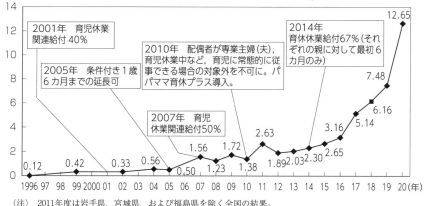

(注)　2011年度は岩手県，宮城県，および福島県を除く全国の結果。
(出所)　平成23～令和2年度「雇用均等基本調査」より筆者作成。

* 2018（平成30）年10月1日から2019（令和元）年9月30日までの1年間に配偶者が出産した男性のうち，令和2年10月1日までに育児休業を開始した者（育児休業の申出をしている者を含む）の割合（厚生労働省，2021）。

また，復職した男性の取得期間については，36.3％が5日未満で，2週間以上の取得は復職者の2割程度に過ぎない。取得している父親の割合が小さい上に，そのわずかの中で，大半がごく短い期間しか取得していないのである。

* 平成29年4月1日から平成30年3月31日までの1年間に育児休業を終了し，復職した男性および女性の休業期間（厚生労働省，2019）。5日未満の割合は2020（令和2）年度調査でも分かるが，28.3％となお3割近くを占めている。

では，最も「父親に優しい」とされる日本の休業給付とその基盤にある育児休業の制度はどのようなものなのだろうか。父親の取得という点からみた日本の育児休業制度の特徴（2020年3月時点）は次のようにまとめられる。

* これらは育児・介護休業法の定める最低基準であって，雇用主が期間の延長などの上乗せをすることは可能である。なお，育児・介護休業法を改正する法律が2021年6月に成立し，2022年4月からの1年間で段階的に施行されるが，以下で示している特徴のうち，(3)については，子の出生後8週間以内の男性の育児休業，

およびその後の男女の育児休業の取得がそれぞれ2回に分割できるようになるという変更はあるものの，それ以外の点はそのまま受け継がれている。

(1)配偶者が育児休業中や専業主婦であっても取得可能。

(2)原則子どもが1歳になるまでしか取得できないが，例えば母親が1歳まで取得したのち，父親が交替で育児休業を取得する場合など，父親と母親両方が取得する場合は，子が1歳2カ月になるまで取得することができる（パパ・ママ育休プラス）。ただし，親1人当たりの期間は産後休業の期間を含めて1年である。一方，保育所入所を希望しているが入所できない，などの条件に当てはまる場合には，子どもが2歳になるまで育児休業を取得し給付を受けることが可能である。

(3)育児休業は原則として1回のまとまった期間にのみ取得できるが，産後8週以内に父親が育児休業を取得した場合，復帰したのち再度取得することも可能である。例えば，出産直後の母親の体調の回復が必要な期間に父親が休業して母親とともに子育てに全面的に関わった上で，いったん仕事に復帰し，母親が復職するのと入れ替わる形で再度休業するということができる。

(4)雇用保険による育児休業給付金は，開始後180日（6カ月）までは休業前の賃金の67%で，その後の期間は50%である。この給付は非課税で，取得期間の社会保険料の支払いが免除されることを合わせると，手取りでは休業前の8割程度の収入が得られることになる。

以前は，収入の減少が父親の育児休業取得の大きな壁とみられていたが，(4)で示したようにその点は大きく改善されてきている。この休業給付は，配偶者の休業取得および休業給付の有無にかかわらず受けられるものであるため，父親は，希望すれば個人としてこれだけの期間にわたって給付を受けられる権利をもつ。これは，後にみる北欧のパパクオータの期間よりも長く，給付水準の違いを考慮しても，得られる総額としては北欧より多くなる，という事実が，ユニセフのレポートのランキングに反映されているのである。

では，なぜ父親の取得率と期間は低い水準にとどまっているのだろうか。先行研究において，日本の父親が育児休業を取得しない理由としてあげられているのは以下のようなものである。

(1)　勤め先に制度がない，またはあることを知らない（厚生労働省，2012：14頁；森田，2008：181-205頁）。

(2) 職場に迷惑がかかるため（佐藤・武石，2004；森田，2008：181-205頁）。

(3) 復帰後の業務評価の心配（佐藤・武石，2004；森田，2008：181-205頁）。

(4) 取得しにくい職場の雰囲気（厚生労働省，2012：14頁；佐藤・武石，2004）。

(5) 所得補償の少なさと夫婦の所得の現状（厚生労働省，2012：14頁；佐藤・武石，2004；松田，2012：32-34頁；森田，2008：181-205頁）。

(6) 育児は母親がするものという意識（森田，2008：181-205頁）。

(7) 妻が育児休業をとっているから（厚生労働省，2012：14頁）。

　このうち，(5)の所得補償の少なさについては，度重なる制度改正によって休業前賃金に対する休業給付の割合が上昇し，2014年以降は先述した現行の制度になっており，国際的にも高水準の給付となっている。男性にとって取得しにくい職場の雰囲気や復帰後の業務評価の心配という点では，認知度は高まってはいても今なお大きくは改善されておらず，引き続き取得できない理由の大きな部分を占めることは間違いないだろう。では，制度について改善の余地はないのだろうか。

　次節では，90年代のパパクオータの導入以来，父親の取得率が急速に上昇し，現在では取得することが「当たり前」になっている北欧の例としてスウェーデン，そして，2007年の制度改正以降急速に父親の取得率が上昇し，日本で2010年に導入されたパパ・ママ育休プラスのモデルになったドイツ，この２つの国の制度と比較することで，日本の育児休業制度の課題を考察していきたい。

2　こう考えればいい
国際比較からみる父親育休取得の処方箋

　前節でみたように，日本の育児休業とその給付は2010年以降，雇用者個人の権利となり，それぞれの親が受けられる給付は，もう一方の親の就業状況や育児休業の取得状況に影響を受けない。例えば，子どもが生まれてから１歳になるまで両親が同時に休業を取り，給付を受けることが可能である。しかし，スウェーデンやドイツの制度では，育児休業給付は子どもを育てる家族に対して与えられた権利と考えた方が理解がしやすい。すなわち，親のいずれかが給付

資料 13 - 3　日本，スウェーデン，ドイツの育児休業制度の比較

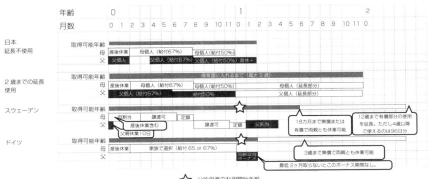

☆　公的保育の利用開始年齢

(注)　2019 年 4 月現在の各国の制度に基づいて以下の条件を満たす休業取得をパターン化
　　　(1)出産後から途切れずに母親，父親の順でフルタイムで取得
　　　(2)家族にとっての期間を最大化
　　　(3)父母それぞれに割り当てられた（譲渡可能部分を含む）部分を最大限に取得。
　　　　ただしどちらかが選択する期間は母親が取得。
(出所)　筆者作成。

を受けるのが原則で，一方の親が給付を受ける期間が長くなれば，その分，も
う一方の親が給付を受ける期間は少なくなるのである。ただし，育児休業の権
利（休業後に復職できる保障）自体は，個人の権利であり，給付期間よりも長い
期間，保障されている。それぞれの国の制度について，特に父親の取得を促す
しくみに注目して具体的にみていこう（**資料 13 - 3**）。

① スウェーデンのパパクオータ

　休業給付（föräldrapenning：親手当）が受けられる日数は両親合わせて480日
であるが，両親が平等に取得する意識を高めるために，その半分240日ずつが
それぞれの親の権利として割り当てられている。ただし，そのうち父親月（お
よび母親月）と呼ばれる90日のクオータ（割り当て）部分を除く期間は，同意
書を作成することで譲渡することができる。父親はこの他に，母親の産後60日
の間に10日の休業の権利がある（賃金の77.6％に当たる給付）。資料 13 - 3 では
「父親休業」と表記したが，もともと父親日という名称だったこの休業の手当
は，父親以外（シングルマザー本人，養親を含む同性カップルの第 2 の親や第 2 の

親が不明の場合は別の近親者）が取得できることをふまえて「子どもの出産または養子縁組に伴う一時親手当」という名称に変更されている。

　240日のうち，195日までは休業前賃金の77.6％という高率の給付が受けられるが，残りの45日は定額で金額も１日180スウェーデンクローナ（1924円）と低くなる。各親は，子どもが18カ月になるまで休業を取得する権利を有するが，有償休業部分は12歳になるまで延期することが可能である。ただし４歳以降に取得可能なのは，96日分のみである。ここで重要なのは，父親が90日のクオータ部分を取得しないと，その家族はその分の有給の育児休業期間を失うことになる点である。

　また，公的保育は子どもが１歳になると保障されるが，逆にそれまでは受けられない。上述したように休業前賃金の77.6％の給付を受けられる390日のうち90日は父親しか取得できないため。300日を超えて保育を受けられるまで母親が育児休業を継続すると，世帯として所得が大きく減少することになる。資料13－3では，父親割当部分より前に定額部分を取得する形で作図したが，この部分は，さらに子どもが大きくなった時期に残しておくケースも多いという。[*]その場合，父親割当部分が利用されるのはこの図よりも早い時点となる。

　　＊　2019年４月に行ったアン＝ソフィ・ドゥヴァンダー氏（引用文献の著者）への
　　　インタビューから。

　なお，両親が同時に休業給付を受けられるのは，１歳になるまでの間の30日が上限であり，その分，家族にとって有償休業できる期間は短縮されることになる。また，取得期間がすべて日数で示されているのは，１日単位さらには，その８分の１という細かい単位で休業が取得できる柔軟性があることを明確にする意図がある。

　父親の取得を促すこのようなしくみによって，2017年の時点ですべての育児休業取得日数のうち父親が取得している割合は28％となっている（Duvander and Löfgren, 2019；中里, 2019；スウェーデン社会保険庁ウェブサイト（Fösäkringskassa, 2020））。

② ドイツのパパクオータ

　2007年に大きく改正が行われたドイツの育児休業制度の概要は，現在次のようになっている（Reimer et al., 2019, pp. 1-11（223-233））。スウェーデンと同様，育児休業そのもの（Elternzeit：親時間）と，それに対する給付（Elterngeld：親手当）の期間が違うことが重要である。

　育児休業の権利は，それぞれの親個人に対して付与されており，1人の親当たり子どもの誕生の後3年間あり，そのうち24カ月は子どもの8歳の誕生日まで利用することができる。

　給付金としては，育児休業中（部分休業を含む）に前年の収入の65％に当たる金額を得られる。最低額月300ユーロは保証されており，上限は月1800ユーロである。ただし，所得が低い場合は給付率が上がり，月当たり所得が1000ユーロと1240ユーロの間の場合は67％で，1240ユーロを超えると2ユーロ当たり0.1％給付率が下がり，最も低い給付率は65％となる。反対に1000ユーロを下回ると，2ユーロ当たり0.1％ずつ給付率が上昇する。

　上記の満額をもらう場合を基礎手当（Basiselterngeld）と呼び，期間は1人の子どもに対して12カ月分となる。ただし，両方の親が少なくとも2カ月以上ずつ取得すると，2カ月がボーナスとして追加され計14カ月分給付が受けられる。母親はもともと産後休業として2カ月を取得しなければならないので，実質的には父親が2カ月取得することで2カ月分の休業給付が追加されることになる。この制度は日本における2010年の制度改正で導入されたパパ・ママ育休プラスのモデルになっている。ただし，ドイツの育児休業給付金の受給期間は家族単位に割り当てられた期間であって，日本のように個人が12カ月ずつの権利をもつというものではない。したがって，同時に取得することは可能ではあるものの，スウェーデンの30日分と同様，その分，給付のある休業期間が早い時点で終了することになる。また，この1年を超える部分の給付は，父親が2カ月以上とって初めて受けられるもので，それ以下の取得では両方の親を合わせて1年分しか給付が得られない。したがって，父親が例えば5日取得して給付を得たとしても，それは母親に対する給付が減るだけなので，最低2カ月以

上という長期間の休業を父親が取得する強いインセンティブが生まれるのである。

　さらに，2015年から追加された新たなオプションとして親手当プラス（ElterngeldPlus）がある。これはパートタイム（週25〜30時間）で就労しながら育児休業を取得することで，完全に休業する場合の親手当の金額の半分を倍の期間受け取るものである。これに加えて，2人の親が同時にパートタイムでさらに4カ月就労することで，それぞれ4カ月分「親手当プラス」の給付が延長されるパートナーシップボーナスというしくみもある。

　育児休業（親時間）と給付（親手当）のしくみは2007年の育児休業制度改革によって導入された（Erler, 2011, pp. 119-134）。親手当プラスはさらに2015年に追加されたしくみである。2007年の改革は，母親のみが育児休業を取得する状況を改め，父親の取得を促すことを意図したもので，育児休業給付の期間を短縮し，給付率を高めた。さらに父親の育休取得によるボーナス期間（2カ月）が設けられた。ノルウェーやスウェーデンのいわゆるパパクオータのように，家族に与えられた12カ月のうちの2カ月を父親に割り当てる案は，家族の選択に介入するものとして保守派からの反対があったため，家族にとっての期間を延長する2カ月のボーナスとして導入されたのである（Erler, 2011, pp. 119-134, 128-131）。

　このような育児休業制度の改革と並行して，保育制度の改革も進められた。東西統一以降，それまで東と比較して母親の就業率が低かった旧西ドイツにおいても3歳以降の公的保育利用の権利が与えられるようになったが，公的保育の供給自体は少なく，終日ではなく短時間の保育が主であった。2007年の育児休業制度改革の時期から2013年にかけて，連邦政府は，3歳未満の子どもの保育利用率を高めることを目的に，自治体による新たな保育施設の運営および投資に対する補助金に大きな予算を投じた（Erler, 2011, pp. 119-134）。さらに2013年8月からは公的保育の利用の権利が1歳以上に拡充された（Blum and Erler, 2014）。このことで，スウェーデンと同様，給付金のある育児休業の期間が終了した時点で公的保育の利用が保障される制度が整ったのである。

　こうした改革の結果，2015年に生まれた子どもに対して35.8%の父親が育児休業給付を受けており，2014年の父親の受給期間の平均は3.1カ月である（Reimer et al., 2019, pp. 1-11（223-233））。（本節におけるドイツの制度の説明は，特に明記されていないところはすべて Reimer et al., 2019）

　ここまでみたように，スウェーデンのパパクオータ（父親月）やドイツの2カ月のボーナス期間は，(1)休業取得が可能な子どもの年齢，(2)有償の休業について両親間で選択する期間，(3)母親と父親に割り当てられ譲渡不可能な期間，さらに(4)公的保育が保障される時期という4つの要素の組み合わせによって，父親の取得を促す。すなわち，(2)と(3)をあわせた期間よりも(1)が長いことで，父親の割り当てを活用することで初めて家庭での子育て期間が最大になり，その期間が終了するところで(4)の公的保育の利用が保障される，というしくみになっているのである。

③ 日本の育児休業制度の課題

　この観点から日本の制度はどのように理解できるだろうか。パパ・ママ育休プラスは，ドイツと同様，それによって家族にとっての育児休業期間が延びる共有ボーナスとなっている。父親の育休取得のインセンティブとして導入されたこの制度であるが，これが意図通りの効果を生む上で2つの問題がある。1つは，公的保育の開始時期との関連，もう1つは待機児童問題への対応として育児休業制度に継ぎ足された休業期間の条件付き延長である（資料13-3の2段目）。この延長部分も，基本の育児休業と同様，両親とも取得が可能で，仮にそれまで母親だけが取得していたとしてもさらに延長し，母親だけで2歳まで育児休業を取得することが可能である。こうして，母親だけで取得できる有償の育児休業の期間の最大が常に育児休業取得可能年齢と一致しているため，父親が取得することで期間が延長できるというスウェーデンやドイツのようなしくみになっていない。さらに，保育所の入所は，空きがあれば1歳前でも可能であり，逆に2歳までに入所が保障されてもいないために，スウェーデンやドイツのように両親を合わせて休業期間を最大化するよりも，入所できる最短

のタイミングで保育所に預ける方が，母親の職場復帰までに入所できないリスクを低くすることになり，この点でも父親の取得を促す力が働きづらい。

　保育制度の改善は別として，現在の育児休業制度を修正して，スウェーデンやドイツの制度に近づける方策があるとすれば，次のようなものになるだろう。これら2国では有償休業のクオータの部分は他の親が選択できない，という意味で個人の選択の権利を制限していることになるが，休業自体は個人の権利としてスウェーデンでは出生後原則18カ月，ドイツでは3年間保障されている。日本においても休業の権利はそれぞれの親に対して現行の延長部分を含む2年間保障した上で，それぞれの親が給付を受けられる期間を現行より短くし，交代で取得する方が明らかに損失が少ない制度にすることを提案したい。そのことによって，保育所の入所ができなかった場合に退職せざるを得なくなるリスクの増加は避けながら，父親の取得をうながすことになるのではないだろうか。

3　ここがポイント
社会の変容の鍵としての父親の育児休業

　父親の育児休業取得の促進の重要性については，政府のキャンペーンもあり，メディアで取り上げられることで，日本においても認識する人が増えているのは確かだろう。一方で，本章の冒頭でみたように父親の取得率がようやく1割を超えたに過ぎず，期間も5日未満が取得者の3分の1ほどを占め，2週間以上にわたる人が2割程度ということは，育児休業中の男性を周囲でみることは，まだめずらしいといっていいだろう。

　今よりもさらに取得率の低かった時代だからということもあるだろうが，育児休業を1カ月以上単独で取得した男性に対して筆者が行ったインタビューでは，次の3人のように，育児休業中の日中，周囲に話せる大人がいない状況がしばしば語られていた。

　　地元じゃなかったので，ママ友なんてつくれませんし，そんな，飛び込んでけばよかった

んですけど，そこまでの勇気もなくて，ずーっと子どもとだけで他にしゃべる人もいな
かったりして，専業主婦って煮詰まるんだなあっていう。……体験してみてやっぱり分か
りますね。実際誰とも話さなかった，家内が家を出てから帰ってくるまで，誰っとも話さ
なかった日っていうのは多々ありましたし。（公務員：2007年に4カ月取得）。

外で何かやってるとこに顔出してみたりとかですね，してましたけど……まあほとんどで
もお母さんばっかりだったんで，あまりこう居心地はよくなかったですね。正直。地域で
やっている，親子の何とか教室みたいな感じのとこ。（聞き手　大人と話せない孤独みた
いのっていうのは？）それはずっとありましたけど，休んでいる間は。（IT企業外資系メー
カー：2009年と2013年に3カ月ずつ取得）。

（聞き手　ブログやツイッターでつながっていく前は，孤独感ていうのは感じたんですか）
やっぱりありましたですね。休んで，嫁さんが仕事行ってて，で，子どもが泣いて抱いて，
で寝かしつけて寝た後に，ふと，あ，何にもないなと，そういうときは最初他のことやれ
ばいいのにと思ったんですけど，なくって，そのときからツイッターを活用し始めたって
いう形ですね。（学校職員：2010年から7カ月取得）。

　このインタビューは国際比較研究プロジェクトのために行われたもので，他
の国においても同様のインタビューがなされており，スウェーデン，ノル
ウェー，アイスランドなど北欧の国々でも母親と比較して父親が孤立しやすい
点が論じられてはいるが，それが中心的な経験とはならず，全体として父親の
育児休業経験のポジティブな感情がより前面に出ている（O'Brien and Wall,
2017）。母親の負担に関しても同様である。筆者は，スウェーデンにおいて両
親が交代で取得することが基本であり，同時に取得する必要性があまり求めら
れないことを疑問に思い，夫の帰る時間まで孤独な育児になる心配はないのか
という点について，先述の引用文献の執筆者ドゥヴァンダー氏に尋ねた。その
回答は，親たちが子連れで集まる場所が多くあるから母親の孤独が大きな問題
として取り上げられることはないということだった。夕方以降については，生
まれたばかりの子どもがいれば父親は早く帰って来たがるのが当然という発想
で，筆者の疑問自体を不思議に感じる様子であった。このように日本でいわれ
る「ワンオペ」育児の苦悩に当たる状況になりづらいことも，父親が単独で育
児休業を取得するハードルを低くしている要因といえるだろう。

　筆者自身が，2019年にストックホルム中心および郊外のショッピングモールや図書館で平日の日中に観察したところ，乳幼児を連れた人たちのうちの3分の1程度は男性であり，遊具のあるスペースで男性同士が子どもと一緒に遊ぶ姿もみられ，育児休業取得日数の3割程度を男性が占める社会がどのような様子になるのかを実感することができた。

　北欧ほどではないが，父親の育児休業取得がめずらしくなくなってきたドイツでは，本章の冒頭で紹介したベルリンやハンブルクの父親センターのように，育児休業中の父親が定期的に集まる場がつくられ，そこにクチコミで定員いっぱいの人が集まるようになっている（2019年8月のベルリン父親センター（Väterzentrum Berlin）およびハンブルク父親センター（Väter e. V.）でのインタビュー*より）。ハンブルク父親センターの共同経営者で育児休業中の父親と子どものための朝食会を主催するラース・ヘンケン氏は，育児休業の取得について相談を受けた際や朝食会の中で，子どもの幼い時期に過ごす時間とキャリア追求の優先順位についてよく考えることを促し，父親が子育てに責任をもつことの重要性を訴えているという。そして，朝食会の参加者は長期の休業を取得する人が多く，職場復帰後に新たに父親になる同僚にそのような考えを広め，その同僚が朝食会の参加者となる循環がある。ドイツではさらに民間企業が顧客企業の従業員の福利厚生を請け負い，その一環として夫婦が相談に訪れて育児休業の取得の仕方についてのアドバイスを受けるサービスを提供するようになっている**。

　＊　ベルリン父親センターでは創設者でありカウンセラーのエバハート・シェファー（Eberhard Schäfer）氏から，ハンブルク父親センターでは共同経営者のひとりラース・ヘンケン（Lars Henken）氏から，育児休業中の父親と子どもの集まりなどについて話を聞いた。ベルリン父親センターではセンター利用者である育児休業中の父親の1人からも話を聞いた。
　＊＊　PMEファミリエンサービス（pme Familienservice）のベルリンおよびハンブルクの事業所において2019年8月に行ったインタビューおよび関連資料より。

　このように，父親の育児休業取得の推進は，社会における子育てや働き方を

変える鍵となる可能性をもっている。そして，第２節でみたような育児休業政策の国際比較は，父親の育休取得の推進のために，育児休業の制度そのものに加えて，保育制度など関連する制度との統合的な設計が重要であることを教えてくれる。

4 これから深めていくべきテーマ
多様な家族を支える育児休業制度の射程の拡大

　日本の育児休業に関して深めていくべきテーマは，どのようなものだろうか。
　まず第一に，父親と母親の育児休業取得をより対等に近いものにするための方策についてのさらなる検討がある。第２節において，スウェーデンやドイツの育児休業制度と比較した日本の制度の課題を明らかにし，個人の休業の権利を長期化した上で，母親への給付期間を現状よりも短くすることによって父親の取得の動機づけを高めることを提案した。しかし，パパ・ママ育休プラスというパパクオータに相当する制度の効果を弱めている要素の１つと考えられる，保育所に入れなかった場合の延長規程は，保育所不足から退職せざるを得ない状況への母親たちの悲痛な声を背景に導入されてきたものである。そして，保育所不足の状況や入所を可能にする条件は，自治体によって大きく異なる。したがって，状況の異なるいくつかの地域において，夫婦の子育て・家事・就労に関する分担状況とその交渉過程が，育児休業と保育制度によってどのように影響されているかを丁寧にみていくことが必要であろう。
　第二に，父親と母親の取得状況の対比というテーマが大きな注目を集めることで見落とされがちな，現行の育児休業制度そのものから抜け落ちる人たちについても，他国の制度や取得実態と比較することで，光を当てる必要がある。非正規雇用の親たちについては，制度の改正によって少しずつ適用可能な範囲が広がってきているが，自営，フリーランスで働く親たちの取得を可能にする方策については，日本では言及されることも少ない。それは給付の財源が税ではなく雇用保険に基づいていることによる部分が大きいが，例えばスウェーデ

ンにおいては，財源を社会保険としながらも，自営業者や就労していない親も一定の給付を受けることができる。さらにシングルペアレントや同性カップル，また出産直後の一時金については祖父母など親以外の近親者が，子どもの養育のために休業した場合に不利にならないような配慮が制度に組み込まれている（Duvander and Löfgren, 2019, pp. 1-10 (459-468)）。このような点も，今後深めていく必要のあるテーマといえるだろう。

手にとって読んでほしい5冊の本

佐藤博樹・武石恵美子，2004，『男性の育児休業――社員のニーズ，会社のメリット』中央公論新社。

　　「男性の育児休業」をずばりタイトルに据え，低い取得率に取得率の背景と上昇のための方策について分析した先駆的な著作。

舩橋恵子，2006，『育児のジェンダー・ポリティクス』勁草書房。

　　日本，フランス，スウェーデンにおける96人のインタビューと政策を比較。スウェーデンについては育児休業制度を詳しく紹介し，夫婦の取得戦略を提示している。

大和礼子・斧出節子・木脇奈智子，2008，『男の育児・女の育児――家族社会学からのアプローチ』昭和堂。

　　夫婦を対象にした質問紙調査とインタビュー調査を用いて，父親の育児休業取得を含む子育てに関する意識と実態を分析している。

石井クンツ昌子，2013，『「育メン」現象の社会学――育児・子育て参加への希望を叶えるために』ミネルヴァ書房。

　　1980年代からおもにアメリカと日本で長年父親研究に取り組んできた著者の成果をわかりやすくまとめた著作。育児休業制度を含む政策の変遷も詳しく解説されている。

田中弘美，2017，『「稼得とケアの調和モデル」とは何か――「男性稼ぎ主モデル」の克服』ミネルヴァ書房。

　　育児休業，保育，労働政策など複数の領域を政策パッケージとしてとらえ，ヨーロッパ6カ国を対比して，男性稼ぎ主モデルを克服するプロセスが複数あり得ることを示し，日本の行く末を展望した野心作。

引用・参考文献

厚生労働省，2012，「第1回21世紀出生児縦断調査（平成22年出生児）の概況」。（http://www.mhlw.go.jp/toukei/saikin/hw/shusshoujib/01/dl/01-2.pdf　2019年10月5日アクセス）

厚生労働省，2019，「平成30年度雇用均等基本調査」の結果概要。（http://www.mhlw.go.jp/toukei/list/dl/71-23r-03.pdf　2019年10月5日アクセス）

厚生労働省，2021，「令和2年度雇用均等基本調査」の結果概要。（https://www.mhlw.go.jp/toukei/list/dl/71-r02/03.pdf　2021年8月4日アクセス）

佐藤博樹・武石恵美子，2004，『男性の育児休業――社員のニーズ，会社のメリット』中央公論新社。

中里英樹，2019，「ノルウェーとスウェーデンにおける「パパ・クオータ」の意義――日本との比較を踏まえて（特集　イクメンプロから10年　イクメンの効果と意義）」『DIO：data information opinion：連合総研レポート：資料・情報・意見』32(3)，13-16頁。（https://www.rengo-soken.or.jp/dio/dio345.pdf）

松田茂樹，2012，「それでも男性の育児休業が増えない理由」『Life Design Report』201，32-34頁。

森田美佐，2008，「父親は育児休業をとりたいのか？」大和礼子・斧出節子・木脇奈智子編『男の育児・女の育児――家族社会学からのアプローチ』昭和堂，181-205頁。

Blum, S and Erler, D., 2014, "Germany country note," P. Moss ed., *International Review of Leave Policies and Research 2014*, pp. 137-144. （http://www.leavenetwork.org/lp_and_r_reports/archive-reviews/　2020年1月24日アクセス）

Chzhen, Y., Rees, G. and Gromada, A., 2019, Are the world's richest countries family friendly? Policy in the OECD and EU, Innocenti Research Report, （https://ideas.repec.org/p/ucf/inorer/inorer1032.html）

Duvander, A.-Z. and Löfgren, N., 2019, "Sweden Country Note," A. Koslowski, S. Blum, I. Dobrotić, A. Macht and P. Moss eds., *International Review of Leave Policies and Related Research 2019*, pp. 1-10 (459-68). （http://www.leavenetwork.org/lp_and_r_reports/archive-reviews/　2020年3月18日アクセス）

Erler, D, 2011, "Germany : taking a Nordic turn?," S. B. Kamerman and P. Moss eds., *The politics of parental leave policies : children, parenting, gender and the labour market*, Policy Press, pp. 119-134.

Försäkringskassa, 2020, "When the child is born," Försäkringskassa. （社会保険庁ウェブサイト　https://www.forsakringskassan.se/privatpers/foralder/nar_barnet_ar_fott　2020年4月5日アクセス）

O'Brien, M. and Wall, K., 2017, *Comparative Perspectives on Work-Life Balance and Gender Equality : Fathers on Leave Alone*, Springer International Publishing.（https://link.springer.com/book/10.1007%2F978-3-319-42970-0）

Reimer, T., Erler, D., Schober, P. and Blum, S., 2019, Germany Country Note. A. Koslowski, S. Blum, I. Dobrotić, A. Macht and P. Moss eds., *International Review of Leave Policies and Related Research 2019*, 1-11 (223-233).（http://www.leavenet work.org/lp_and_r_reports/archive-reviews/ 2020年3月18日アクセス）

（中里英樹）

第**14**章

時間政策と時間主権
生活のゆとりと自由のために

グラフィック・イントロダクション

資料 14 - 1　子ども食堂の準備の様子

（出所）　筆者提供。

　筆者の生活の話から始めよう。筆者は，神戸市で私立学校の教員として働いている。この学校ではよい労働環境が守られてきたため，多くの教員が17時前には退勤することができる。その結果，筆者はフルタイムで働く妻よりも先に帰宅して夕食を作り，また平日にボランティア活動も行っている。写真はその１つで，NPO 法人神戸定住外国人支援センターが運営する子ども食堂で，食事の準備をしている様子である。仕事帰りであるため，Ｙシャツとベストの上にエプロンを着て調理をしている（**資料 14 - 1** 左）。筆者にとって，NPO 活動に関わることは大きな意味をもっている。

　夫が早く家に帰って夕食を作れば，妻はフルタイムで働きながら家で自分の

時間をもつことができる。また，NPO が子ども食堂を開いていれば，忙しい親はその日の夕食や子どもの居場所を心配せずに過ごすことができる。人々がお金とともに時間をうまく融通し，互いの自由を支え合う社会を創ることはできないだろうか。

1 何が問題か
価値意識と現実のずれ

　一般に「ワーク・ライフ・バランス（仕事と生活の調和）」というと，所得を得る仕事と育児や介護の両立が問題になる。日本ではそれが実現しておらず，差し迫った必要があるからだ。しかし，ライフ（生活）とは育児や介護だけを意味するわけではない。家族をもつ者は，家族で一緒に食事をしたり，遊んだり，時には旅行をしたいと思っている。また，家族と関係なく，ゆっくりしたり，友人と会ったり，読書や合唱などの趣味活動をしたり，ボランティアなどの社会活動をしたいと思っている。後述するように，現代日本では時間の余裕の意味を含んだゆとりある生活が求められるようになっているのである。しかし，他の先進国に比べて日本の雇用労働者の生活時間はゆとりを欠き，時間的にも経済的にも非効率な社会になっているという課題がある。

① 「物の豊かさ」から「心の豊かさ」へ

　内閣府の「国民生活に関する世論調査」は，全国の20歳以上の国民を対象に毎年行われてきた生活意識調査である。1972年から，今後の生活でどのような豊かさを重視するかを尋ねている。

　　あなたの考え方に近いのは，どちらでしょうか。（ア）物質的にある程度豊かになったので，これからは心の豊かさやゆとりのある生活をすることに重きをおきたい。（イ）まだまだ物質的な面で生活を豊かにすることに重きをおきたい。

　この質問について，労働および家族形成の中心を担う20代から50代の回答を

資料14-2　「心の豊かさ」か「物の豊かさ」か

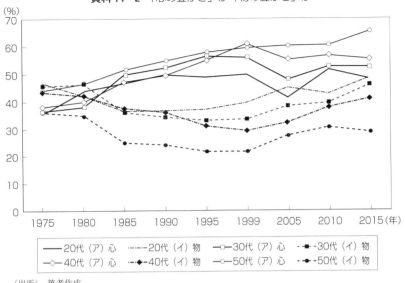

（出所）　筆者作成。

取り出し，年代別に「（ア）心の豊かさ」「（イ）物の豊かさ」の選択割合を，5年ごとの推移として図示した（**資料14-2**）（ただし，2000年は調査が行われなかったため，1999年の回答で代替した。また，「どちらともいえない」「わからない」の回答は省略した）。

　資料14-2から，どの時期でも，年齢が上がると心の豊かさやゆとりある生活を重視したいと考える傾向が強くなることがわかる。1985年には20代から40代の若年・中年層でも，「心の豊かさ」を選ぶ者が多くなった。1990年代の後半からは，すべての年齢層で「物の豊かさ」（お金）への要求が高まっており，不況と非正規労働の拡大の影響を推測させる。実際，同じ調査で家庭の生活程度（上・中・下）を低く回答する者ほど，「物の豊かさ」を重視する傾向がある。しかしそれでも，30代から50代の中年層で，ほぼ半数以上が「心の豊かさやゆとりある生活」を求めていることに注目しよう。

　日本では，すでに1980年代の後半から，「心の豊かさやゆとりある生活」を求める人が多数を占めている。一般に女性の方が，「心の豊かさ」を選ぶ傾向

があるが，男性でも30代以上では半数以上が「心の豊かさ」を選んでいる。これは，長時間労働や共働きの増加などによる多忙化だけによって生じたのではない。物質的豊かさの達成の上に大きな価値観の変化として生じたのである。

② 男性の長時間労働とカップル合計の労働時間

それでは，この価値観の変化にみあう現実が生まれてきただろうか。ここで紹介するのは，2007年に日・米・仏・韓の4カ国の大都市で実施された生活時間調査である（連合総合生活開発研究所編，2009）。対象は50歳未満の雇用労働者とその配偶者で，各国400組のカップルである。この報告書から，夫婦の賃労働時間の図を一部改変して示した。

資料14-3から，日本の夫は「雇用労働者として」長時間働いていることがわかる。労働時間は週平均49時間であり，週5日間勤務であれば1日約10時間労働である。米・仏の男性よりも，1日当たり1時間以上長く働いていることになる。さらに，報告書によれば通勤や昼休みなどの時間を加えた仕事関連時間でみると，日本男性は1日1時間半から2時間長く仕事のために費やしている。このため，同書は日本男性の生活時間を次のように特徴づけている。

「日本の男性雇用労働者の生活時間は，長い在勤務時間，短い睡眠時間，少ない家族そろっての夕食，短い夫婦の共有時間，狭く回数の少ない自由活動によって特徴づけられる。」

そして予想されるように，日本の男性雇用労働者は，家事労働の時間も極めて少ない。勤務日に「炊事・洗濯・買い物」を全く行っていない者が6割を超えている。家庭内労働を含めた総労働でみた場合，日本の男性は必ずしも長く働いているわけではないのである。

そして，これほど日本の男性は雇用労働に身を捧げているのに，資料14-3のように，日本のカップルの合計労働時間は米・仏に比べて短い。これは，日本の妻に無業者や短時間パート労働者が多いことによる。考えてみれば当然であろう。標準的な雇用労働者（男性の正規労働者）が1日10時間も働く社会では，夫婦ともフルタイムで標準的に働くと，生活は忙しくゆとりがない。この

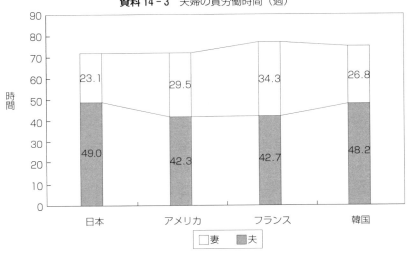

資料 14 - 3　夫婦の賃労働時間（週）

（出所）　報告書の図を一部筆者改変。

　ため，女性が主婦になったり，パート労働をしたりして家事・育児を担い，家族間で時間の調整を行うことが多くなる。そして，妻が無業やパートになれば，世帯単位での労働時間は減り，所得も減ることになる。このようにみてくると，長時間労働で男性稼ぎ手型の社会は，生活の時間にゆとりがなく，所得の面でも非効率である。

　　ゆとりが重視され，時間の価値が上がっている社会において，家族で過ごす時間の短さや個人の自由時間の乏しさは，なぜ重大な問題だと考えられていないのだろうか。その大きな理由は，政府が「ワーク・ライフ・バランス」を提唱しながらも，生産中心・企業中心の政策を行ってきたからだと考えられる（森岡，1995；大沢，1993）。国内総生産と経済成長など企業の生産には注目しても，時間に注目して人々の生活の豊かさを計り改善するということを真剣に行ってこなかったのである。

2 こう考えればいい
自由・人権のための時間政策

　日本の時間をめぐる課題解決のために，ドイツの時間政策に注目し，特にその「時間主権」の概念を紹介する。また，筆者によるドイツでの小規模調査から，大企業で働くドイツ人男性のゆとりのある生活の様子を紹介する。

1　ドイツの時間政策

　ドイツは，第2次世界大戦後に労働組合の運動によって労働時間の短縮が進み，「時短先進国」として知られている。2000年代に入り，男性の長時間労働者の割合が増加したが，それでも男性フルタイム労働者の週実労働時間は2010年で平均41.0時間である（女性39.8時間）。

　他方，ドイツでも女性の高学歴化と共働き家庭の増加により仕事と育児の両立や，仕事と介護の両立が問題となり，労働と時間をより柔軟に配分する必要があるという認識が広がった。特に，1990年代後半から2000年代にかけて，研究者や労働組合，また政党や政府の活動により，時間の配分が政策立案において強く意識されるようになった。そして，それまでの個別の政策を統合する形で，「時間政策（Zeitpolitik）」が主題化されたのである（田中，2012）。

　ドイツの時間政策は，雇用者の労働時間の柔軟化を中心に，出産など人生の出来事に対応して時間を融通する政策である。時間を社会的な資源として考え，個人や家族が生活で必要とする課題（所得のための労働，家事・育児・介護，家族の共同生活や余暇，地域活動など）と，ひとりひとりの日常の時間や人生の時間をどのように調整すれば，個人の選択可能性が増し，また，社会・経済の持続可能性が確保されるのかを総合的に考える。

　こうした流れの中で，ドイツの家族省（正式名称は「家族・高齢者・女性・青年省」）の第7報告書（2005年）は，「持続可能な家族政策」を掲げ，「企業の労働時間のリズムを決定するのは家族である」と大胆に主張した。そして，仕事

資料 14 - 4　ドイツの労働時間の調整に関する諸制度

制　度	労働時間の調整に関わる内容
①労働時間口座	労働者が残業時間を口座に貯め，有給休暇や長期休暇として利用できる。
②短時間正社員	フルタイム労働者は，理由を問わず 1 ～ 5 年間，短時間正社員に変更でき，復帰できる。（中小企業は人数制限あり。）
③親時間・親手当	手当の受給中も，週30時間まで勤務が可能。親 2 人が25～30時間の時短勤務をすれば，受給期間がプラスになる。
④家族介護時間	家族を介護する労働者は，完全休業（最長 6 カ月）を含めて最長 2 年間，週15時間まで労働時間を短縮できる。

（出所）　飯田（2017；2018）などから筆者作成。

を中断し，生業以外の労働を行う時間を積極的に人生と社会の中に位置づけ，育児や介護のための「ケア時間」，自分の教育のための「教育時間」，そして地域での市民活動のための「社会的時間」の保障を提唱している。

　また，続く第 8 報告書（2011年）は，副題を「家族のための時間——持続可能な家族政策としての家族時間政策」として，初めて時間政策を明確に主題化した。この報告書は，家族が経済や社会インフラだけでなく，「時間という資源」を利用して暮らしているととらえ，家族への責任を果たし，また充足を味わうための時間の重要性を強調している（クレース，2013；田中，2008）。

　資料 14 - 4 は，ドイツにおける労働時間の調整を可能にする制度とその内容をまとめたものである。1980年代に導入された労働時間口座は，今や労働者全体の 6 割以上にまで普及し，また，2019年に施行されたパートタイム・有期労働契約法の改正により，短時間正社員のフルタイム復帰権が保障されるようになった。労働者が，自分の生活を大切にし，働きながらケアや自己教育，地域活動を選べるように制度が整えられてきたといえよう。

② 時間主権

　さて，ここでドイツにおける労働と時間をめぐる議論において，家族省第 8 報告書にある「時間主権」の概念に注目したい。時間政策は，自分の生涯の時

間に対する「主権」（外部からの介入を排した最終的な決定権）を意識させる。そのことにより，雇用労働，家事・育児・介護，地域活動など人生の各期に回ってくる労働を等しい価値をもつものとして位置づけ直す。「人と社会にとっての労働と時間の意味をより根本的に考え直す」視点を提供するのである（田中，2006）。

　こうした視点から，資料14－4のように，ドイツでは「育児休業」ではなく「親時間（Elternzeit）」と表現し，「介護休業」ではなく「介護時間（Pflegezeit）」を法律用語として使うようになった。この変更は，雇用労働を脱中心化し，人間の生活を中心にして時間と労働を再構築する新しい見方を示している。「時間主権」という言葉は，人権（人間の安心と自由の権利）の点から時間をとらえ，時間の決定権を基本的人権の中に組み込んでいく試みである。

　この時間主権の観点からいえば，日本で普及している「ワーク・ライフ・バランス（仕事と生活の調和）」という表現は，時間を主題化しても，ワーク中心・雇用労働中心の見方を十分に相対化することができない。人間は生活を持続させるために，労働を通じて財やサービスを生産し，市場経済を利用している。人間とその生活のために市場経済と雇用労働があるのであり，その逆ではない。したがって，「ライフ・ワーク・バランス（生活と仕事の調和）」という方がよいだろう。そして，より本質的には，私たちの生活に必要な労働を人生全体また社会全体で見通しながら，人々の時間の決定権を強めていく視点と政策が必要なのである。

　もちろん，第8家族報告書もいうように，人々の時間主権をやみくもに強化すればよいというわけではない。時間主権の行使は，企業と市場に調整を求め，その効果も確かめながら段階的に進めていく必要がある。人々は「物質的な豊かさ」も求めており，時間だけを求めているのではないからだ。それでも，人々が「心の豊かさやゆとり」を求める社会では，時間と労働を根本的に見直す視点と政策が必要なのであり，第2節でみたような時間の不足と非効率を重大な問題と考え，改善していかなくてはならないのである。

　かつて，ジャン＝ジャック・ルソーは『社会契約論——または政治的権利の

諸原理』の冒頭で，「私は，正義と効用がけっして分離しないように，この研究のなかで権利が許すことと利益が命ずることをつねに結びつけるように努めよう」（ルソー，2010）と述べた。人間の権利や基本的人権とは，人々に利益と効用をもたらし，これを平等に分配することに社会の合意を得られる要求内容を指す。そして，現代の先進国では，「時間」が自由のためにますます重要な要求となっているのである。

③ ドイツのフルタイム男性労働者のゆとり

　2018年の8月に筆者は学校の夏休みを利用して，ドイツ南部のハイデルベルグ周辺でライフ・ワーク・バランスの小規模な調査を行った。対象は日本とドイツの両方で働いた経験のあるフルタイム労働者である。知人を頼って対象者を探し，結果的に大企業に勤める男性4人・女性4人（ドイツ人2人，日本人6人）にインタビューを行うことができた。また，そのうちの1人であるドイツ人男性の家に6日間泊めてもらい，ドイツ人男性の家庭生活の一端もみることができた。

　この調査を通じて最も強く感じたことは，男性フルタイム労働者のゆとりである。例えば，筆者を泊めてくれたドイツ人のFさんは，日本人の妻（主婦）と5歳の双子と暮らし，ドイツの国際的ソフトウエア企業にエンジニアとして勤めていた。彼は，朝8時頃に家を出て，夕方18時半頃に帰宅し，家で夕飯を食べ，子どもたちとドイツ語の練習をしたり遊んだりして過ごしていた。妻に用事があれば，彼が車で双子を保育園に送っていき，週に一度は日本語を学びに市民大学に通っていた。当時，彼は企業向けのソフトウエア開発を仕事にしていたが，「仕事は楽しいが，家族が一番」と語り，実際にそういう生活をしていた（**資料14-5**）。

　子育てをしながら大企業で働く日本人女性にも話を聞いた。1人は，親時間（育休）からの復帰後には時短を活用して，フルタイムの75％，80％など労働時間を調整しながら働き，また，労働時間口座に貯まった時間で長期休暇を取っていた。別の1人は，自分が仕事が忙しいときには，夫が子どもを迎えに

資料14-5 平日の夕方に自宅の庭のコンロで，夕食用のウインナーを焼くFさんとその子ども

（出所）　筆者提供。

行き，先に家に帰ってくれるので助かると語った。これらの男女はドイツの中でも労働時間が長いエリートたちであるが，その労働時間と調整のしやすさは日本と比べて大きく異なっていた。

　男女平等の点からは，ドイツでも女性の方が家族のために労働時間を調整することになっており，課題を抱えている（柚木，2015）。こうした中で，近年の親時間・親手当制度の改革では，乳幼児期に両親がともに時短で働くと受給期間がプラスされることになった（パートナーシップ・プラス）。法律と労働協約により労働時間を制限した上で，労働者の時間決定権を強め，さらに男性に親時間取得と時短勤務を推奨しているのである。

3 ここがポイント
男性の平日の生活時間を変える

① 男性フルタイム労働者の平日の時間

　これから日本で生活時間についての関心を高め，時間政策を進めていこうとすれば，雇用労働の中心にいる男性の平日の生活時間に注目することが重要である。

　日本のフルタイム雇用者の労働時間の長期推移（1976～2006年）についての研究によれば，この30年間で週休2日制の導入により休日は増えたものの，1週間の労働時間はむしろ増えている。その結果，男性雇用者の平日1日当たりの労働時間は1時間以上長くなった。また，この間に睡眠時間は減少を続け，平日で40分ほど，1週間で4時間ほど短くなった。余暇時間についても週当た

り1時間30分ほど減少している。同じ期間に，フルタイム女性の労働時間は大きくは変わらず，睡眠時間は週3時間ほど減少し，余暇時間は増加している。このため，余暇・睡眠時間の男女差は縮小した。これは男女平等の点からはよいことであるが，フルタイム労働者，特に男性の平日の生活は，高度経済成長後の30年間で忙しくなったといえる（黒田，2009）。

　先に紹介した4カ国のカップル調査をみても，日本の雇用労働者（パートタイムを含む）の出勤日の睡眠時間は，米・仏に比べて男女とも40分ほど短く，夫6時間55分，妻7時間13分である。また，平日の余暇時間についても，例えば男性の出勤日の「テレビを見る，新聞や雑誌等を読む，インターネット検索に費やす時間」では米・仏より約30分短く，「読書をする，映画を観たり，音楽を聴く時間」では，米・仏より約40分短い。

　そして，平日の暮らしが忙しければ，週末の休日は睡眠や休養，買い物など生活に必要な時間に充てられることになる。また，外出する場合も，家族関係が優先されることになる。1970年代以降，親類・友人・仕事の同僚と一緒にいる時間が減り，家族との時間が増えてきたことが指摘されている（矢野，1995；連合総合生活開発研究所編，2009）。平日も週末も忙しい生活の中で，友人とのつきあいや共同の趣味，またボランティアなどの社会活動に費やせる時間は限られてしまう。やはり重要なのは，社会で標準となっている男性フルタイム労働者の平日の労働時間なのである。

② どんな男性が忙しくなったのか

　ところで，黒田の研究によれば，前記の30年間で余暇・睡眠時間を減らした男性フルタイムの労働者は，中高卒者より大卒者である。これは，他の先進国でも一般的にみられる傾向であり，比較的高学歴・高所得の労働者の労働時間が伸び，余暇時間が減る傾向にある（ただし，睡眠時間の継続的な減少は，先進国の中で日本に特有である）。第1節の「何が問題か」で述べたように，日本の男性の多数派は，すでに物質的豊かさに満足して「心の豊かさやゆとりある生活」を望んでおり，これは特に生活水準が高い層でその傾向が強い。また，相

対的に所得の低い層の男性であっても，女性の所得が増え，夫婦単位でみた場合に金銭的・時間的な余裕が生まれることには反対しないはずである。1973〜2008年の日本人の意識変化についての研究では，若い世代ほど性別役割意識が弱くなっていることも確認されている（永瀬・太郎丸，2016）。

　人々の時間主権を明確にし，平日の男性フルタイム労働者の労働時間を減らしながら，女性のフルタイム労働者や管理職を増やし，同時に男性の家事・育児・介護を増やして，男女平等を進める時間政策は，男性の支持も得られるはずである。時間政策と男女平等の重要性を，男性にも家族との時間や余暇の時間を提供できるメリットが大きいものとして語り，男性に届きやすい言葉で伝えていくことが重要であろう。日本ではフルタイム雇用者の男女を比べると，男性の方が余暇時間を多くもつ傾向がある（黒田，2010）。所得の男女平等とともに，余暇時間の男女平等を語り，家族での食事の回数や個人の余暇時間を「右肩上がり」に増やすという政策が求められている。

4　これから深めていくべきテーマ
時間を考慮した貧困研究

　所得とともに，時間が生活の質を決める重要な資源であるとすれば，所得を得るために家事や睡眠など最低限の時間も確保できない生活は，「貧しく困っている」生活ということができる。実際，所得だけでなく時間を加えた二次元で貧困をとらえる研究が1970年代にアメリカで始められ，2000年代に入り欧米で活発に行われるようになっている。日本でも，2014年に石井・浦川が「生活時間を考慮した貧困分析」（2014年）を発表し，その後も一連の研究が取り組まれている。

　貧困研究に時間の視点を入れることで，①どのような世帯で所得貧困・時間貧困が生じやすいか，②所得貧困と時間貧困はどう関連するか，③家事に必要な時間を削り時間の貧困を選ぶ形で，所得の貧困を脱している世帯（隠れた所得貧困世帯）がどの程度あるか，④所得と時間の貧困が生活の質や健康に及ぼ

す影響はどのようなものか，といったことが計量的に研究されている。

　日本のこれまでの研究から，「就業」と「子育て」が時間貧困を生みだす大きな要因であり，この２つが重なる場合に特に時間貧困に陥りやすいことがわかっている。つまり，カップルが共にフルタイムで働き６歳未満の子どもが複数いる世帯や，特にひとり親世帯である。そして，ひとり親世帯は所得と時間の同時貧困（「貧乏暇無し」状態）に陥るリスクも高い。

　したがって，同じ時間貧困の課題を抱えている場合でも，正規のフルタイム共働きで高所得の世帯には，労働時間の削減や有償の家事サービスの利用などが有効な対策になりうるだろう。しかし，ひとり親世帯（その多くは母子世帯）では，パートタイムの非正規雇用で働く労働者が多く，所得貧困も抱えており，現状の賃金レベルのまま労働時間を減らすことは現実的ではない。賃金の底上げや所得保障，また就労のとき以外でも利用できる保育サービスなどによらなければ，時間貧困を解決することはできない（石井・浦川，2018）。時間の点でゆとりある生活を生みだすためにも所得や資産が必要であり，時間保障のためにも所得保障が大切なのである。

　この他にも，時間政策の点から興味深い知見として，時間の貧困を居住地別にみた場合に，都市部では労働時間や通勤時間が長くなりがちで，時間貧困のリスクが高いことが示唆されている（浦川，2016）。この知見は，時間という点からみた都市生活の問題点や，地方生活の魅力を実証的に論じていくことにつながる可能性がある。他方で，育児に比べて介護の時間に関する貧困研究は少なく，さらなる研究が求められる。日本における時間を視野に入れた貧困研究はまだ始まったばかりであるが，時間政策にとっても重要な研究領域になることは間違いない。

　最後に，日本の雇用は同一企業内の内部労働市場に大きく依存し，残業だけでなく転勤や配置転換も多い。そして，転勤について本人の意向が反映される度合いは小さく，また転居を伴う場合でも，転勤の内示は発令の１カ月前など直前に行われる（西，2015）。こうした企業慣行は，本人および家族の人生設計を大幅に制約している。したがって，労働時間の量的な融通の決定だけでな

く，先の生活を見通し計画する権利の点でも時間主権を強め，ゆとりある豊かな暮らしを実現していく政策が求められている。

手にとって読んでほしい5冊の本

エンデ・ミヒャエル／大島かおり訳，1976，『モモ——時間どろぼうとぬすまれた時間を人間にかえしてくれた女の子のふしぎな物語』岩波少年文庫。

> 時間を盗まれることで，生活はどう変わるのか。子どもへの影響は……。日本で今こそ読みたい物語。

暉峻淑子，1989，『豊かさとは何か』岩波新書。

> 日本の生活者が「ゆとり」を求め始めた1980年代，長時間労働による経済成長を「ゆとりをいけにえにした豊かさ」として克明に描いた古典的名著。

NHK 放送文化研究所，2011，『日本人の生活時間・2010——NHK 国民生活時間調査』NHK 出版。

> 時刻ごとの行動と1日の使用時間から日本人の生活を解説している。15年間の変化もわかる。

山本勲・黒田祥子，2014，『労働時間の経済分析』日本経済新聞社出版。

> 労働時間の推移，国際比較，健康への影響，日本人の労働選好，欧州転勤者の変化などを大規模データから統計で分析した名著。政策の検証も含まれている。

連合総合生活開発研究所編，2009，『生活時間の国際比較——日・仏・米・韓のカップル調査』連合総合生活開発研究所。

> 各国400組の夫婦の生活時間について，労働とストレス，睡眠時間，休日・休暇の取得，余暇活動など章ごとに分析している。本文と要約がウェブ上に公開されている。

引用・参考文献

飯田恵子，2017，「『時間短縮』と『柔軟化』にみるドイツの労働時間の歴史と現状」『労働の科学』72(1)，32-35頁。

飯田恵子，2018，「第3章ドイツ」労働政策研究・研修機構編『諸外国における育児休業制度等，仕事と育児の両立支援に関わる諸政策』労働政策研究・研修機構，85-114頁。

石井加代子・浦川邦夫，2014，「生活時間を考慮した貧困分析」『三田商学研究』57(4)，97-121頁。

石井加代子・浦川邦夫，2018，「ワーキングプアと時間の貧困——就労者の貧困問題を捉える新しい視点」『貧困研究』21，12-25頁。

浦川邦夫，2016，「生活時間の貧困──世帯要因と地理的要因」『貧困研究』16，35-44頁。

大沢真理，1993，『企業中心社会を超えて──現代日本を「ジェンダー」で読む』時事通信社。

クレース，ハンス＝ペーター／辻朋季訳，2013「連邦政府第8家族報告書のコンセプトと展望」本澤巳代子，ウタ・マイヤー＝グレーヴェ編『家族のための総合政策Ⅲ──家族と職業の両立』信山社，11-29頁。

黒田祥子，2009，「日本人の労働時間は減少したか？──1976年-2006年タイムユーズ・サーベイを用いた労働時間・余暇時間の計測」ISS Discussion Paper Series J-174，東京大学社会科学研究所。

黒田祥子，2010，「生活時間の長期的な推移」『日本労働研究雑誌』52(6)，53-64頁。

田中洋子，2006，「労働と時間を再編成する──ドイツにおける雇用労働相対化の試み」『思想』983，100-116頁。

田中洋子，2008，「労働・時間・家族のあり方を考え直す」広井良典編『「環境と福祉」の統合──持続可能な福祉社会の実現に向けて』有斐閣，37-55頁。

田中洋子，2012，「ドイツにおける時間政策の展開」『日本労働研究雑誌』619，102-112頁。

内閣府，「国民生活に関する世論調査」各年版。

永瀬圭・太郎丸博，2016，「性役割意識はなぜ，どのように変化してきたのか」太郎丸博編『後期近代と価値意識の変容──日本人の意識1973-2008』東京大学出版会，99-114頁。

西英子，2015，「共働き世帯における転勤事情と二地域居住に関する研究──地域生活支援の展望」『日本建築学会計画系論文集』80(717)，2607-2616頁。

森岡考二，1995，『企業中心社会の時間構造──生活摩擦の経済学』青木書店。

柚木理子，2015，「ドイツのワーク・ライフ・バランス再考──労働時間のジェンダー分析」『川村学園女子大学研究紀要』26(2)，141-160頁。

連合総合生活開発研究所編，2009，『生活時間の国際比較──日・仏・米・韓のカップル調査』連合総合生活開発研究所。

矢野眞和，1995，『生活時間の社会学』東京大学出版会。

ルソー，ジャン＝ジャック／作田啓一訳，2010，『社会契約論』白水社。

（片田　孫　朝日）

第 **15** 章

移民家族の子どもたち

社会統合政策としての社会的養育と教育

（グラフィック・イントロダクション）

資料 15 - 1　日本語指導が必要な児童生徒数（公立学校のみ）

（出所）　筆者作成。

　日本語指導が必要な児童生徒が増大している。これは，結婚移民や日系人などの移民が増加する一方で，日本語教育の機会が十分に行き届いていないからである。また，移民につながる児童生徒が特別支援教育に依存する傾向も強まっているばかりか（日経新聞，2021年5月9日），高校進学においても定時制高校への進学が全日制よりも多い（文部科学省，2020）。十分ではない日本語能力を理由として能力が生かされていないことを示す。

1　何が問題か
多様化する住民と社会統合

① 増加する「外国人」の子どもたち

　日本に居住する外国人人口が増加するにつれて，言語や文化背景の異なる人々の社会包摂という課題が顕在化してきた。政府は，移民そのものの存在は否定しながらも，2019年の「総合的対応策」により，長期滞在者や2世，3世らに対する事実上の「移民政策」を実施しつつある。在留外国人人口は2020年に300万人を超えた。日本人人口はすでに減少に転じているため，その人口減少を補っているのが年間10万人近く増加する外国人であるといえる。そのうち，家族や親族，あるいは日系人といった長期滞在が可能な身分で滞在する人々が半数を超える。義務教育段階で日本語指導が必要な，外国にルーツのある児童生徒も5万人以上に増えた。[*]

> 　* 　日本国籍をもっている人も含む。ただし，日本ではそうした子どもたちには義務教育への就学義務がないとされるが，子どもの権利条約において初等教育は義務的なものと記されており，上記のような法解釈はそもそも成立しないと考えることもできる。

　日本の学校にうまく溶け込めないなどの理由で不就学に置かれている子どもたちは2万人程度と推測されている。義務教育段階は，統計が取られているぶん，まだいい。問題は保育園や幼稚園，高校レベルで，外国人住民のうち何パーセントがこれらに通っているのかはよくわかっていない。保育園，幼稚園，高校ともに無償化が進み，ほぼ全入の時代だ。実質上の義務化といっていい。そんな中，取り残されていく人々がいることに注視しなければならない。

　それだけではない。移民の子のいじめの状況，児童相談所における相談件数，児童養護施設や母子生活支援施設の措置状況も，どの程度のものなのか明らかではない。なぜなら，これらの利用統計すら整備されていないからである。

　この状況は，少子化が続く中での子どもに対する社会の熱い視線と比べると

対照的だ。統計がないということは，こうした人々が不可視化されているということである。エビデンスがない以上，予算を計上するのも困難である。筆者は，ある自治体の委員として，移民の子の児童相談所や保育の利用状況について福祉の担当者に聞いたことがあるが，「統計はない。行政サービスは平等だから何の問題もない」という回答がきた。外国ルーツという属性の人々が社会で不利な状況に置かれ，貧困やいじめ，家庭内暴力で学校にも通えない現状に対して，「行政サービスは平等だから問題はない」といえるだろうか。スタートラインに立てない人々に対して適切な支援を提供することこそが，最低限の教育機会の保障である。人権の論理をもち出すまでもなく，これは少子時代における社会的排除の典型例である。

　統計は不十分だが，国勢調査をもとにした全体を俯瞰するような研究も徐々に出てきている。外国人の家族構成については，髙谷ほか（2015）が2010年の国勢調査のオーダーメイド集計を用いたという点で包括的で，外国人住民の多様な状況が指摘されている。①日本人男性とアジア系女性の専業主婦，もしくはブルーカラー（低所得男性稼ぎ主モデル）の組み合わせが多く，ホワイトカラー同士の組み合わせは少ない。②対照的にアメリカ人男性と日本人女性の結婚では，双方ともホワイトカラーか，男性がホワイトカラーで女性が専業主婦（高所得男性稼ぎ主モデル）という形態が約7割を占める。③日系人は同郷との結婚が多く，ブルーカラーの共稼ぎが主流である。以上のように，外国人住民の家族形態は多様だが階層化されており，国籍の組み合わせによって経済事情も大きく異なることがわかっている（髙谷ほか，2015，37-56頁）。

　つまり，「外国人」とひとくくりにできない，多様な状況があるということである。さらに，後述する通り，フィリピン系においても多様な家族が存在する。

　こうした階層性は，子の進学や教育達成度に影響を及ぼす。データが国勢調査や国際機関のそれに限られているものの，欧米系や中国系と，ブラジル系やフィリピン系とでは，高校進学率の格差が大きい点が指摘されている（是川，2019）。その理由について十分検証されているわけではないが，ブラジル系に

おいては同郷との婚姻が多く，フィリピン系においては学歴水準が低いひとり
親家庭が多い。つまり，日本社会における希少な社会関係資本と適応機会の少
なさが要因だろう。さらに，親の日本語能力との関係も推測される。

② フィリピン系移民の来日背景

　日本における移民の生活について具体的なイメージをもってもらうために，
ここではフィリピン系移民について取り上げよう。フィリピン系移民のうち約
20万人が，労働者としてではなく，日本人の配偶者や日系人などの「身分」系
の在留資格をもつ。身分系の在留資格は，特別永住者を除いても外国人居住者
全体の約50％を占めており，日本に定着し，次世代を再生産する移民グループ
である。

　移民が抱える問題とそれに対する政策を考えるには，彼らが来日した背景や，
置かれている社会経済的状況，それを規定している制度を押さえておく必要が
ある。本節では，フィリピン系移民の来日背景について述べることにする。

　フィリピン系移民第1世代には，戦前にフィリピンに移住した日本人の子孫
で，日系人として1990年代以降に来日した者や，2000年代の経済連携協定に
よって来日した者もいるが，圧倒的に多いのが在留資格「興行」による滞在を
経た女性たちだろう。彼女たちは，いわゆる「フィリピンパブ」での就労を日
本での生活基盤としていた。2004年に，米国務省「人身売買報告書」で「興
行」ビザの問題点が指摘され，これを受けて省令改正されるまでに，年間7〜
8万人の外国人女性に在留資格が与えられ，全国のパブが雇用した。そして，
そこで認知・未認知を問わず，日本人との間に多くの子が誕生した。また，日
本人駐在員などとの婚姻や，偽装結婚または仲介業者を介しての結婚移民もみ
られるようになり，連れ子などの出身国からの呼び寄せも増えた。

　子の背景は様々である。大きく嫡出子・非嫡出子（未婚の子）に分けると，
非嫡出子が多いのが在留資格「興行」の特徴であろう。また，非嫡出子であっ
ても，のちに認知を受けた者と認知を受けていない者がいる。さらに日本国籍
取得者・非取得者，フィリピン国籍取得者・非取得者の区別もある。また，連

れ子，養子の呼び寄せなども増えており，家族構成も多様化している。

　日本人の父親に認知されない子どもの来日には，2009年の国籍法改正が影響している。「胎児認知を除く婚外子は日本国籍を取得できない」と定めた国籍法第3条第1項が憲法第14条（法の下の平等）に違反するとして，生後認知でも国籍を取得することが可能となった。この国籍法改正を受けて，多くの未認知の子が認知を求めて来日するようになった。その際に来日を支援したのが，フィリピンの一部の NGO やブローカーで，中には多額の費用を徴収し制度を悪用するケースもあった。

＊

　＊　東大阪市の有料老人ホームが母子を来日させ，死亡免責書にサインさせた上で
　　　就労させていた事例がある（JFC ネットワーク，2014）。

　法務省によると，在外公館における婚外子の国籍取得はフィリピンがほとんどで（原，2020，16-17頁），興業をめぐる国際婚外子問題の影響がいまだに続いていることがわかる。

　また，婚内子であっても，外国で生まれた子については，出生後3カ月以内に日本国籍を留保する届け出をしなければ日本国籍を失う（国籍法第12条，戸籍法第104条）。届け出ないことで国籍を喪失する事例も頻発した（伊藤，2014）。ただし，こうした場合は，20歳までに日本に住民票をもち生活の本拠を構えれば，日本国籍を再取得できる。つまり，国際婚外子の生後認知による日本国籍取得は2009年の国籍法改正により実現したが，婚内子の国籍留保届の問題はいまだに解決していない。

　さらに，日本で出生し出生届を出したにもかかわらず，フィリピン側で手続きを取らなかったために，フィリピンへ渡航後にビザが切れ，フィリピンにおいて超過滞在状態で育った子も多かった。そのため，渡日などの際，フィリピン入管から高額な罰金が科せられたり，帰国という名の強制送還が行われたりした（水谷・酒井，2007）。こうした点は，個人的な問題ではなく，「興行」ビザに端を発する国際婚姻の手続き上の不備である。性の商品化としての在留資格「興行」があり，その帰結として，子の国籍問題が表出したのだ。

　国家と「父親」に翻弄されただけではなく，責任が個人化される中で，来日

後の母子世帯による再出発は，言語の違い（社会統合政策の不在）や，限定的な就労の機会（不十分な職業教育）に苦しみ，適応困難，低収入と債務返済，労働と育児の両立などの困難を抱えている。

③ フィリピン系移民の家族形態の変化

2004年の「興行」査証発給の厳格化から15年が経ち，フィリピン人成人女性第１世代の家族形態もより多様になってきた。居住の組み合わせは，（フィリピン人成人女性第１世代からみて）日本人配偶者やその父母，新しいパートナー，連れ子，養子，孫やその他親族などから構成されるようになった。また，育児の手段として短期滞在での呼び寄せもみられる。

A市の事例をみてみよう。A市全体の外国人人口は，約５万人である（2018年）。その中でフィリピン系は約３％を占め，技能実習・留学などの短期滞在型と，日本人の配偶者・家族としての長期滞在型がいる。先ほど述べた通り，フィリピン系には，興行ビザから配偶者という流れで居住している長期滞在型が多い。

では，A市における近年の世帯構成をみてみよう。[*]

> ＊　A市および近郊に住むフィリピン系住民178名に対するアンケート（2020年４月から６月）による。ここでは，アンケートと電話，対面で実施した調査の中間結果を紹介する。

フィリピン系の移民１世（長期滞在者）のうち，結婚して世帯を構える者の平均年齢は47歳（n＝55）。１世帯を除いて，すべてが日本人男性とフィリピン人女性の組み合わせだ。国際結婚は「年の差婚」を１つの特徴とする。配偶者間の年の差は平均17歳，最大差は女性35歳と男性77歳の42歳差で，最小差はマイナス７歳差であった。

また，フィリピン系の移民１世の半数程度が，日本人との離婚歴がある。そのため，単独世帯が14％（平均57歳），ひとり親世帯が24％（平均48歳）を占める。そのほか，夫婦と未婚の子は16％，夫婦のみ18％，三世代同居は13％，その他は16％と続く。ひとり親世帯の割合の高さは，離婚のほかにも，前述の

「認知や父親捜し」を目的とした来日が理由として考えられる。

　その他の世帯構成には，既婚の子やその配偶者との同居，甥姪との同居，きょうだいやいとことの同居などがある。また，フィリピンから親族を短期滞在で呼び寄せて住まわせる事例もいくつか確認できた。これには，家族の再会という側面と，ベビーシッターとしての役割期待という側面がある。

　なお，フィリピン系移民の世帯構成には注意が必要である。フィリピンでは離婚が認められていないため，日本での離婚をもって婚姻が無効であることを証明しなければならない。つまり，外国での離婚を承認するための民事訴訟を起こさなければならない。そして，その訴訟結果を地方民事登録局に登録し，その証明書をもってようやくフィリピンでの「再婚」が可能な状態となる（在東京フィリピン大使館 HP 2020年7月1日閲覧）。こうした訴訟には弁護士を立てなければならず，20万ペソ（約40万円）もの費用が必要なため，フィリピンでは婚姻状態をそのまま放置することも多い。その場合はフィリピンの独身証明書の取得が不可能なため，日本でも再婚できず，事実婚となる。また，夫の失踪により離婚できないケースもよくみられる。逆に，本人が知らない間に日本人配偶者が日本の役所に離婚届を提出することも多い。

　＊　フィリピンの政府機関で移民を所管する在外フィリピン人委員会委員長のフランシスコ・パレデス・アコスタによると，多額の費用を要するため婚姻を解消できない現行の方法はフィリピン人の利益にかなっておらず，変更が必要だという。しかし，政治的な要因で改正は実現していない。同委員長は離婚の認証手続きは国対国の認証でのみ可能であり，個別のケースへの対応ではないとする。また，婚姻無効手続きもあるが，これは扶養能力の欠如といった事情に対する配慮であり，これを海外の手続きに適用すべきでないとする（2019年9月27日聞き取り）。つまり，同居人の有無は婚姻状況を明らかにするものではない。

④ フィリピン系移民の経済状況

　国際結婚はよく上昇婚と呼ばれるが，幻想化された上昇婚も多い。興行ビザで来日した女性や結婚移民は，貧困から脱出するために国境を越えるが，実際

には，受け入れ国でもまた貧困問題に直面する。

　厚生労働省が2017年度に実施した調査によれば，外国人住民の生活保護受給は増加している（厚生労働省 HP 2020年7月1日閲覧）。生活保護受給対象の在留資格者は永住者，日本人の配偶者等，永住者の配偶者等，定住者および認定難民だが，対象となる人口は19万人（2017年）と増加傾向にある。国籍別にみると，フィリピン国籍保持者の被保護世帯数も増加傾向にあり，特にリーマンショックの後の増加がみられる（2017年5268世帯，2007年の2639世帯から約2倍）。また，被保護世帯数を対象の在留者数で除すると2.77％である。さらに，フィリピン系の場合は「母子世帯」が被保護世帯の59.8％を占め，韓国・朝鮮（高齢世帯），中国・台湾（傷病世帯），ブラジル（その他世帯）とは異なる。つまり，国籍別に貧困傾向も違うのだ。[*]

　　＊　こうした特徴は総務省行政評価局（2014年）でもほぼ同じで，被保護世帯の割
　　　　合は増加傾向にあるようだ（総務省行政評価局 HP 2020年7月1日閲覧）。

　先の筆者の調査によると，2019年時点における，A市のフィリピン系移民1世の月の平均収入は13.7万円，単独世帯は9.5万円で，母子世帯は10.5万円であった。フィリピン系の85％がアルバイトに従事しており，正規雇用への従事が容易ではなく，就労上の不安定さに加え低賃金状態に置かれていることが示唆される。

　リーマンショック後に被保護世帯が増加したように，新型コロナウイルス感染症の流行も，フィリピン系住民の状況を厳しいものとしている。というのも月の平均収入が6.3万円に下落し，実に54％減となったからである。単独世帯は，2.9万円にまで激減した。これは，単独世帯には相対的に高齢者が多く，雇用の影響を強く受けているためと考えられる。なお，母子世帯は月に4.9万円だった。これらの減少率は，正社員や高度人材などと比べると大きな落ち込みであり，パンデミックは雇用，在留資格，ジェンダー等の違いにより異なった経済的影響をもたらしている（安里，2020，45-49頁）。

2 こう考えればいい
開かれた教育機会の提供

　これまでフィリピン系移民の来日背景や世帯構成，経済状況などを概観してきた。これらをふまえた上で，本節では，フィリピン系移民の子どもや母親が抱える困難とそれに対する政策に焦点を当てたい。そもそも一貫した法令とそれに基づく政策がない状態なので，まずは既存の政策の問題点を洗い出すことでどうすればいいのかを検討しよう。

① より充実した学齢期の教育機会

　学齢期の児童生徒がいる世帯は，母親の就労だけでなく，子の教育上の困難も抱えている。これは，日本語指導が必要なフィリピン系児童生徒が増大していることからもわかる。

　公立学校における日本語指導が必要な児童生徒の増加を受け，義務教育段階では日本語指導が拡充されてきた。また，2014年からは，教育課程内での日本語指導が可能となった。しかし，トータルでみれば年間でも最大200時間程度しか認められておらず，言語の習得という点においては限定的な指導に過ぎない。この「特別の教育課程による日本語指導」対象外の児童生徒も受講可能な放課後指導（日本語教室など）や，通訳ボランティアおよび母語支援員の配置が徐々に拡充しているとはいえ，これらもやはり時間数が限られていて，人員の確保も難しい。母子ともに十分な日本社会への適応期間の確保と，日本語学習時間の確保が求められる。

　日本の学校文化への適応の困難，経済的貧困や進学に関する情報不足，受験を含む制度の未整備などに由来する「不就学」も懸念されている（小島，2016）。文部科学省が市町村教育委員会を対象とした調査「外国人の子供の就学状況等調査結果（速報）」（2019年9月27日）によれば，住民票上の人口と教育基本調査に基づく人口には差が生じている。つまり，住民だが学校に通っていない児

童生徒が存在するのである。その差は小学校で1.3万人，中学校で7000人，合計すると約2万人もの児童生徒が不就学状態にあると推定される（文部科学省HP 2020年7月1日閲覧）。憲法や教育基本法において，外国人に初等教育を受けさせる義務はないという文科省の見解がある一方で，子どもの権利条約や社会権規約は，初等教育を義務かつ無償としている。こうした不一致が，自治体の対応にばらつきをもたせる原因となっている。したがって，不就学問題についても放置せず，全国一律の対応をとるべきである。

②　保育段階からのシームレスな福祉・教育サービス

　教育上の課題は義務教育段階だけとは限らない。外国人家庭の保育園・幼稚園の利用状況については，詳細がわかっていない。住民基本台帳に基づく人口統計のみで，国籍別の利用率についての全国的な統計データが取られていないからだ。日本人の場合，保育園・幼稚園就園率は，3歳児で94.8%，4歳児で98.3%，5歳児で98.3%である（内閣府 HP 2020年1月5日閲覧）。2019年には保育の無償化が行われたため，幼保は事実上，義務化されたといってもよい。つまり，幼保を前提に小学校に進むのである。Kachi ほか（2019）が，厚労省が行っている21世紀出生児縦断調査を分析した結果（Kachi et al., 2019），親が日本国籍の場合と比べて，両親のどちらかが外国籍である場合には，未就園の可能性が1.5倍も高いことがわかった。いわゆる「保活」を含めて幼保の利用のしかたがわからない外国人保護者がいるのであれば，幼保から小学校段階への接続もできず，それが社会的排除をつくりだす。

　この状況に対して，当事者間では，隣人との助け合いによる代替育児が一般的なものとして広がっている。例えば，失業状態にある者やシフト制で時間が確保できる者，短期滞在で呼び寄せられた親族などが，子を預かるのだ。こうした方法は，保育園への入園のしかたがわからない人々にとっては便利である。

　ただし，孤立するコミュニティ（エンクレーブ）の中での共同保育では，日本社会で求められる読み聞かせを通じた言語能力や情緒面の育成，社会性の涵養などの面で後れを取ってしまう。すでに，小学校1年生段階での「落ちこぼ

れ」も指摘される。インフォーマルなケアだけでは，社会から閉ざされたエンクレーブの中で引きこもった状態となり，それが「人生経験の乏しさ」につながり，受け入れ国において発達面での乖離が出てしまう。

　一部の親は，誰にも預けず，部屋にウェブカメラを設置して携帯電話から子の動向を見守る。親は遠隔育児をしているつもりだが，子は昼夜１人で過ごさなければならず，これはネグレクトに相当するだろう。母親の長時間労働と不在が及ぼす影響も大きい。保育段階から開かれたシームレスな福祉・教育サービスを構築する必要がある。

③ 多文化共生は推進するが移民政策ではない：矛盾する政策

　こういった外国人住民の状況に対する政策はどうなっているのだろうか。出入国管理は「サイドドア」と揶揄される通り，そのポイントがわかりにくい。2018年に成立した出入国管理法改正と，これに付随する総合的対応策という名の「移民政策」もそうだ。今回の議論の経緯を通じて，今後の展望と課題について整理しよう。

　2018年の改正では，特定技能制度において５年で34万人もの労働者が入国する点を念頭に，国会で移民政策や共生政策について議論があった。そこで示されたのが，移民政策の明確な否定と，共生政策の推進である。この改正は，従来の専門的・技術的分野における外国人受け入れ制度を拡充したものであり，安倍晋三首相（当時）も，「制度改正は移民政策ではない」（第197回国会衆議院本会議第５号平成30年11月13日）と繰り返し強調してきた。山下貴司国務大臣もまた，「真に必要な分野に限り，期限を付して，一定の専門性，技能を有し即戦力となる外国人に限定」（第197回国会参議院法務委員会第２号平成30年11月15日）とし，いわゆる単純労働者は入国しないとして，移民政策ではないことを強調した。

　しかし，自民党内部右派への配慮から「移民政策ではない」と断定したにもかかわらず，共生政策はとるという矛盾を指摘しておく必要がある。「多文化共生」の語感には反対しづらい（厚生労働省審議官より聞き取り，2019年７月６

日）ことから，共生という言葉が用いられた。[*]

　　＊　片山虎之助氏は「移民政策をとるのは良くないが，共生社会の実現はやむを得
　　　ない」（第198回国会参議院本会議第４号平成31年２月１日）と発言している。

　政府は2018年から2019年にかけて，「外国人材の受入れ・共生のための総合
的対応策」（2018年12月25日決定），「外国人材の受入れ・共生のための総合的対
応策の充実について」（2019年６月18日決定），「外国人材の受入れ・共生のため
の総合的対応策（改訂）」（2019年12月20日決定）を，外国人材の受入れ・共生に
関する関係閣僚会議において決定した。これらはあくまで閣僚会議での決定で
あり，法令ではない。つまり，国会の議論を経た議決ではない点に注意しなけ
ればならない。

　これらの対応策の中身をみてみると，「長期滞在者」を対象に以下の特徴が
ある。①出生からシームレスな行政サービスの提供，②日本語教育の充実化，
③在留管理や納税・保険料など支払いの管理強化である。具体的には，母子健
康手帳の多言語化，保育所での外国人児童への対応，保護者も対象としたプレ
スクールの実施，障害を抱える児童生徒に対する支援，中学生・高校生の進
学・キャリア支援，夜間中学校の設置促進等である。こうした取組みは，欧州
で用いられる社会統合政策と中身が類似していることから，実質的な移民政策
といってよい。従来に比べ包括的な政策であり，しっかりとした進捗管理と評
価を通じて，社会統合を実質化させる必要がある。

④ 新しい政策の問題点をどう超えるか

　では，この総合的対応策がどのような効果をもつのか，いくつか指摘してお
きたい。包括的にみえる施策だが，実際は広く薄い。例えば，文部科学省は
2019年度予算案の「外国人児童生徒等への教育の充実」で，2019年度要求・要
望額を７億円とし，前年度よりも増額している（文部科学省 HP　2020年７月１
日閲覧）。しかし，全国の公立小中学校数は３万校強だから，１校当たりの予
算額は2.3万円に過ぎない。また，日本語指導が必要な児童生徒は約5.1万人で
ある（文部科学省 HP 2020年７月１日閲覧）。これも，１名当たり約1.4万円だ。

補助率が３分の１だとすると，費用が捻出できないとして補助を申請しない自治体も多く出ることが推測される。実効性をもたせた予算を充てる必要があるだろう。

　2019年には日本語教育推進法も成立し，企業などには教育機会を提供する責務があるとされた。しかし，外国人の就労形態には不安定なアルバイトが多いという現状において，企業による投資は期待できない。普遍的な行政サービスとしての日本語の教育機会提供が必要である。

　縦割り行政による社会統合の家族分断も課題の１つだ。日本語学習は，児童生徒に対しては文部科学省が，求職者に対しては厚生労働省が，難民に対しては文化庁が，留学生は大学などの教育機関が，技能実習生に対しては外国の送り出し機関と日本の受け入れ機関が，経済連携協定（EPA）で入国する看護師・介護福祉士候補者に対しては外務省・経済産業省・厚生労働省が担っている。

　しかも，これほどばらばらであっても，すべての人々が網羅されているのではない。技能実習生，留学生，EPA 来日者などには，学習の機会が保障されている。特に，EPA 来日者に対する政府による支援額は１人300万円以上と推測される（安里，2018，30-34頁）。その効果は高く，ベトナム人介護福祉士の国家試験の合格率は90％を超え，日本人受験者より高い。ところが，結婚移民などの長期滞在者を主たる対象とした日本語教育の機会は希薄である。皮肉なことに，定住を前提としない外国人には，日本語教育の機会がより開かれているのである。

　このようにバランスを欠いた支援だと，例えばフィリピン系母子の場合，子は学校で日本語や価値観を学べるが，母親には公的な学習機会がない。そのため，日本語能力や社会適応に家族内格差が顕在化し，母親の日本語能力が就職の選択肢を狭めることにもなる。移民第１世代は就労の選択肢が非常に限定的であるため，充実した職業教育は必須である。

　以上の検討から改善しなければならないのは，在留資格や年齢に限定されない，開かれた学校教育，日本語教育，職業教育である。教育投資は結果と強く

関連することがわかっており，人口減少局面においては特に求められる。

3 ここがポイント
「外国人」は制度的につくられる

　出入国管理は政府の専権事項である。外国人を入れるか入れないかは，原則として受け入れ国の政府が決定すべきことであり，その裁量は政府がもっている。そのため，外国人が近年増えているといわれるが，厳密には出入国管理行政を通じて「増やしている」というのが正しい。

　また，どのような権利を付与するかについても，受け入れ国の裁量が大きい。単純労働者の入国は認めない，留学生には週に28時間までの資格外活動（アルバイト）しか認めない，技能実習生の転職は原則禁止，といった諸点は日本の制度が規定しているし，外国人は義務教育への就学義務はないという解釈もそうだ。このように，外国人の位置づけは制度的に定義される点が多い。

　したがって，制度設計は結果に大きな影響を及ぼす。前記の在日ベトナム人の事例は典型的である。EPA で入国する介護福祉士の国家試験の合格率は90％程度を維持していて，日本人受験者の合格率（74％，2019年）を大幅に上回っている。これは，１年以上にわたる日本語教育が本人負担なしで実施されていることと関係している。他方で，技能実習で来日するベトナム人の失踪率は国籍別第１位，刑事罰に処される人数も国籍別で第１位となった。技能実習制度のもとでは，100万円を超える借金を抱えて来日することが多い。賃金は最低賃金レベルで，借金との板挟みになり，より良い職を求めて失踪してしまったり，犯罪に手を染めてしまったりする。EPA による来日者の高い国家試験合格率と，技能実習生の失踪や刑事罰の割合の高さが示すのは，異なる制度においては異なる結果がつくられる，という当然のことである。これは在住外国人についても同じことがいえる。既存の制度がどう外国人を構築しようとしているのか，今一度見直すことで，本人，家族，社会にどう影響を及ぼすのか検討しなければならない。

4 これから深めていくべきテーマ
未来を見据えた社会統合政策

　移民についてはわからないことが多い。義務教育段階においては，日本語指導が必要な児童生徒数や，日本語教育の充実状況が明らかになってきたが，移民と非移民の学力格差やその形成メカニズムについては明らかにされていない点が多い。一般的には，移民1世よりも，滞在期間の長い2世において学力格差は縮まると考えられている。しかし，OECD の調査では必ずしもそうではない事例が報告されていて，それが社会資源によるものか，集住・散住によるものか，家庭での使用言語によるものか，調査をふまえた制度設計が必要である。義務教育レベルを超えた取組みが必須にもかかわらず，国籍別の保育園および幼稚園の利用率や，高校進学率，中途退学率，進学状況の現状把握さえできていない。外国人の出生からライフコースに位置づけた上で，教育・福祉・就労などのシームレスな行政サービスの構築が大きな課題である。

　近年指摘されるのは，発達障害など，障害と判断される外国人児童生徒が増えているのはなぜかという点だ。言語や育児文化の違いが理由で障害と判断されることは不適切だが，その違いを見極めるのは容易ではない。発達評価が文化的に中立ではないからだ。発達に関する「心理学化」や「医療化」の進展により，発達評価が「客観化」され，個人の問題に帰結される（金，2020）。一方で，家族を単位とした日本語教育や社会適応のための社会統合政策の不在など，社会環境要因が十分に検討されないまま診断される懸念もある。こうした支援の一貫性のなさは，社会統合政策の不在によるものである。

　また，このような「福祉的対応」は必須だが，予防も併せて考えておく必要がある。例えば，ドイツの社会統合政策では，600時間以上にわたる言語，法律や価値観などを学ぶプログラムの受講があらかじめ義務づけられている（公益財団法人日本国際交流センター編，2016）。入国時にオリエンテーションがあるのとないのでは，その後の生活に大きな影響を与える。また，ひとり親家庭，

特に母子世帯においては，言語の母子分断という状況がみられることから，社会統合は個人を対象にするのではなく，家族やコミュニティを単位にするなどの対応が必要である。

　日本政府が打ち出した一連の「総合的対応策」が，出生から福祉受給までの行政サービスを包括的に洗い出した点は評価できる。しかし，閣議決定されたとはいえ法的拘束力はなく，また「移民政策」ではないという位置づけであるため，いまいちすっきりしない。総合的対応策がどのような効果をもつのかが，注視すべき課題の1つである。人口減少下における政府のビジョンが問われる。

手にとって読んでほしい5冊の本

安里和晃編著，2018，『国際移動と親密圏——ケア・結婚・セックス』京都大学学術出版会。
　　　台湾の例も取り上げながら，結婚移民やフィリピン系の移民について，家事労働者や介護従事者を含めたグローバルな動向として幅広く論じている。
金春喜，2020，『「発達障害」とされる外国人の子どもたち——フィリピンから来日したきょうだいをめぐる，10人の大人たちの語り』明石書店。
　　　社会環境よりもむしろ個人に責任を帰する「心理学化」や「医療化」により，発達障害と診断される外国人の子どもが増えている現実を語りから明らかにしている。
小島祥美，2016，『外国人の就学と不就学——社会で「見えない」子どもたち』大阪大学出版会。
　　　外国系児童生徒が日本の公教育において不可視化された存在として扱われている点について言及している。全国調査を初めて行い不就学の実態をまとめている。
坪田光平，2018，『外国人非集住地域のエスニックコミュニティと多文化教育実践——フィリピン系ニューカマー親子のエスノグラフィ』東北大学出版会。
　　　フィリピン系の子が抱える複雑な背景やそれから生じる葛藤について言及し，教育的なニーズや実態について検討している。
三浦綾希子，2015，『ニューカマーの子どもと移民コミュニティ』勁草書房。
　　　移民の抱える困難と資源がいかに形成されていくかについて論じられている。

引用・参考文献

安里和晃，2018，「多様な福祉レジームと海外人材——2.日本における介護人材１EPA」『文化連情報』482，30-34頁。

安里和晃，2020，「多様な福祉レジームと海外人材——新型コロナウイルスと外国人の雇用」『文化連情報』507，45-49頁。

伊藤里枝子，2014，「JFC 問題とは何か」JFC ネットワーク編『改正国籍法施行以後のジャパニーズ・フィリピノ・チルドレンの来日と就労』2013年度パルシステム東京市民活動助成調査報告書。

公益財団法人日本国際交流センター編，2016，『ドイツの移民・難民政策の新たな挑戦——2016ドイツ現地調査報告』。（http://www.jcie.or.jp/japan/cn/german-research/final.pdf 2020年１月10日閲覧）

小島祥美，2016，『外国人の就学と不就学——社会で「見えない」子どもたち』大阪大学出版会。

是川夕編，2019，『人口問題と移民——日本の人口・階層構造はどう変わるのか』明石書店。

髙谷幸・大曲由起子・樋口直人・鍛冶致・稲葉奈々子，2015，「2010年国勢調査にみる外国人の教育——外国人青少年の家庭背景・進学・結婚」『岡山大学大学院社会文化科学研究科紀要』39，37-56頁。

原めぐみ，2020，「国籍法改正で日本に帰還した JFC の状況」『Migrants Network』220，16-17頁。

水谷竹秀・酒井善彦「新２世の日本帰国の内実は比からの「強制送還」。法的立場の危うさが浮き彫りに」『マニラ新聞』2007年８月28日付。

JFC ネットワーク，2014，『改正国籍法施行以後のジャパニーズ・フィリピノ・チルドレンの来日と就労』2013年度パルシステム東京市民活動助成調査報告書。

Kachi, Y., Kato, T. & Kawachi, I., 2019, "Socio-economic disparities in Early Childhood Education Enrollment: Japanese Population-Based Study," *Journal of Epidemiology*.

厚生労働省，2019，「世帯主が外国籍の被保護者世帯数，世帯主の国籍・世帯人員・世帯類型別」『平成29年度被保護者調査』。（https://www.e-stat.go.jp/stat-search/files?page=1&layout=dataset&toukei=00450312&stat_infid=000031855285&iroha=26%2C27%2C28%2C29%2C30&result_page=1 2020年７月１日閲覧）

総務省行政評価局，2014，「生活保護に関する実態調査結果報告書」。（https://www.soumu.go.jp/main_content/000305409.pdf 2020年７月１日閲覧）

在東京フィリピン大使館 HP「外国離婚の承認裁判」。（https://tokyo.philembassy.net/ja/consular-section/services/civil-registration/judicial-recognition-of-foreign-divorce/ 2020年７月１日閲覧）

内閣府，2019，『令和元年版　少子化社会対策白書』68頁。（https://www8.cao.go.jp/shoushi/shoushika/whitepaper/measures/w-2019/r01pdfhonpen/r01honpen.html 2020

年1月5日閲覧）

日本経済新聞, 2021,「外国籍の小中生,「支援学級」頼み　日本語教育体制に穴」2021年5月9日。

文部科学省, 2019,「外国人の子供の就学状況等調査結果（速報）」。(https://www.mext.go.jp/content/1421568_001.pdf 2020年7月1日閲覧）

文部科学省, 2018,「2019年度概算要求のポイント」。(https://www.mext.go.jp/content/1408721_01-1.pdf 2020年7月1日閲覧）

文部科学省, 2019,「「日本語指導が必要な児童生徒の受入状況等に関する調査（平成30年度）」の結果について」。(https://www.mext.go.jp/content/20200110_mxt-kyousei01-1421569_00001_02.pdf 2020年7月1日閲覧）

文部科学省, 2020,「「日本語指導が必要な児童生徒の受入状況等に関する調査（平成30年度）」の結果について」(https://www.mext.go.jp/content/20200110_mxt-kyousei01-1421569_00001_02.pdf 2021年9月20日閲覧）

（安里和晃）

第**16**章

それほど新しくない「新しい家族」

同性婚の保守性・革新性

資料16-1 揺らぐ婚姻≒「家族」制度

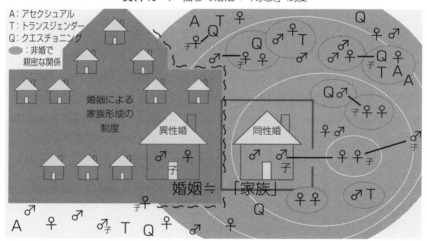

A：アセクシュアル
T：トランスジェンダー
Q：クエスチョニング
▨：非婚で
　　親密な関係

婚姻による
家族形成の
制度

異性婚

同性婚

婚姻≒「家族」

（出所）筆者作成。

　この章のテーマは，「婚姻≒『家族』」制度である。それは，法が承認した二者の性関係を中心に排他的な生殖と再生産を行う，国家と市場の基盤としての「家族」を形成する。それは，制度の枠外にいる人々を差別・排除する。この章のもう1つのテーマは同性婚である。「新しい家族」ともいわれる同性婚も，婚姻≒「家族」に準じて法制化される限り差別と排除の制度であることを免れない，とこの章は議論する。ただし，異性関係を中心としない同性婚≒「家族」には，生殖が内部で完結しないことをはじめ，異性婚≒「家族」との根本

的な違いがあり，それが制度に風穴を開ける可能性がある。風穴は，制度の枠外ですでに築かれている，性別や性指向やカップル主義に縛られない数々の親密な関係に通じている。そこでこの章では，制度外の多様な関係との接触によって婚姻≒「家族」制度が揺らぎ，ひいてはジェンダー／セクシュアリティ規範が揺らぐ可能性についても考察し，今後を展望したい。

1 何が問題か
同性婚は「新しい家族」をつくるのか

　2019年は，同性婚をめぐる日本の法社会的状況が大きく動いた年として記憶されるのではないだろうか。2月に，同性婚を認めない民法や戸籍法は婚姻の自由を保障した憲法に反するとして，同性カップル13組が国を相手取り，日本初の訴訟を起こした。5月には，台湾で特別法が施行され，「アジアで初めて」法的な同性婚が可能になった。この立法の行方は，日本の当事者運動や研究者も注目していた。6月には，同性婚ができるよう民法の一部を改正する「婚姻平等法案」が，野党3党によって提出された。そして7月には，日弁連が，同性婚を早急に法制化すべきとの立場で「意見書」を発表した。455名の当事者が人権救済を申し立てていたことへの対応だった。

　これらの動向を伝えるメディアをみながら，あらためて気づかされたことがある。ここでは，「結婚」が，しかも「法的な結婚」（以下「婚姻」）が，「家族」あるいは「家族をつくること」とほぼ同義で使われている，ということだ。この傾向は，当事者，支援者，政策決定や施行に関係する人々，そして，同性婚に反対の人々の論調にまでほぼ共通している。それは，それらを伝えるメディアの編集者も，意識するかしないかは別として，「婚姻≒家族」であることを受け入れている査証といえる。かくいう私自身，同性婚（あるいは同性パートナーシップ）を「新しい家族」やこれにつながるものとして，機会があれば紹介してきたことも思い出した。

　なぜ“私たち”は「新しい」「新しい」といいながら，「婚姻」が「家族」を

259

意味するという前提が変わらないつもりでいるのだろうか。この前提を疑わずにいるかぎり，「新しい家族」は実は新しくもなんともないのではないだろうか。あるいは，この前提を批判的に読み解いたところで初めて，同性婚による「新しい家族」の新しさはみえてくるのではないだろうか。この章では，これらの問いの答えを探すことで，同性婚が「新しい家族」をつくるといえるのか，つくるとすれば，それはどのような意味で新しいのかを考えよう。

［1］近代家族から「ジェンダー家族」へ

　学術の世界で「家族」を問題にしてきた家族社会学者の間では，1990年代初頭に，「非典型家族」としての同性カップル家族について言及がみられる。しかし，同性同士の親密な関係を「家族」として焦点化する研究が本格化するのは2000年代になってからだった。その理由には，従来ヘテロセクシュアル規範にのっとってきた「家族」に，規範から外された親密な関係性を含めることへの躊躇もあったという（末盛，2013，121頁）。

　一方，異性間の「婚姻≒家族」前提には，1980年代後半に落合恵美子が新たに形成した近代家族論が，すでに疑問を呈していた。同じく当時から家族社会学の発展に寄与していた牟田和恵は，落合をはじめとする近代家族論の影響力を，①戦後それまでの家族社会学が自明としていた「情緒的で子供中心であり夫婦の性役割分業を基盤とする」〔中産階級〕家族を，「近代家族」として歴史的に対象化したこと，②ほんらい「家族」は愛情と幸福の源泉であるはずだ，という「家族」理念を疑ったこと，③近代国家の政治経済における基礎単位として機能してきた「家族」の政治性を暴いたこと，の3点に求めた（牟田，2007，102-103頁）。

　牟田はさらに，では「近代以降の社会において，なぜ夫婦という男女の結びつきが普遍的に家族の核に存在することが必然となったのか」と，この章と類似の問いを提起している。そして，この問いに答えるためには，ジュディス・バトラー以降のジェンダー論を家族論に接続することが必要だ，と主張した。バトラーを汲めば，夫婦が次世代と労働力の再生産の愛と責任を一手に担う，

排他的な「家族」のあり方が自明視されてきたのは，それが「自然」だから，つまり，性愛と性役割と性分業は「自然」な生物的性差の基礎の上に成り立っている，という性別二元論が信じられてきたからだ。性差は，生殖を実現するための必然であり，したがって異性間の性欲が「自然」な欲求であり，ヘテロセクシュアル規範も「自然」の要請であり，これに従う夫婦を基本とした性分業も「自然な」な営みである，ということになる。牟田は，このように構築された「家族」を，「近代家族」に発しつつ時代や地域性に拘束されない構造概念として「ジェンダー家族」と呼んだ（牟田，2007，105-106頁）。

　問題にしなければならないのは，性愛・性役割・性分業と性差別だけではなく，構造としての性別二元論であり，その「自然化」であった。これら構造とその「自然化」を国家の法制度が特権化したものが，「ジェンダー家族」であった。それが，2000年代の日本でも，「夫婦という男女の結びつき〔を〕普遍的に家族の核に存在」させていたのである。

② 「選びとる家族」とゲイ・コミュニティ

　前述の論文と著書（本章末参照）で牟田は，「ジェンダー家族」を超える関係として，アメリカとイギリスの先行研究が明らかにしたゲイ・コミュニティにおける家族的実践を取り上げている。早くから「レズビゲイ家族」研究を行ってきた釜野さおりも，先行研究を引きながら，これを「従来の異性愛家族」と対比させている（釜野，2008）。牟田と釜野によれば，法制度や血縁によって課されたものでないかれらコミュニティと「選びとる家族」は，「ジェンダー家族」と一線を画す傾向がある。①性関係や一対の関係に拘束されない親密圏において，愛，友情，ケア，援助を分かち合う，②「重要な他者」に対してこのようにコミットする言外のモラルがある，③親子間に血縁がないことと，血縁の親以外の大人が子育てに関わることがめずらしくない，④親役割が「父母」のように固定されておらず柔軟性がある，といった傾向である。

　しかし，牟田と釜野が引用した諸研究のほとんどは，同性婚が法制化されていない地域か時期のものであった。その後，同性婚が法制化されたことによっ

て，かれらのコミュニティ・「選びとる家族」は変化したのだろうか。翻って，冒頭の日本の現状で，「婚姻≒家族」前提に立っていた同性婚を志向する人々は，もし同性婚が法制化されれば，「選びとる家族」とは異なる「家族」をつくるのだろうか。日本における法制化についてのそれ自体複雑な議論を追うことで考察しよう。

2 こう考えればいい
ひと筋縄ではいかない日本の同性婚制度

①　日本における同性婚推進の議論[*]

　オランダを皮切りに，北欧，西欧，南米，北米で同性婚の法制化が進む中，日本における同性同士の親密な関係をめぐる議論も，2013年から2015年頃ブームの様相を呈した。2015年3月に，東京都渋谷区が日本で初めて，生活をともにする同性カップルを「結婚相当の関係」と認め証明書を発行する条例を制定したことや，直後に元宝塚女優と会社経営者のカップルがディズニーリゾートで「結婚式」を挙げ，それを広く公開したことも影響しただろう。

　　＊　第2節から本文最後までは，青山，2016，「愛こそすべて――同性婚／パートナーシップ制度と『善き市民』の拡大」から引用の上，大幅に加筆修正した。

「賛成」が「反対」を若干上回る世論もみえてきた。例えば，上記カップルの「結婚式」の翌日と翌々日に毎日新聞が行った世論調査（無作為抽出電話1018回答）では，全体平均で「同性婚に賛成」が44％，「反対」が39％だった（毎日新聞，2015）。同じ月に実施された，文科省科学研究費による初の性的マイノリティに関する全国意識調査（無作為抽出訪問1259回答）では，「同性どうしの結婚を法で認めること」に「賛成」と「やや賛成」の合計が全体の51.2％と出た（釜野ほか，2016，152頁）。

　同性婚推進の代表的な理由は，それぞれ重なる部分もあるがおおよそ次のように分けられる。①同性婚は自由と平等の制度による保証である，②国際法が要請している，③マイノリティに対する差別とスティグマをなくす象徴的意義

が大きい，④すでに存在しているカップルの実生活の必要を満たす，の４つである。

①は，近年の日本で広く支持され得る意見といえそうだ。例えば，上記の全国意識調査では，同性婚について８割を超える人が「誰にも平等に結婚する権利がある」に「賛成」または「やや賛成」と答えている（複数回答）。理論的には，民事法学者の二宮周平らが，個人の幸福追求権や公権力の介入を受けない自由権を基準に，婚姻するか否か，相手は誰か，家族をそう形成するかを決めることは，あらゆる個人に平等に認められるべきとしている。そして，にもかかわらず性的マイノリティが不平等な処遇を受けてきた歴史をふまえ，被差別集団の自由を保障する場合には法の保護・介入が必要という理念から，同性婚等の法制化を要請している。なお，二宮は，あらゆる個人の家族形成の自由が平等に認められるためには，現行の婚姻の特権をなくすことが不可欠という（二宮，2015，142頁）。

②は，国際人権法学者の谷口洋幸らの主張で，国連自由権規約やヨーロッパ人権条約によれば，同性カップルの生活の保障は国家の義務であるとする。法律上の婚姻を同性同士にも可能とするか否かは各国家の裁量にゆだねられており，国際人権法上の義務とはいえない。しかし，性的指向と性自認（Sexual Orientation and Gender Identity：SOGI）に基づく差別禁止を明示する国連「性的指向と性自認の人権決議」の採択（2011年）に中心的な役割を果たした日本政府は，誠実に同性婚を法制化すべきとする（谷口，2015）。背景には，日本が，SOGI 差別禁止について具体的な立法措置をしておらず国連勧告を受け続けている現状がある。

③は，有名無名の人々の言説の中に散見される表現を私がまとめたものである。具体的には，同性同士の結婚が公に認められるようになれば，新たに生きる希望を見出す人さえ出てくる，ということだ。デンマークとスウェーデンでは，同性婚あるいは類似関係にある人たちの自殺率が婚姻法制化以来顕著に下がったという研究もある。2015年10月に NHK が協力団体を通して行ったウェブ上の「LGBT 当事者アンケート調査」（2600回答）の結果では，「〔渋谷区の〕

結婚相当証明書を申請したい理由」として「法律上，家族として認めてほしいのでその第一歩として」と答えた人が半数を超えた。自由記述欄には「異性愛者のように，皆に祝福されて幸せな人生を歩みたい」「LGBTはこれまで存在自体，否定されてきた。渋谷のような取組みがもっと広がって欲しい」という声が記載されている（NHK ONLINE，2015）。

　　＊　デンマーク自殺予防研究所などが行った大規模コホート比較研究は，同性婚が法制化される前後と数年後で，同性婚または類似の関係にある人たちの自殺率が46％低下したことを見出している。この割合は，異性婚をした人たちの低下率28％と比べても，この調査以前の低下率に比べても顕著に高いという（Erlangsen et al., 2019）。

　一方，自治体等の「同性パートナーシップ」と区別を明確にする「同性婚」こそ象徴的効果が高いとする論者もいる。「ブーム」以前だが，清水雄大は，「同性愛が社会的に正当な性的結合であるということを国家が宣言する」同性婚法制化は，欠点はあっても「差別とスティグマの解消に向けて戦略的に重要」と議論している（清水，2008）。

　④は，経済的・社会的なメリットと日常生活の利便性・必要性が異性カップルと同等になることを目指す，人権活動家，政治家，法律実務家によくみられる主張である。この主張は，異性夫婦と平等の税制や社会保障上の待遇，労働者や消費者としての福利厚生上の待遇（雇用者からの世帯手当や民間企業の保険適用，「家族割」サービスなど），あるいは生老病死に関わる人間関係の公的認知の必要性に根ざしている。特に，パートナーの重病や死への立ち会い，財産の共有や遺産相続，子どもの共同親権，親族の老病死の対処，自らの老後のケア関係，外国籍のパートナーの定住権などが制度によって保証されることは，人権問題であるばかりでなく，当事者の切実な願いなのである（永易，2015など）。

② 日本における同性婚反対の議論

　他方，この間の日本の同性婚議論に特徴的だったのは，性的マイノリティ当事者と支援者の同性婚に反対する意見が数多く公表されたことだった。かれら

の反対の理由には，①性的マイノリティの中のマイノリティ排除の問題，②経済的弱者排除の問題，③グローバルな新自由主義経済政策との親和性の問題，④国家の法制度への包摂の政治的問題があり，やはりそれぞれ重なりながら展開されている。

　なお，ここでは，「同性婚」について，「マイノリティが主役になって，〔中略〕その権利をこれ見よがしに振り回すこと」「単にわがまま」「男には男の，女には女の役割がある」（NHK ONLINE, 2015），「制度化したら，少子化に拍車がかかるのではないか」（柴山昌彦前文部科学大臣のテレビ番組での発言，2015年3月2日）といった，性差別や偏見に基づく意見は取り上げない。また，「子どもがかわいそう」のような，同性カップル家族がその子に及ぼす悪影響を懸念する意見は当事者の中にもあるが，この意見も，現時点では「ジェンダー家族」規範に縛られた先入観からくるものと判断し，議論しない。

　①は，性的マイノリティを「LGBT」で代表させる問題の指摘でもある。同性婚を推進する運動や言説は，同性同士の同様の関係を現行の婚姻と平等にすることを求めるもので，特に性別二元論を問題視するものではないし，婚姻自体の特権性にも，一対のカップルの性愛関係を公認せよというカップル主義にも無批判だ。実現可能性やわかりやすさを考えた当然の戦略でもあるだろう。それにしても，性関係を中心としたカップル主義の婚姻≒「家族」前提を踏襲するのであれば，同性婚も，反規範的な生涯単身者，複数のパートナーと性的な関係をもつポリアモリーの人，性的な欲望をもたないアセクシュアルの人，性関係を共同生活の理由にしない人，愛と切り離してセックスをする人，などの排除・差別を温存することになる。以下に述べるように，経済的政治的に婚姻が特権化されていることこそが不平等であり，特権を拡大して性的マイノリティのごく一部を包摂しても，差別はなくならない。そのように規範に与することは，ゲイ・レズビアンおよびクィア運動の歴史・文化と相いれないことも，問題視されている（下記岡野，堀江，マサキの各文献参照）。

　②は，婚姻の特権性が，性的マイノリティに限らない経済的弱者を排除する問題の指摘である。特に，クィア・アクティビストのマサキチトセが，アメリ

カの同性婚推進運動を下敷きに数年にわたって論じている。マサキによれば同性婚推進運動は，社会運動の財政資源の多くを占有し，HIV・エイズ関連やLGBT の若者支援等ほかの運動を枯渇させてきた。また，病院での面会権，医療行為に対する同意権，配偶者ビザなど同性婚法制化の利点といわれてきたものは，配偶者関係だけを特別視し，他の関係の差別・排除を助長してきた。そして，その特別な配偶関者係があっても，実は，安定就業・収入・財産のある少数派にしか利がない相続権，扶養義務，福利厚生への権利などを，誰にでもメリットになるかのように幻想させることは「詐欺行為」に当たる，とマサキはいう。これらの「利点」の強調は，「婚姻しない者の生活を困難なものにしている〔中略〕社会制度が持つ欠陥」の改革コストを支払う代わりに「結婚というパッケージ商品を提供し，あらゆる責任を家族という私的領域に押し付ける」のである（マサキ，2015，75-76，80-81頁）。

　③は，②と重なる議論である。政治学者の岡野八代は，家族イデオロギーが，人間社会が存立するための基礎であるケア労働を私事化し，特に母親や女性の責任にしてきたことを問題視する。そして，ケア労働の私事化と，いま新自由主義経済の下で自己責任を強調する政府によって推進される同性婚との関連を見出している。アメリカで同性婚の権利が認められ，レズビアンが「法の下に平等な——ケア関係を私的に負担させることで維持されている——〔異性婚〕市民と同じ」「善き市民」になることも，イギリスにおいて，同性パートナー同士の相互支援が，「パートナーの収入に基づいて，失業手当のような国家付与の削減や停止に至る」可能性があることも，その具体例なのである（岡野，2015，64-66頁）。アメリカの同性婚推進運動を論じた兼子歩も，この白人中産階級の規範にのっとった運動と論理は，緊縮財政下のセーフティネットの「家族」への転嫁，結婚しないこと／者が貧困等社会問題の源泉だという責任転嫁の論理に親和性があるという（兼子，2015）。

　④は，婚姻によって当事者が国家の基礎単位としての「家族」に組み込まれることへの批判である。特に，政治的な基礎単位としての「家族」に組み込まれた者は，結果的にではあれ，組み込まれ得ない人々のスティグマを強化する

という，上記の清水の推進論とは逆の議論だ。代表的な論者である堀江有里は，婚姻が，現在でも天皇制と不可分の「臣民」登録簿として，身分制・家父長制を温存し，性差別，婚外子差別，部落差別，外国人差別などの根源である戸籍制度にのっとっていることを重くみる。日本における婚姻である以上，同性婚の法制化は戸籍制度に加担し，戸籍制度によって差別されてきた人々のスティグマを補強することを免れない，と堀江はいう（堀江，2015）。

3 ここがポイント
規範と生活と「愛」の関係

　同性婚の法制化は，「ジェンダー家族」を超えるコミュニティや「選びとる家族」に何を起こしたのだろうか。起こすのだろうか。クィア・フェミニストのリサ・ドゥガンが，「脱政治化したゲイ集団と私事化したゲイ文化の可能性を約束しつつ，ヘテロセクシュアル規範の前提と制度を維持する政治」を新しい「ホモセクシュアル規範（homonormativity）」と命名してから20年が経つ（Duggan, 2002, p. 179）。英語圏では，同性婚（あるいはパートナーシップ）制度が整う過程で，この新しい規範の影響を検証する実証研究が数多く出てきている。

　日本でも，第2節の反対論を汲むならば，同性婚の法制化は，性関係や一対の関係に拘束され，相互的な愛やケアや援助はこの中で排他的に行われる「家族」をつくることになるだろう。さらに，現在生殖と養育の権利もほぼ平等に保証している欧米の同性婚をモデルにすれば，カップルのどちらか以外で血縁のない大人が子育てに関わることは例外になるのかもしれない。そうなってしまえば「新しい家族」は新しくもなんともない。逆説的に，「ホモセクシュアル規範」にのっとった同性カップルの「婚姻≒家族」は，国家に承認され得ない，規範外の人々の親密な関係からなる新しい「家族」——あるいは「家族」と呼ばれたくない関係性——への要請をつくり出し続ける，といえるくらいだ。「ジェンダー家族」がそうであったように。

　ただし，第2節では日本における同性婚法制化についての議論を便宜上二項対立的に概観したが，当事者にとって，これらはただ対立的に存在すべくもない入り組んだ問題であることも指摘しておきたい。

　いままで無視されてきた存在が承認され，侵害されてきた権利が具体的・制度的に保障されることは，排除され差別を受けるどんな人々にとっても非常に重要な課題であり，この章で取り上げた同性婚反対論者の中でもこの点を否定する人はいない。反対論者の多くは，現行の「婚姻≒家族」が，無批判に継承されることを危惧している。異性カップルの婚姻率が下がり性役割・性分業が崩れる現在，同性カップルを現行の「婚姻≒家族」に包摂することが，ケアをはじめとする社会福祉費用を削減したい小さな政府にとって願ってもない財政手段だとしたら，いままで同じ制度によって排除・差別されていた者が喜んで加担するのは情けない。それを思えば，生き延びるための同性婚を推進する当事者・支援者も，婚姻の特権性を重く自覚しつつ，最大限に排他的・差別的でない制度を模索していくべきだろう。

　人が婚姻のカップル主義に無批判になりがちなのは，婚姻を介して一体化した愛・性・生殖が真・美・善であるという「ロマンティックラヴ・イデオロギー」にいまだに囚われたところがあるからだ（千田，2011，16-18頁），ということも意識しておいた方がよいだろう。権利としての自由・平等の価値が，同性婚問題では「愛」によってさらに高められている。それを推進派も親和的な政権も利用する。台湾の蔡英文総統も，全米で同性婚が法制化されたときのオバマ前大統領も，#Love Wins のツイートで世論を味方につけようとした。しかし，「利用する」といっても，かれらも少なくとも半ば本気で「愛の勝利」を喜んでおり，だからこそ人を惹きつける。渦中にいる私たちがロマンティック・ラヴの排他性・差別性を批判するのは難しい。

4 これから深めていくべきテーマ
「男同士の絆」の弛緩？

　最後に，同性婚における「婚姻≒家族」には「新しい」ところはないかどうかに立ち返ってみたい。当たり前だが，同性同士の性愛関係を国家が承認すること，婚姻として制度化することは，新しい。そしてそこには，それまで国家の基礎であった「ジェンダー家族」──「自然」としての性愛・性役割・性分業，ひいては男女の性差別とこれらの基礎にある性別二元論──を，根本的に揺るがす可能性もあるのではないか。日本のゲイ・スタディーズの先駆者風間孝は，「権力関係の内部におけるジェンダー／異性愛規範の攪乱可能性という観点」で，早くから同性婚を支持している（風間，2003，41頁）。

　後期近代産業社会で共通にみられる異性間の婚姻離れと少子化，フェミニズムからもグローバル市場からも求められる女性の政治経済参加，性の健康と権利やSOGI（性的指向・性自認）に関する権利保障の要求などが高まるにつれて，うまく機能しなくなってきた「ジェンダー家族」とは別建ての基礎を，同性婚を法制化する国家も模索している。このことが，結果として，いままでの基礎を掘り崩すかもしれないではないか。

　イヴ・K・セジウィックは，ジェンダー／セクシュアリティを通じかつ対象にした権力は「ヨーロッパ社会においては実際のところあらゆる形式の権力である」といった。この権力行使を可能にするのは「男同士の絆」である。男同士のホモソーシャルな絆は，ホモフォビアとミソジニーを両輪として近代西洋社会の構造を形作ってきた。婚姻はそもそも家父長制を維持するための男同士の「女性の交換」であり，そこで，女性を介在しない男同士の性関係を抑圧するホモフォビアが要請される。また，男同士の絆を維持する蝶番に過ぎない女性が社会構造に自ら働きかける主体にならないよう，女性を貶めておくミソジニーが要請される。しかしセジウィックの理論は，「男同士の絆」が政治経済をコントロールする公的領域以外でむしろ本領を発揮するところこそおもしろ

い。曰く，ホモソーシャルな絆とホモセクシュアルな絆の区別は実は明らかなものではなく，どんな男も忌むべきホモセクシュアルである可能性とそう名指される可能性があり，ホモソーシャルを生きる男はみなそのことを言外に「知って」いる。この恐怖と魅力の抜き差しならない均衡が，男性をコントロールし，西洋近代を支え，20世紀にも機能していたのである（Sedgwick, 1985, pp. 24-26, 83-96）。

　では，男性同士，女性同士の婚姻が国家に承認されるようになった社会では，「男同士の絆」は消滅へ向かうのだろうか。セジウィックの見解では，近代西洋社会で，ホモセクシュアリティを特別なものとみなす「マイノリティ化」と，ヘテロセクシュアルを含むすべての人間に関係するものとみなす「普遍化」が同時に行われていることが，ホモとヘテロの区別が一貫性を欠きながら恐怖と魅力の均衡を維持してきた理由の一つである（Sedgwick, 1990, p. 1）。そこで，同性婚がホモセクシュアルの「普遍化」の公認を進め，「マイノリティ化」を凌駕するならば，ホモとヘテロのもともと一貫しない区別がなくなり，男性同士のホモとヘテロの間のテンションもなくなるのだろうか。「女性の交換」は，婚姻が一族のものから平等な個々人のものに変わった段階でなくなったはずだった。だが，今でも，女がでしゃばらないように——性的なものとして——貶めておくミソジニーを介して，「男同士の絆」は成り立っているようにみえる。これも，蝶番としての女を必要としない男同士の，そして女同士の，性的な絆を国家が制度化することによって，消滅の方向へ向かうのだろうか。

　つまり，同性婚は，それまでのジェンダー／セクシュアリティ関係を覆すきっかけとなり得るのだろうか。法制化されることがあれば，日本社会にも同じことが起き始めるだろうか。同時にそれは，「婚姻≒家族」を基礎として，新たな非規範的セクシュアリティ，不安定な就労形態，貧困，異国籍など，多様な対象を，グローバルな新自由主義市場に都合よく，多様に排除する権力をもたらす「新しさ」なのか。上述したマサキほか同性婚反対論者が唱えるように。

　これらの残された問いの答えを求めて，同性婚が，理論よりもずっと複雑な

人々の生きられた経験に何を起こすか，起こしているかについて調査する実証研究は，日本でもすでに始まっている。

手にとって読んでほしい5冊の本

マーサ・アルバートソン・ファインマン／上野千鶴子監訳／速水葉子・穐田信子訳，2003，『家族，積みすぎた方舟——ポスト平等主義のフェミニズム法理論』学陽書房。
　　単婚異性愛主義家族と，その域を出ない男女共同参画的平等政策を批判し，性でなくケアを中心にした「家族」再編を提案する理論書。

牟田和恵，2006，『ジェンダー家族を超えて——近現代の生／性の政治とフェミニズム』新曜社。
　　国家と市場の基盤として単婚異性愛主義家族が自然化されていることの問題を指摘。これを超える関係性を探る指針。

『現代思想　特集 LGBT 日本と世界のリアル』2015，青土社。
　　様々な視座から「ブーム」を描き出し「LGBT」概念を問うムック。同性婚反対の当事者の議論も一通り読める。

二宮周平，2019，『多様化する家族と法〈1〉　個人の尊重から考える』朝陽会。
　　同性婚を進めかつ婚姻の特権を無くす両方向の平等化を一貫して唱える民事法学者の，現トレンドをふまえた理論・実践論。

石田仁，2019，『はじめて学ぶ LGBT——基礎からトレンドまで』ナツメ社
　　メディアや統計や社会的包摂の欺瞞など，他の「LGBT」入門書が触れない課題にも指針をあたえる画期的な基礎文献。

引用・参考文献

青山薫，2016，「愛こそすべて——同性婚／パートナーシップ制度と『善き市民』の拡大」『ジェンダー史学』12(0)，19-36頁。

NHK ONLINE，2015，「LGBT 当事者アンケート調査——2600人の声から」（2019年11月18日最終閲覧）。

岡野八代，2015，「平等とファミリーを求めて——ケアの倫理から同性婚をめぐる議論を振り返る」『現代思想——特集 LGBT』60-71頁。

風間孝，2003，「同性婚のポリティクス」『家族社会学研究』14(2)，32-42頁。

兼子歩，2015，「アメリカ同性婚運動と新自由主義・家族・人種——エヴァン・ウルフソン『結婚はなぜ重要か』を中心に」『明治大学教養論集』506，49-93頁。

釜野さおり，2008，「レズビアン家族とゲイ家族から『従来の家族』を問う可能性を探る」『家族社会学研究』20(1)，16-27頁。

釜野さおり・石田仁・風間孝・吉仲崇・河口和也，2016，『性的マイノリティについての意識 2015年全国調査 報告書』科学研究費助成事業「日本におけるクィア・スタディーズの構築」研究グループ（研究代表：広島修道大学河口和也）。

清水雄大，2008，「同性婚反対論への反駁の試み──『戦略的同性婚要求』の立場から」『ジェンダー＆セクシュアリティ』3，95-120頁。

末盛慶，2013，「レズビアン・ゲイ・トランスジェンダーと『家族』」『家族社会学研究』25(2)，121-123頁。

千田有紀，2011，『日本型近代家族──どこから来てどこへ行くのか』勁草書房。

谷口洋幸，2015，「『同性婚』は国家の義務か」『現代思想──特集 LGBT』46-59頁。

永易至文，2015，「生活に根差した性的マイノリティの老後を考える」『現代思想──特集 LGBT』107-111頁。

二宮周平，2015，「家族法──同性婚への道のりと課題」三成美保編著『同性愛をめぐる歴史と法』明石書店，122-147頁。

堀江有里，2015，『レズビアン・アイデンティティーズ』洛北出版。

毎日新聞，2015，「同性婚『賛成』が『反対』上回る」本社世論調査，2015年3月16日。

マサキチトセ，2015，「忘却と排除に支えられたグロテスクな世間体政治としての米国主流『LGBT』運動と同性婚推進運動の欺瞞」『現代思想──特集 LGBT』75-85頁。

牟田和恵，2007，「家族の近現代──生と性のポリティクスとジェンダー」『社会科学研究』57(3-4)，97-116頁。

Duggan, Lisa, 2002, *The New Homonormativity : The Sexual Politics of Neoliberalism,* Duke University Press.

Erlangsen, A., Drefahl, S., Haas, A. et al., 2020, "Suicide among persons who entered same-sex and opposite-sex marriage in Denmark and Sweden, 1989-2016 : a binational, register-based cohort study," in *J Epidemiol Community Health,* Jan. 2020, 74(1) : 78-83.（doi : 10. 1136/jech-2019-213009，2021年8月8日閲覧）

Sedgwick, Eve K., 1985, *Between Men : English Literature and Male Homosocial Desire,* Columbia University Press.

Sedgwick, Eve K., 1990, *Epistemology of the Closet,* University of California Press.

（青山　薫）

第**17**章

生殖医療と家族

家族を再定義するための糸口

資料17-1 出産女性の年齢別割合の推移

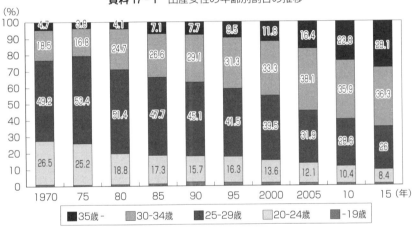

(出所) 厚生労働省資料から筆者作成。

　わが国の出産女性の年齢別割合の推移を5年ごとにみると，出産年齢は21世紀にはいり，急速に高齢化し，2015年には64.4％の分娩は30歳以上の女性によることがわかる。

1 何が問題か
不妊症と生殖医療

①　不妊症とは？

　人がパートナーを求め，また子どもをもち家族を形成することを望むとき，その希望が必ずしもかなえられない場合のあることは，ふつう想定しない。しかし，おそらく太古の時代から，望みどおりにならない場合も少なからずあることは，広く知られていたに違いない。

　なぜなら，考古学者や人類学者は，様々な遺物や神話に「不妊」と関連する象徴的部分を見出し，また子どもをもちたい人々の強い願望を読み取ってきた。さらに，読者がもし街を歩くとき，通りすがりの神社仏閣の入り口にある掲示板に少し視線を向ければ，またスマホでネット検索する労をいとわなければ，子宝・子授かりをその看板効能とする社寺が，今日でも多数存在することは，どなたもおわかりになるであろう。

　残念ながら，これら超自然的な効果効能を積極的に支持することのできる証拠はないが，少なくとも参拝に向かう人々のそれぞれの思いや行動を考えると，子どもをもつ希望がかなえられない状況にある多くの人々にとって，その受容とあきらめの過程に，これらの超自然的解決への期待が，これまで大きな役割を果たしてきたことは容易に想像できる。

　いわゆる国民皆保険の制度下にあるわが国において，不妊治療の中に含まれる1つの選択肢である「生殖医療*」は，2022年3月まで，基本的に「私費診療」，すなわち社会保険の給付対象となっていなかった。つまり，治療にかかる費用は，すべて治療を受けるカップル自身が負担する形となっている。この背景には，後述するように「生殖医療」が社会的に市民権を獲得し，人々に広く受け入れられてからの歴史が比較的浅いことも関係しているだろう。しかし，考えてみれば，わが国で整備された社会保険のしくみが，そもそも当初から妊娠・分娩を給付対象としていないことに特徴づけられるよう，生殖そのものに

対する意味付け，価値観が，いわゆる「疾患」「病気」「異常」とは異なる領域，すなわち「自然」「普通」「当たり前」としばしば呼ばれる領域に存在しているようにみえる。生殖は，このような思い込み，いいかえるなら生殖に対する「自然」幻想のもとに構築されている可能性がないか。生殖（妊娠から分娩に至る次世代再生産という，文字通りの Reproduction）は，あまりに当たり前の「構造」として，いつでも議論の埒外にあり続けてきたのではないか。

　　＊　生殖医療の定義は様々であるが，本章では，体外受精（IVF-ET：In Vitro Fertilization and Embryo Transfer）など生殖補助医療（ART：Assisted Reproductive Technology）を一括して「生殖医療」として述べる。なお ART について，2022年春に社会保険給付対象となった。

②　3つの論点

　したがって，社会政策の一端として，すなわち家族政策として，「生殖医療」を考えるとき，「不妊」を「病気」と位置づけるのかどうかは，第一の論点となる。

　それでは「不妊」に対する医学的介入である不妊治療，とりわけ本章でとりあげる現代の「生殖医療」は，子どもをもち家族を形成することを希望する人々にとって，どれだけの役割を果たし意義を有しているのだろうか。「生殖医療」が，どのような場合でも万能ではないにしろ，多くの人々の希望をかなえるだけの能力や対応容量がはたしてあるのだろうか。そこに超えることのできない限界や様々な理不尽な制約・規制はないのだろうか。また，「生殖医療」を単に不妊治療ととらえてよいのだろうか。「生殖医療」について詳細に現状を評価し，その現代的意義を整理する必要があるのではないか，これが第二の論点である。

　わが国の喫緊の課題である「少子化」対策の目玉政策の1つとして，実際に2004年から「特定不妊治療費助成事業」が展開されてきた。この事業は，社会保険の適用されない体外受精などの「生殖医療」に限定して，国と地方自治体が半額ずつ負担し，所得や年齢など限定要件を満たす夫婦に対し治療費用の一

部払い戻しを行う。すなわち，社会保険制度の外側にある税を財源とする独立した施策として行われている。その年間総支出額は，当初約25億円程度であったが，最近は約300億円に達している。すなわち，実態として，「家族政策」に類する施策として支出されているこの金額が，はたして多いのか少ないのか，様々な対象者についての制限の妥当性はあるのか，長期的な維持継続が可能なのか，とりわけ社会政策の１つである「少子化」対策として，効果や意義は本当にあるのか，そして，予定されている税から社会保険への移行の影響がどこに現れるのか，これが第三の論点といえるであろう。

　本章では，これら３つの論点を中心として，これからの家族政策における「生殖医療」の位置づけを考案してみたいと思う。

2 こう考えればいい
生殖医療と家族形成

① 生殖医療の進展

　世界初の体外受精（IVF*）による出生児であるルイーズ・ブラウンは1978年に生まれた。わが国でも1983年に東北大学で IVF による初の児が出生した。その後，「生殖医療」による出生児数は急増し，2018年には年間５万6979人となり，わが国で出生した児の約16.1人に１人（6.2%）は，「生殖医療」により妊娠したことになる。全国に現在約600施設ある生殖医療クリニックから日本産科婦人科学会に報告される「生殖医療」の年間施行総数は，2018年には約45万5000周期となっている（**資料17 - 2**）。この傾向は，わが国に限定されるものではなく，世界の「生殖医療」関連データを収集分析し報告する ICMART（International Committee Monitoring ART）のデータによれば，2016年には世界各国からの報告周期総数は約188万周期を数える。わが国からのこの年の約45万周期の報告は，もちろん世界で最多であり，全体の４分の１近くを占めている。

　＊　WHO と ICMART による最新用語集では，体外受精（IVF）には，通常の体

資料17-2　日本で行われてきた生殖医療の周期数年次推移（2000-2018）

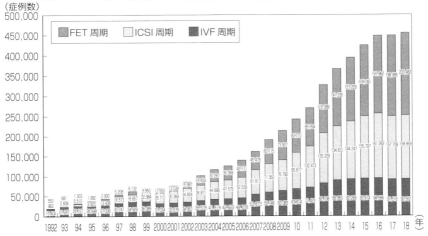

（注）　FET 凍結融解胚移植，ICSI 顕微授精，IVF 体外受精。
（出所）　日本産科婦人科学会データから筆者が作成。

外受精（C-IVF：Conventional IVF）と顕微授精（ICSI：Intracytoplasmic Sperm Injection）を含むと変更されたため，本章で IVF の定義はこれに従う。

　「生殖医療」が，このように著しく拡大してきたことに貢献した要因としては，新規薬剤の開発や超音波断層装置など新規医療機器の発明改良，培養液の開発改良など，枚挙にいとまない。しかし，何よりも技術的革新として歴史的に大きな意義をもつのは，顕微授精技術と胚凍結融解技術の進歩だった。

　そもそも体外受精は，卵管閉塞のために卵子と精子が受精できない女性に対して，受精の場を体外に移すというパラダイム転換を伴う画期的治療戦略であった。しかし，「体外に移す」結果として，同時に2つのことが初めて可能となった。すなわち，1992年に初めて報告された顕微授精では，精子数が少ない，運動性が低いなどの場合，1つの精子を顕微鏡下に直接卵子に注入することで授精する。従来ありえなかったこの方法により，重症男性因子による不妊の治療が可能となったばかりでなく，極端な話，精液中に精子がいない無精子症でも，精巣内に（理論的には1つでも）精子を発見さえできれば，治療対象となる。最近では，顕微授精技術を用いることで，受精を確実化できるために，

不必要な場合も含めて過剰に用いられる傾向があり，70〜100％の治療に顕微授精が用いられる国すらある。

　また，受精の場を「体外に移す」結果，体外で得られた胚はもちろんのこと，配偶子（卵子や精子），卵巣組織などを容易に凍結保存することができる，つまりいったん凍結してしまえば，胚や配偶子が容易に時間や空間を超えることが可能となったのである。当初の技術（動物胚などに用いられていた技術である緩慢凍結法）では，凍結融解過程で使えなくなる胚が多かった。しかし，新たな技術として，ガラス化法（Vitrification）という優れた方法が開発され，容易に簡便かつ確実に凍結融解することが可能になり，現在では，極めて高率に（100％近くの）融解後生存良好胚が得られる。この結果，凍結融解胚移植による治療が急増した。特にわが国では，「生殖医療」の結果として出生する子どものうち，最近では80％以上が凍結融解胚移植によるのだ。

②　疾患としての不妊症

　このように「生殖医療」は，技術の進歩とともに，世界中で広く受け入れられるにいたったが，すべてが順調であったわけではない。第一の論点にあげた「不妊」を「疾患」や「病気」と位置づけるのかどうかは，今日まで世界各所で様々な戦いや議論と説得が行われている。

　例えば，バチカンは，いまだに避妊も IVF も基本的に認めない立場である。2010年にロバート・エドワーズ博士に対し IVF への貢献を理由にノーベル医学生理学賞が授与されたとき，バチカンはノーベル賞委員会の決定を非難した。また，中米のコスタリカでは2015年まで，憲法で IVF を禁止していた。同国では，患者からの訴訟や国際的圧力の結果，2016年にようやく IVF ができるようになったのである。なお，世界保健機関（WHO）が，不妊症を疾患（disease）として定義したのは，2012年のことである。さらに，国際疾病分類（ICD）では，2019年５月に決定された ICD11 で初めて，不妊症関連の疾患が含まれるようになった。

　つまり，第一の論点については，ここへきて国際的にようやく「不妊」を

「疾患」や「病気」であると位置づけることが広く受け入れられるようになったといえる。しかし，もちろん，わが国を含めて，様々な異なる考え方が依然として存在していることを，今後も認識しておく必要があることはいうまでもない。

③ 生殖医療の限界

　では，「生殖医療」は，子どもをもち家族を形成する希望をもつ人々のうち，どれくらいの割合の人々について，その希望をかなえることができるのか。実はこの回答をだすことは，極めて難しい。なぜなら，先ほどの３つの論点すべてが直接関わってくるからだ。

　様々な国で検討され報告されたいくつもの臨床統計によれば，不妊症を主訴として受診したカップルの希望がかなう確率は，せいぜい50％程度としている。その理由は多岐にわたる。しかし，とりわけ現在の「生殖医療」が全く無力であるといわざるを得ない部分は，女性の加齢による不妊である。出産する女性の年齢が急上昇してきた21世紀，意に反して妊娠できない女性が不妊検査治療を受け始める年齢も，同様に上昇した。

　例えば，IVF による治療成績を挙児率で評価してみると，加齢とともに大きく低下することがわかる。徐々に低下する成績は，37歳前後から著しい低下となり，45歳以上では極めて挙児は難しい。年齢の高い女性では，胚を移植した後の妊娠率が低下することももちろんだが，いったん妊娠が成立しても，流産に終わる可能性が高くなる。これは，女性の加齢に伴い，卵子の染色体に異数性（染色体数が本来よりも多かったり少なかったりする現象）が生じ，妊娠が成立しない，あるいは初期流産に終わる場合が急増するからである（したがって，40歳以上の女性に対しては，若い第三者からの卵子を用いる治療が提供される国が多い（後述））。実は，「生殖医療」に限らず自然妊娠でも全く同様であるはずで，「生殖」そのものに年齢による限界があることは間違いないのだ。したがって，わが国の「生殖医療」の実情をみると，生殖医療を受ける女性の平均年齢が約40歳となっていることから，その成功率が低くなることは，ある程度

必然といえる。

④ 生殖医療そして家族形成へのアクセスを左右する因子

　一方，「生殖医療」を含む不妊治療を，適切に運用しても成績に限界があることに加え，カップルの希望がかなう確率をいうためには，さらに根源的な問題がある。実際に妊娠分娩に至った数，すなわち分子に相当する数がほぼ明確であるのに対して，分母となる数値（治療数）の妥当性と合理性には，相当な疑問が残るからだ。つまり，まず，①本人が不妊であると認識しているかどうか，②治療を受ける意思があるか，③治療を受ける経済的・時間的余裕があるか，④地域的理由などを考慮したとき治療への十分なアクセスがあるか，など分母に影響を与える要因は極めて多い。治療を受けるべきだが実際に受けていない人々が，様々に想定されるのだ。ICMART は，治療を必要とするカップルが世界中にどこでも一定の割合で存在すると仮定したとき，「生殖医療」へのアクセスがどの程度あるかを比較検討した。その結果，北欧諸国に代表されるように，治療を必要とするカップルのアクセスが比較的よいと推定される国々がある一方で，「生殖医療」が十分に利用されていない国や地域が多数あることが明らかになった。

　もちろん，この背景には，前述の①の原因となりうる知識や教育レベルの問題，②の原因となりうる宗教や迷信，信念など社会文化的要因の関わりがあることはいうまでもない。しかし，現実には経済格差や居住地域の差など，③や④と一体となる問題が，発展途上国ばかりではなく，米国など先進諸国でも最大の問題であることが示唆される。

　例えば，各国の 1 人当たりの名目 GDP と人口1000人当たりの IVF 周期数（すなわち IVF 利用率）を比較してみよう（**資料17-3**）。一般に 1 人当たりの GDP が低い国において IVF 利用率が低い傾向にあることはすぐにわかる。しかし，もう一度子細に観察すると，中には例外的な状況にある国も多数指摘できる。すなわち，豊かな国であるはずの，米国，英国，ドイツなどにおいても，「生殖医療」が十分に利用されていないふしがあるのだ。

資料17-3　2015年の1人当たり名目 GDP（USD）と生殖医療施行数の関係

国	1人当たり名目 GDP（USD）	IVF 周期数	人口（x 千人）	人口1000人当たり IVF 周期数
1人当たり名目 GDP が50000 USD 以上				
デンマーク＊	57380	19880	5749	3.46
米国	56770	174040	320930	0.54
オーストラリア	51494	69903	23985	2.91
1人当たり名目 GDP が10000-50000 USD				
英国	44495	64232	65110	0.99
ドイツ	41415	96512	81687	1.18
日本＊	38344	424151	127484	3.33
フランス	37938	92995	64301	1.45
イタリア	30153	71788	69798	1.18
スペイン	25850	117356	46410	2.53
台湾	22374	42176	23492	1.80
1人当たり名目 GDP が10000 USD 以下				
ロシア	9478	109136	143888	0.76
南アフリカ	5801	6135	54750	0.11
エジプト	3731	7711	89000	0.09
ナイジェリア	2763	1860	178721	0.01

　（注）　GDP と人口データは IMF による。IVF 周期数は ICMART による。
　　　　＊ただし，デンマークと日本のデータは2017年のもの。
　（出所）　IMF World Economic Outlook Detabase および ICMART World Report から筆者作成。

　この背景にあるのが，各国における IVF 治療の受けやすさ（アクセス）の違いである。まず，地理的要因が重要となる。わが国ですら「生殖医療」を提供するクリニックの存在は大都会に偏り，クリニックが存在しない県，生殖医療専門医が一人もいない県がある。面積の広い国では，これが大きなハンディキャップとなりうる。しかし，より重要なことは，経済的要因である。数値は省略するが，IVF の費用を国際比較すると，わが国における「生殖医療」の絶対的な価格は，ドル換算すると国際的にみてかなり低く，例えば米国の3分の1程度，アジアでも韓国を除いて最も安い。すなわち米国などでは IVF がいまだに富めるカップルのための治療にとどまっているといえる。また，英国では，NHS による無料の IVF 治療が可能だが，（地域によるものの）厳しい年齢や体重の制限（肥満者には保険が適用されない）などに加え，保険では1〜2

回の治療に制限される。それ以上は私費となることが，同国における IVF 利用率を低い状態にとどめている。ドイツでは，（改善傾向にあるとはいえ）胚保護法による厳しい治療内容への制限的介入と医療保険の制限的適用が，低い IVF 利用率の主原因であると推定される。

　一方，わが国における人口1000人当たりの「生殖医療」の利用率は，前述のように保険収載されていなかったにもかかわらず，国際比較をするならば，かなり高いということができる。実質的な家族政策の１つとなっている，わが国の税を財源とする「特定不妊治療助成事業」は，「生殖医療」を推進するために機能していることはほぼ間違いないだろう。それでは，この「特定不妊治療助成事業」は「少子化対策」として機能してきたと評価できるのだろうか。また，社会保険への移行により何が変化する可能性があるのか，これは第４節で検討したい。

3　ここがポイント
多様な「家族のかたち」を認める

① 家族のかたち

　「生殖医療」は，前述のように不妊症の画期的治療法として発明され，多くのカップルを救う手立て，そして希望となってきた。しかし，国際的にみると，その位置づけは，いまや大きく変化しつつあるといえる。そして，家族政策と密接に関連している。なぜなら，多くの人類学者たちの研究において指摘されてきたように，生殖医療は，この約40年間に「家族のかたち」を大きく変えてきたからである。すなわち，その変化は「多様化」であり「選択肢の拡大」であると筆者は評価するが，「複雑化」「解体」であるとする論者もある。しかし，「家族のかたち」は家族政策の反映であり，家族政策は「家族のかたち」の反映ということもできる。

　生殖医療は，「性交」と「生殖」を完全に分離した。これは間違いない事実である。ありていにいうならば，現時点で「生殖」に欠かすことができないの

は，「女性」と「男性」ではない。必要なのは，「卵子」と「精子」と，（人工子宮が実現していない現状では）「子宮をもつ女性」である。

　第三者から精子の提供を受ければ，独身女性やレズビアンカップルも子をもつことができる。男性も，第三者から卵子の提供を受けて女性に代理懐胎を依頼すれば，子をもつことができる。＊これらの手立ては，けっしてまれなことではなく，多くの人々により選択され実行されていることが，わかっている。そして，時間と空間を超えることを可能にした「生殖医療」は，これらを容易に実現し，そして，親子関係についての再定義が必要となる。さらに，いわゆる「死後生殖」として，すでに病気などで死亡した男性の精子や，死亡した男性の精子を用いて作成された凍結胚を生殖に用いるのを認める国も増加傾向にある。この場合，生まれる子どもの地位と権利について，特に明確な規定が必要となる。さらにいうならば，これまで妊娠することが不可能であった女性，例えば閉経後の高齢女性なども，提供卵子や若い頃に凍結した自らの卵子を用いれば，妊娠できる可能性がある。子どもの育つ家庭環境は，いずれも相当に多様化することはいうまでもない。標準的な家庭ばかりでなく，これら例外的で多様な家庭を，それぞれにどのように支えるか，これは未来の家族政策の最も重要な課題であろう。

　　＊　精子や卵子の提供は広く行われ，ICMART がまとめた2015年の報告では世界の全治療の約５％に達している。一方，代理懐胎の合法的な施行が可能な国地域は極めて限定されている。

② 法の欠如と価値観の強制

　わが国は，「生殖医療」に関連する法整備の遅れている，事実上唯一の先進国である。例えば第三者の関与する「生殖医療」により生まれた子どもについて，法律による子の保護がないため，日本産科婦人科学会は，「生殖医療」の施行を婚姻カップルに限定し，卵子提供，精子提供，代理懐胎など第三者の関与する「生殖医療」は，国内で行うことが困難である。＊そして，いまだ，子どもをもつことが，ヘテロセクシュアル婚姻カップルの専権事項のように理解さ

れている。この極めて制限的な生殖規範は世界の中で孤立的状況にあるというべきである。事実 OECD の調べでは，わが国は法的婚姻していない女性から出生する子どもの比率が，加盟36カ国のうち韓国と並び最も低く，３％程度にとどまっている。一方，多くの国は，この数字が数十％，アイスランドでは70％の子どもが法的婚姻をしていない女性から生まれている。いうまでもなく，同性婚はおろか選択的夫婦別姓制度すら導入できないわが国の状況で，家族の多様性をもたらす生殖医療について論じることは，無意味だと指摘される可能性がある。しかし，生殖は少なくとも，婚姻制度など人工的に導入された社会規範以前に存在する自然的「制度」であり，わが国の歴史上，現在のような生殖規範はたかだか百年強の歴史しか有していない。いわゆる「伝統的家族観」と呼ばれるヘテロセクシュアル婚姻カップルとその両者と血縁関係にある子どもから構成される家族のみを対象とした議論に注力することは，むしろ的外れであろう。また，「伝統的家族観」に基づく家族のかたちを考えた場合でも，高齢妊娠分娩の比率が急速に拡大し，家族の中の世代間年齢差が拡大する現状は，家族内の相互互助ではなく，様々な社会的サポートの必要性と重要性を増大させていることは間違いないはずだ。

　留意しておくべきことは，このような半ば強制的な価値観のために，現実を直視することなく社会政策，家族政策の選択肢が制限され，同時に女性の社会進出や男女平等の実現を阻害する政策が，結果として立案実行されやすい傾向にあることだ。

　＊　提供精子を用いる人工授精（AID あるいは DI）は1940年代からわが国においても施行されてきたが，近年精子提供者の減少により，困難となっている。出生した子と同様に提供者の法的保護も重要である。2020年12月に民法の特例法が成立し，提供卵子や提供精子を用いて生まれた子の親子関係が，初めて法的に確立した。特例法のこの部分は2021年12月に施行された。

３　法による保護と家族政策

　「生殖医療」は，過去40年間に実験的医療から日常的医療に大きく転換した。

しかし，高価な器具装置・薬剤のみならず高い技術と経験，さらに時間を必要とする治療であることから，その価格は国際的にみても，けっして低下したとはいえない。最近はその効果について医学的エビデンスの乏しい，様々な付加的技術や薬剤が次々と追加され（add-on 治療と呼ばれる），さらに高額化していることが批判されている。その一方，投資ファンドをはじめとする営利を目的とする金融グループが，「生殖医療」をビジネスチャンスととらえて進出し，クリニック買収による統合経営が，海外で進んでいることが報じられている。閉鎖的市場といわれるわが国では，今のところこの点についての問題意識は共有されていない。しかし，「生殖医療」が国際化し，越境治療が増加している現状は，興味深い事実として家族政策立案の観点から考察しておく必要がある。

　すなわち，各国において異なる規範や法整備を通じて「生殖医療」の実施を制限する試みは，前述の憲法改正に至ったコスタリカの事例のように，まず越境治療により事実上克服され，次いで訴訟により解決されるのが常である。最も制限的な規制をしてきたドイツからは，ベルギー，スペイン，チェコなどへ，多くのカップルが越境治療目的で向かってきたことが知られている。わが国では，最高裁判決による指摘が繰り返されたように，第三者の関与する生殖で出生した親子の関係を確定する法律がなかったため，配偶子提供など「第三者の関与する生殖医療」は，これまで事実上行われていない。また，「生殖医療」を規制する法令が一切存在しないため，生まれる子どもの立場と権利が十分に保護されないことが懸念されてきた。その結果，海外渡航（最近では台湾が多い）して，わが国で入手できない治療（特に提供卵子を用いる治療）を受けるカップルの多数あることが判明している。子どもを熱望するカップルにとって，越境治療を受けることは，けっしてありえない選択肢ではないのだ。このようにして出生した子どもたちの数は全くわからないが，その理由として，適切な情報提供が行われる可能性が低い渡航治療の実情と問題点が，社会的に正確に認識されていないことをあげておきたい。すなわち，問題は，しばしば議論となる「子どもの出自を知る権利」にとどまらない。2020年12月の民法特例法成立により，今後どのような変化が起こるか注目する必要がある。一方，遺伝医

学の急速な進展に伴う各個人ゲノムの解析が目の前にあることも含め，匿名による精子や卵子の提供は，そもそも現実的でない状況が近づいており，より切迫した問題意識をもつ必要がある。

4　これから深めていくべきテーマ
家族政策としての課題

　「生殖医療」に関連する家族政策としての課題として，第三者の関与する生殖を含めた多様な「家族のかたち」にどのように適切に対応するか，家族内世代間年齢差の拡大に対して，どのように社会的な手を差し伸べるか，などについて述べてきた。ここでは残った課題である「少子化対策」と「生殖医療」の関連について述べる。

　周知のようにわが国の少子化傾向に改善傾向は始まっていない。第二次ベビーブーム世代の女性が生殖年齢を終了しつつあることに伴い，見かけ上の合計特殊出生率は2005年の1.25ショックから改善したようにみえるものの，出生数はあいかわらず過去最少を毎年更新し続け，女性の出産年齢も上昇し続けている。2010年に始まった COVID-19 パンデミックは，この傾向にさらに拍車をかける可能性がある。それでは，少子化対策の１つとして行われている「特定不妊治療費助成事業」による多額の国費投入は全く無意味だったのだろうか。実は，極めて重要な役割をはたしてきた可能性が高い。

　広く知られている事例を１つあげるとすれば，それはデンマークにおける IVF に対する公費負担変更に伴う出生率への影響である。資料17‐3にも示したように，デンマークは「生殖医療」の利用率が世界で最も高い国の１つで，年齢や回数などに制限があるものの，基本的に国民は無料で治療を受けることが可能である。したがって，2017年の報告では，出生する子どもの約13人に１人が IVF により妊娠している。同国では，政権交代に伴い2010年から2013年までの４年間，生殖医療への国費支出が一時的に5000万クローネ削減された。その結果，2011年から，出生率が有意に低下し，慌てた政府は再度支出を元に

戻した結果，みごとに出生率が回復したのである。すなわち，出生する子ども
の数のうち，「生殖医療」による部分が大きい国の場合，経済的インセンティ
ブ（あるいは経済的余力の方が正確かもしれない）が，人々が子どもをもつかど
うかの行動選択，さらには一国の出生率に大きく影響することが示されたのだ。

　わが国において，「特定不妊治療費助成事業」により治療費用の一部払い戻
しを受けているカップルが，2018年現在，すべての治療のうち約4割程度いる
現状を考えると，もし，この制度を単純に廃止すれば，わが国の出生率は間違
いなくさらに低下することが予想できる。したがって，むしろ，「特定不妊治
療費助成事業」については，収入制限の緩和や若年層（例えば30歳未満）に対
する給付の増額（自己負担なしで IVF を受けるのに十分な金額が望ましい），事実
婚カップルへの給付開始など，制度の一部変更や拡大充実を図ることが考慮さ
れるべきであった。社会保険制度への移行により，どのような変化が起こるか
予想することは，詳細な制度設計が不明である現時点では困難だが，注視する
必要がある。

　しかし，あらためて「生殖医療」の利用者に対する経済的援助そのものが
「少子化対策」になるのかと問われるならば，その設問の立て方はやや不適切
であるといわざるを得ない。もちろん，子どもをもちたいが，その希望のかな
わないカップルに対して様々な支援を提供することに，意義があることは間違
いない。そして，「生殖医療」そのものが，従来の「妊娠のしかた」の代替策
として出現したのも事実である。しかし同時に，「生殖医療」は，女性年齢を
はじめ「生殖」の限界をより明確化した。したがって，家族をもつことを希望
するすべての当事者を，総合的な家族政策により様々に支援していく場合，1
つの要素，1つの選択肢として，「生殖医療」を位置づけていくことが最も重
要であると考える。

手にとって読んでほしい5冊の本

石原理，1998，『生殖革命』ちくま新書。
　体外受精の登場が，医学的また社会的「生殖革命」を引き起こした歴史と構造

を産婦人科医が解説する。

出口顯，1999，『誕生のジェネオロジー』世界思想社。

「生殖医療」をめぐる，法律，倫理，政治，文化などについて，文化人類学者による多面的で示唆に富む解析が述べられる。

石原理，2010，『生殖医療と家族のかたち――先進国スウェーデンの実践』平凡社新書。

家族のあり方や変貌への「生殖医療」の関わり方を，おもにスウェーデンをフィールドした調査に基づく報告。

日比野由利，2013，『グローバル化時代における生殖技術と家族形成』日本評論社。

様々な立場の論者による生殖技術の多様な課題に関する論説報告集。特にグローバル化の及ぼす影響に焦点を置く。

石原理，2016，『生殖医療の衝撃』講談社現代新書。

様々なエピソードから，「生殖医療」のはたした医療，社会，人々の考え方や行動への影響をエビデンスに基づき分析する。

（石原　理）

あ と が き

　本書の編集の最終段階で，世界は新型コロナウィルス（COVID-19）による
パンデミックという百年に一度と言われる危機に見舞われた。ほぼ2カ月のあ
いだ「家にいる」（ステイホーム）ことが推奨され，子どもたちは休校・休園，
大人たちは在宅勤務，外食も外遊びも我慢して不要不急の外出は自粛という生
活を送った。

　この時期，印象的な出来事があった。緊急事態宣言後まもなく，繁華街は
すっかり閑散としたのに，スーパーマーケットや商店街にはふだん以上に人が
溢れているという現象にメディアの注目が集まった。テレビレポーターも何が
起きているのか分からないという風で，危機感をもった東京都知事は険しい表
情でスーパーの入場規制を打ち出した。しかし考えてみれば，ふだんは給食や
社員食堂で済ませていたランチを家で食べるようになり，全国の飲食店を埋め
ていた人たちも家で食べている。膨大な食の需要が家の中に流れ込んできた。
見合う量の食材を購入するため，スーパーマーケットや商店街が混雑するのは
当然だ。日常生活を成り立たせるために必要なロジスティクスがステイホーム
によりドラスティックに変更されたことに，みんな考えが及んでいなかった。

　日常生活を成り立たせるロジスティクスの最終部分を構成するのが「名もな
き家事」と呼ばれる家庭内の無償労働だ。「見えない仕事」という意味で
「シャドウワーク」とも言われる。コロナ危機はシャドウワークを膨れ上がら
せ，シャドウから人目につくところへ溢れさせたが，それでも「見れども見え
ず」の人たちがいた。

　シャドウワークが見えないからだろう。日本の COVID-19 対策は，なんで
も家に押し込んでおく，というものとなった。食事だけではない。2020年3月
2日に全国一斉休校が急に決まり，保育所も利用自粛を求められ，緊急事態解

除後も休校解除は後回しにされた。子どもの公的保育と教育などの社会的ケアが，この社会を回すための欠くことのできない歯車となっているという認識が，この国の為政者には薄かったと言わざるをえない。

「家事の量が増加し，子どもの世話と，子どもの勉強をみることとが増えたところに，仕事量は変わらないので，睡眠時間が激減した」——わたしたちの緊急調査への在宅勤務の女性の回答である。「夫も在宅していますが，彼は自分の仕事部屋で集中できています。一方，私のほうは家事，子どもの面倒をみながらの仕事なのでまったく集中できずはかどりません。」というように，夫婦とも在宅勤務であっても，性別分業規範がはたらいてしまう。家族に押し戻されたケアはおもに女性の負担となり，心身の健康を損ねたり，職場で肩身の狭い思いをしたり，やむなく休職したりした例もある。給食を食べられなくて栄養不足になった子どもたちもいた。

さらに海外からの帰国者の自己隔離，PCR 検査待ちの自宅待機，陽性でも軽症者の自宅療養と，家族のケア負担は際限なく増大していった。第4波の大阪，第5波の東京では，軽症者はもちろん中等症患者の一部も自宅療養というような現実が作られてしまった。家族は濃厚接触者となりながらもケアを続け，当然ながら家族が感染するケースも相次いだ。

なんでも家に押し込んでおけばいい，という政策は，際限のない負担を無償で黙々と引き受けてくれる存在が家庭内にいるということを暗黙の前提としている。一人暮らしで自宅待機もしくは自宅療養をさせられた方たちが死亡する悲劇も起きているが，家族が担っているケアが見えないから，家族がいない場合にどんな悲惨なことが起こるかが予測できず，支援が後手に回ったのではないだろうか。

日本の社会政策は，家族のことは家族に任せるという「家族主義」的傾向が強く，家族や個人のために家族を支援する家族政策は少ないということを，本書では繰り返し指摘してきた。それでもある程度は社会的ケアも整備され，「女性活躍」が標語とさえなったのに，いざ危機が起きれば地金が出て極端な家族主義に走ってしまうのを，そしてそのしわ寄せを受けるのは相変わらず女

性であることを，残念ながらわたしたちは目撃してしまった。

　いま起きていることは，1970年頃の公害問題とよく似た構造をもっていると思う。水や空気は無尽蔵なので汚染物質をいくら放出してもただで浄化してくれる，という思い込みを覆したのが公害問題（今のことばでは環境汚染）だった。それと同じように何もかも家族に押し込んで処理能力を超え，家族がパンクしているのが現状ではないだろうか。

　しかし希望が無いわけではない。今回のコロナ危機を比較的うまく乗り切ったのは，女性がリーダーの社会だったと言われる。トップが女性であるなら，その下も要所要所で女性が責任ある地位にいるのだろう。感染症という病気の問題であるだけに，ケアされる人とケアする人へのきめ細かい配慮が対策の要となるため，女性の経験が有効にはたらいたのかもしれない。たとえば韓国では，自己隔離となった人には区役所から食料と日用品と医薬品のセットが箱入りで届き，買物の負担を軽減してくれたという。学校が休校でも給食は続け，ランチボックスにして児童に配布したという国もある。もちろん担当者の性別が大事なのではなく，ケアや家事など生活を支える活動が回るよう配慮した政策を発想できることが大事だ。為政者が気にかけるべきなのは，GDP の数字に表現される「経済が回るか」ではなく，日常的な「生活が回るか」であるはずだ。

　現在，世界では，「ケア」すなわち生命や生活を支える活動を，有償労働か無償労働かの区別にこだわらずに経済活動に含め，「経済」の定義を拡張するというフェミニスト経済学の主張が，コロナ危機後の社会を運営するための現実的な処方箋として，急速に注目を集めつつある。『ケア宣言』というマニフェストの日本語訳（大月書店，2021年）も緊急出版された。「ひとが生きることを支える政策」として「家族政策」を捉え直そうという本書の方向性と重なるものである。

　別の角度から見ると，ワーク・ライフ・バランスのために推奨されながら，なかなか広がらなかった在宅勤務が，新型コロナウィルスの感染拡大防止の対策として半ば強制的に広がったのは，壮大な社会実験であった。家事育児負担

の増加に困り果てている人たちがいる一方で，在宅勤務は家族関係を良くする効果があったと多くの人々が認識した。「家族と過ごす時間が増えた」「家族との会話の時間が増えた」という声が異口同音にあがる。仕事の会食が無くなった父親たちは，家族の夕食に加われるようになった。自分のする家事育児分担が増えたという男性は，とりわけ家族関係が良くなったと感じている。これまで家族とのコミュニケーションや家事育児に十分な時間をとれなかった日本の人々，特に男性にとって，今回の在宅勤務の経験は予想された以上に深い人生経験だったことがうかがえる。この幸せを知ってしまった以上，「コロナ以後」も後戻りできないだろう，「時間主権」という意識も芽生えてくるのではないかと信じたいが，日本では在宅勤務の後退も素早く起きているようで楽観はできない。また在宅勤務は正規雇用のオフィスワーカーの特権のようにもなっているので，その制約を超えてワーク・ライフ・バランスや時間主権をいかにして根付かせられるのかという課題も多い。

　百年に一度というこの危機が，日本の家族政策の弱さを明るみに出すばかりでなく，「ひとが生きることを支える」という本来の目的を見据えた家族政策と社会政策の構築につながる転機となるようにしなくてはならない。

　最後になるが，残念なご報告がある。本書第9章の著者である和泉広恵先生が2020年3月22日に急逝された。その半年前には草稿検討会のために京都においでくださり，他の著者たちと共に，よい仲間ができたことを喜んでくださっていたのに，あまりに突然のお別れとなってしまった。いまだに信じたくない思いでいる。

　和泉先生の穏やかで温かいお人柄に触れ，ご一緒にお仕事させていただく機会に恵まれたことに，心より感謝申し上げます。

2021年8月15日

落合恵美子

＊　前述の「在宅勤務緊急調査」の分析結果については，下記を参照していただきたい。
落合恵美子・鈴木七海，2021，「COVID-19緊急事態宣言下における在宅勤務の実態調査——家族およびジェンダーへの効果を中心に」『京都社会学年報』28，1-13頁。

索　引

(＊は人名)

《執筆者紹介》（＊は編者，執筆分担，執筆順）

＊落合恵美子（おちあい　えみこ）序章・第1章，あとがき
　　　　編著者紹介参照。

　天田城介（あまだ　じょうすけ）第2章
　　　現　在　中央大学文学部社会学専攻教授（博士　社会学：立教大学）。
　　　主　著　『〈老い衰えゆくこと〉の社会学』多賀出版，2003年→［増補改訂版］2010年。
　　　　　　　『老い衰えゆくことの発見』角川学芸出版，2011年。

　高橋美恵子（たかはし　みえこ）第3章
　　　現　在　大阪大学大学院人文学研究科教授（Ph. D.　Sociology：Stockholm University）。
　　　主　著　"Worklife balance in Japan : new policies, old practices", *Worklife Balance : The Agency & Capabilities Gap*, Oxford University Press, 2014.（共著）
　　　　　　　『ワーク・ファミリー・バランス──これからの家族と共働き社会を考える』（編著）慶應義塾大学出版会，2021年。

　丸山里美（まるやま　さとみ）第4章
　　　現　在　京都大学大学院文学研究科准教授（博士　文学：京都大学）。
　　　主　著　『女性ホームレスとして生きる──貧困と排除の社会学』世界思想社，2013年→［増補新装版］2021年。
　　　　　　　「ジェンダーから見た貧困測定──世帯のなかに隠れた貧困をとらえるために」『思想』1152，2020年，29-46頁。

　野辺陽子（のべ　ようこ）第5章
　　　現　在　日本女子大学人間社会学部准教授（博士　社会学：東京大学）。
　　　主　著　『養子縁組の社会学──〈日本人〉にとって〈血縁〉とはなにか』新曜社，2018年。
　　　　　　　『家族変動と子どもの社会学──子どものリアリティ／子どもをめぐるポリティクス』（編著）新曜社，2022年。

　松宮透髙（まつみや　ゆきたか）第6章
　　　現　在　県立広島大学保健福祉学部教授（博士　ソーシャルワーク：東洋大学）。
　　　主　著　『メンタルヘルス問題のある親の子育てと暮らしへの支援──先駆的支援活動例にみるそのまなざしと機能』（編著・監修）福村出版，2018年。
　　　　　　　「児童虐待事例に対する問題解決プロセス──北海道浦河町におけるメンタルヘルス問題のある親への支援実践から」『社会福祉学』52(3)，2011年。

中村　正（なかむら　ただし）第7章

現　在　立命館大学産業社会学部／人間科学研究科教授。

主　著　『ドメスティックバイオレンスと家族の病理』作品社，2001年。

　　　　『社会病理学の足跡と再構成』（日本社会病理学会監修）学文社，2019年。

藤間公太（とうま　こうた）第8章

現　在　国立社会保障・人口問題研究所社会保障応用分析研究部第2室長（博士　社会学：慶應義塾大学）。

主　著　『児童相談所の役割と課題——ケース記録から読み解く支援・連携・協働』（監修・分担執筆）東京大学出版会，2020年。

　　　　『代替養育の社会学——施設養護から〈脱家族化〉を問う』晃洋書房，2017年。

和泉広恵（いずみ　ひろえ）第9章

現　在　元 日本女子大学人間社会学部准教授（博士　学術：千葉大学）。

主　著　『里親とは何か——家族する時代の社会学』勁草書房，2006年。

　　　　『里親養育と里親ソーシャルワーク』福村出版，2011年。

木下　衆（きのした　しゅう）第10章

現　在　慶應義塾大学文学部助教（博士　文学：京都大学）。

主　著　『家族はなぜ介護してしまうのか——認知症の社会学』世界思想社，2019年。

　　　　『最強の社会調査入門——これから質的調査をはじめる人のために』ナカニシヤ出版，2016年。

平山　亮（ひらやま　りょう）第11章

現　在　大阪公立大学大学院文学研究科准教授（Ph. D.　Human Development and Family Studies：Oregon State University）。

主　著　『介護する息子たち——男性性の死角とケアのジェンダー分析』勁草書房，2017年。

　　　　『迫りくる「息子介護」の時代——28人の現場から』光文社新書，2014年。

藤原里佐（ふじわら　りさ）第12章

現　在　北星学園大学短期大学部教授（博士　教育学：北海道大学）。

主　著　『重度障害児家族の生活——ケアする母親とジェンダー』明石書店，2006年。

　　　　『若年女性にみるジェンダー観とケア役割』（共著）法律文化社，2017年。

中里英樹（なかざと　ひでき）第13章

　現　在　甲南大学文学部教授。

　主　著　"The Nordic Model of Father Quotas in Leave Policies : A Case of Policy Transfer ?"（共著），*Social Politics : International Studies in Gender, State & Society*, Summer, 2021, pp. 1-25.

　　　　　"Fathers on Leave Alone in Japan : The Lived Experiences of the Pioneers" *Comparative Perspectives on Work-Life Balance and Gender Equality : Fathers on Leave Alone*, (M. O'Brien and K. Wall ed.) Springer International Publishing, 2017, pp. 231-255.

片田　孫　朝日（かただ　そん　あさひ）第14章

　現　在　灘中学校・高等学校公民科教諭（博士　文学：京都大学）。

　主　著　『男子の権力』京都大学学術出版会，2014年。

　　　　　『多文化共生のためのシティズンシップ教育実践ハンドブック』（共著）明石書店，2020年。

安里和晃（あさと　わこう）第15章

　現　在　京都大学大学院文学研究科准教授（博士　経済学：龍谷大学）。

　主　著　『世界の社会福祉：第7巻　東アジア』（共著）旬報社，2020年。

　　　　　『国際移動と親密圏──ケア・結婚・セックス』（編著）京都大学出版会，2018年。

青山　薫（あおやま　かおる）第16章

　現　在　神戸大学大学院国際文化学研究科教授（Ph. D.　Sociology：University of Essex）。

　主　著　『「セックスワーカー」とは誰か──移住・性労働・人身取引の経験と構造』大月書店，2007年。

　　　　　Thai Migrant Sex Workers from Modernisation to Globalisation, Palgrave Macmillan, 2009.

石原　理（いしはら　おさむ）第17章

　現　在　女子栄養大学栄養学部教授，埼玉医科大学名誉教授（博士　医学：東京大学）。

　主　著　『ゲノムの子』集英社，2022年。

　　　　　『生殖医療の衝撃』講談社，2016年。

　　　　　『生殖医療と家族のかたち──先進国スウェーデンの実践』平凡社，2010年。

《編著者紹介》

落合恵美子（おちあい　えみこ）
　　　　同志社女子大学講師，国際日本研究センター助教授等を経て
　現　在　京都大学文学研究科教授。
　主　著　『親密圏と公共圏の社会学──ケア20世紀体制を超えて』有斐閣，2023年（近刊）。
　　　　『近代家族とフェミニズム（増補新版）』勁草書房，2022年。
　　　　『21世紀家族へ──家族の戦後体制の見かた・超えかた（第4版）』有斐閣，2019年。
　　　　『リーディングス　アジアの家族と親密圏』（全3巻，森本一彦・平井晶子と共編著）有斐閣，2021年。

いま社会政策に何ができるか③
どうする日本の家族政策

2021年11月30日　初版第1刷発行　　　　　　　　　　　〈検印省略〉
2023年2月20日　初版第2刷発行

定価はカバーに
表示しています

編　著　者　　　落　合　恵美子
発　行　者　　　杉　田　啓　三
印　刷　者　　　坂　本　喜　杏

発行所　株式会社　ミネルヴァ書房
〒607-8494　京都市山科区日ノ岡堤谷町1
電話代表　（075）581-5191
振替口座　01020-0-8076

©落合恵美子ほか，2021　冨山房インターナショナル・藤沢製本

ISBN 978-4-623-09281-9
Printed in Japan

いま社会政策に何ができるか（全3巻）

A5判・並製

①どうする日本の福祉政策

埋橋孝文 編著

　日本の社会的セーフティネットは，①雇用，②社会保険，③生活保護の三層からなる。近年はしかし，雇用では非正規労働者が全労働者数の4割に達しようとしており，年金や医療の社会保険制度のほころびも顕著であり，最後の拠り所でもある生活保護も制度疲労がみられる。本書は，現在の日本の福祉における主要な重要課題を軸に，リアルな現状の把握と最新の知見をもとに今後を展望する。

②どうする日本の労働政策

櫻井純理 編著

　いわゆる正社員ではない「多様な働き方」の広がりは，経済的格差や貧困問題にもつらなる重大な社会的課題となっている。本書は，労働市場の周縁に置かれてきた「非正規」雇用者，女性，若者，外国人，中小企業従業員，フリーランスなどの労働者層に特に焦点を当てる。賃金・労働時間・労使関係などの基本的な政策を捉えたうえで，人々の生活と尊厳の支えとなる働き方を展望し，必要な政策を提言する。

③どうする日本の家族政策

落合恵美子 編著

　そもそも家族政策とは何か。なぜ国家が家族に干渉するのか，など様々な議論が噴出し，家族政策それ自体がタブー視されているような現状を打破すべく，本書では，家族政策を「人が生きることを支える政策」としてとらえ直し，他のアクターの適切な支えを得て「家族をひらく家族政策」を提案する。ケア政策，時間政策を中心としつつ，女性の貧困，移民やLGBT，生殖医療など，もっとも現代的な家族の課題への提言を試みる。

ミネルヴァ書房

https://www.minervashobo.co.jp/